谨以此书献给穿过军装的我们

儒兵合一 王阳明

杨志武 ◎ 著

SPM 南方出版传媒

全国优秀出版社　　全国百佳图书出版单位　　⑤ 广东教育出版社

· 广州 ·

图书在版编目（CIP）数据

儒兵合一王阳明 / 杨志武著 . —广州：广东教育出版社，
2019.4
ISBN 978-7-5548-2736-9

Ⅰ. ①儒… Ⅱ. ①杨… Ⅲ. ①王阳明（1472—1529）—人物
研究 Ⅳ. ①B248.21

中国版本图书馆CIP数据核字（2019）第031936号

责任编辑：邓祥俊　倪洁玲　吴秀梅
责任技编：杨启承
装帧设计：梁　杰
书名题签：周为民

RUBINGHEYI WANGYANGMING
儒兵合一王阳明
广东教育出版社出版发行
（广州市环市东路472号12-15楼）
邮政编码：510075
网址：http://www.gjs.cn
广东新华发行集团股份有限公司经销
广东鹏腾宇文化创新有限公司印刷
（广东省珠海市高新区科技九路88号七号厂房）
787毫米×1092毫米　16开本　16.75印张　260 000字
2019年4月第1版　2019年4月第1次印刷
ISBN 978-7-5548-2736-9
定价：42.80元
质量监督电话：020-87613102　邮箱：gjs-quality@nfcb.com.cn
购书咨询电话：020-87615809

自序

战争是最高明的艺术，与人类发展相伴而行。在战争中获胜是指挥员的信仰和追求。但仗怎么打，一千个指挥员有一千种打法。

1516年，四十五岁的文弱书生王阳明"巡抚南、赣、汀、漳等处"，统兵打仗军旅拉开序幕。

只见他——各个击破平南赣、虚实结合擒宁王、剿抚并用稳广西。至生命停息的十四年间，他三征三胜，七战七捷。

王阳明以辉煌战绩告诉世人：**仗原来可以这么打！**

从军二十余载无战事，但世界并不太平，研究战争使我走近阳明。

无论是身为桂林奇峰山下一小兵，还是广州白云山傍一学员；无论是广西柳州龙船山旅里小参谋，还是驻桂某集团军宣传干事；无论是广州军区组织部党务线上爬格子写材料，还是驻粤某集团军组织处长任上强组织抓基层；无论是某兵种旅末任政治部主任面对军改的利益调整，还是某合成旅首任政治工作部主任面对重组的百废待举；无论是处山沟荒野，还是居繁华闹市；无论是联合战役作战指挥培训，还是考研读研探寻中国哲学智慧奥妙：王阳明这样一个形象总浮现眼前。

只见他——左手捧着儒家经典奉为圭臬，右手毫不犹豫拿起兵家锐器征战沙场；用儒家的仁义道德化解刀光剑影，用儒家的礼义廉耻唤醒人性之美；以心学体系指导军事实践，以军事实践检验心学成效，在为人处事特别是军事实践中，实现了"儒"与"兵"的辩证统一，成就了立德、立功、立言三不朽。

这个形象，既常驻我心，又诲我不倦！

为此，当世人津津乐道"知行合一"王阳明时，我感悟到另一个王阳明——"儒兵合一"王阳明。

1

走近阳明，还会发现，他所面对的是剿而不尽、抚而无效的顽匪，是蓄谋已久、势力庞大的宁王，是百年对抗、积怨成仇的边民。

而他，一介书生，在没圣明君主支持失了天时、在不熟悉环境失了地利、在无训练有素军队失了人和等条件下，只见他——怀揣着儒家理想，心里有家国天下，眼里有苍生疾苦，脑中有经世之略，建章立制潜移默化，仁诚为道感化众生；汲取着兵家智慧，坚持对敌人的狠就是对人民的仁，与小人斗智更"小人"，与盗贼对阵更"狡诈"，把统不起的队伍统起来了，把化解不了的怨恨化解开了，把战胜不了的宁王擒到手了。他用"儒兵合一"思路举措解决了别人长期解决不了的问题。

王阳明以成功方法论告诉世人：**难原来可以这么解！**

步入不惑，考验更多，取舍更多，再读阳明。

只见他——因功受过仍为民请命，身处瘴蛮仍静心求圣，一叶扁舟中走到人生尽头留下的却是"此心光明，亦复何言"的无怨无憾。他以儒家信念浸化本心，坚守人性本真；以兵家思维辩证处世，斩断三千烦恼。他攻防一体，化解"心魔"，用舍得和放下的"光明"形象证明"儒兵合一"不仅是决胜战场的法宝，还是修心立德的圣典。

王阳明以内心的波澜不惊告诉世人：**心原来可以这么修！**

还原本真，是对前人最好的纪念。

在当前王阳明"知行合一"形象深入人心之时，提"儒兵合一"王阳明，不为哗众取宠，只为探究——

七战七捷背后的战略指导；

迎刃解难背后的思维逻辑；

心稳神定背后的信念支撑。

剥开这层层外壳，我们会发现，背后源于有一个"儒兵合一"王阳明。

五百年前，"儒兵合一"的王阳明，在军事实践的征途中：他奉行人道主义的战争观——以"民"为本，以"武"为辅；他立足铸魂强能建军治军——以"仁"为体，以"战"为用；他讲求以变谋胜的战术理念——以"诚"为核，以"诡"为形；他着眼人文化成，抓战后建设——以"教"为首，以"惩"为次，辩证统一中处处体现的是王阳明儒与兵的完美结合。

五百年前，"儒兵合一"的王阳明，在棘手难题的破解中：他不是坐而论道的看客，而是躬身实践的巨人；他不是僵化呆板的守旧派，而是活学活用的实干家；他既重视感化教育挖掘人性之美，又采取霹雳手段惩治人性之恶；他既以兵家智慧快刀斩乱麻解一时之急，又以儒家道义教化天下谋万世太平，科学方法中处处体现的是王阳明儒与兵的完美结合。

五百年前，"儒兵合一"的王阳明，在心性德操的修炼中：他既能管理身后随时面对生死的千军万马，又能主导内心从容应对人生风起云涌，身与心都做到"此心不动"；他既能在义与利的取舍中找准平衡，又能在利国、利民、利己选择中成就大我，离开人世时真正做到"此心光明"，修身修心中处处体现的是王阳明儒与兵的完美结合。

五百年前，"儒兵合一"的王阳明，他的一生处处闪现着"儒兵合一"的身影，但其背后涌动的却是"知行合一"的理论张力。大道至简，不难看出两者的内在关系："知行合一"是王阳明的理论主张，"儒兵合一"是王阳明的救世路径；"知行合一"为王阳明"儒兵合一"提供理论指导，"儒兵合一"对王阳明"知行合一"进行实践验证；"儒兵合一"是王阳明"知行合一"的实践落地。

透过"儒兵合一"的王阳明，我们更能清晰地感知那个倡导"知行合一"、践行"知行合一"的王阳明。

"儒兵合一"不是王阳明独有特质，也不是王阳明所处明朝独有趋势。儒家和兵家，自创立之初，即在争鸣交锋中趋向融合。至明代，国家危机显现，王阳明以文人身份领兵，走上了军事道路，他寓儒于兵，以兵践儒，在"儒"与"兵"的辩证统一中形成了打下个人烙印的"儒兵合一"，王阳明的人生亦划出了"儒兵合一"的完美弧线。

透过"儒兵合一"的历史轨迹，我们更能清晰地感知王阳明"儒兵合一"的必然性，更能清晰地感知"儒兵合一"的王阳明是人而不是神。

哲理的光辉总需透过云层方显万丈霞光。

历史镜鉴，任何事物都将打下时代的烙印。"儒兵合一"王阳明对求圣成贤的理解，以及其为实现理想的行动，有着时代局限性[①]。但其**"儒兵合一"折射的理论与实践紧密结合的实干精神、体现的将中国传统文化与时代任务紧密结合的创新品质、揭示的将儒家理念与治国理政紧密结合的科学方法，符合中国国情、弘扬中国文化、闪烁中国智慧，其立言和立功的丰硕成就也充分验证了其"儒兵合一"的合理性、进步性。**

当前，我国正处在由大国走向强国的转型期，改革开放、改革强军的深化期，无论是对内治国理政的模式创新，还是对外软硬实力的综合发力，处处体现着"儒兵合一"的思维和理念：

对内，"儒"在文化，"儒"在理论。不断加强精神文明建设，培育民族精神，增强道路自信、理论自信、制度自信、文化自信等；"兵"在改革，"兵"在斗争。刀口向内，加紧推进各项改革，像兵家重视效益一样提升效能，像兵家一般果断出击、主动发声，坚决与破坏社会主义建设大业的行为和组织做斗争。

对外，"儒"是软实力，赢的是心。倡导文化服人、经济达人、政治得人，以孔子学院、"一带一路"、大型国际活动等为媒介不断向世界展现中国文化、中国价值、中国智慧，提升中国国际影响力，强化全球命运共同体意识，中国之"儒"穿越高山大川，凝聚起了最广泛的同；"兵"是硬支撑，胜的是力。历史镜鉴，落后就要挨打，能战方能止战！坚守和平辩证法，坚决维护国家主权、安全、发展利益，为促进世界和平与发展作出贡献。

时代从不辜负真理的灵魂。

阳明虽去，思想千古，其"儒兵合一"形象的人格魅力、其"儒兵合

---

① 书中出现的盗贼、贼匪、山贼、叛军、乱民等表述均为《王阳明全集》原文的表述，这些表述存在一定的时代局限性。

一"主张的理论威力、其"儒兵合一"知行统一的实践伟力，既为后世"儒兵合一"发展提供重要参照，也为当今治国安邦、强军兴军、立德立业提供认识论方法论，"儒兵合一"王阳明必将随着时代前进愈加凸显价值。

蓦然回首，王阳明不是"儒兵合一"的开创者，也不可能是"儒兵合一"的终结者。"儒兵合一"发展永无止境，既属于历史也活跃于今天，既是传统文化又在时代焕新；既是中国方案也正在走向世界、走向未来。

二十余载戎装在身，一朝脱下，无限感慨。

面对世人纷纷扰扰说阳明、论阳明、写阳明，本人只想展示王阳明的另一面——"儒兵合一"王阳明。匆匆时光，二十多年军旅回眸，凝聚笔尖，化作阳明的言、阳明的笑、阳明的泪、阳明的谋、阳明的心……

读阳明，是一场没有终点的修心之旅，永在路上。

读阳明，是人性的一场虹雨，万尘俱下，物见本色。

读阳明，是跨越五百年的文化接力、智慧再悟、使命传承。

但愿每个人都能读出自己、读出方法、读出责任。

由于水平有限，文中不足之处敬请批评指正。

目　录

绪论 / 1

第一部分　王阳明 在哪

第一章　思想突围——他走出了时代桎梏 / 6
　　　　在践履中叫板朱子学说 / 7
　　　　在传承中发展象山心学 / 21

第二章　学术成家——他实现了开宗立言 / 30
　　　　难得《传习录》/ 31
　　　　力创阳明学派 / 35

第三章　传道授业——他做到了教化天下 / 40
　　　　广收门徒：散播星星之火 / 41
　　　　答疑友人：拨亮每盏心灯 / 51

第二部分　王阳明 在哪

第四章　年少筑梦——他立从戎之志 / 56
　　　　少儿游戏里的将军梦 / 57
　　　　十五岁独闯边关的报国情 / 59

第五章　近而立论兵——他显军事谋略/ 61

　　《武经七书评》论用兵之道/ 62

　　《陈言边务疏》献治边之策/ 66

第六章　不惑后践行——他创辉煌战绩/ 75

　　一征：平南赣/ 76

　　二征：擒宁王/ 81

　　三征：稳广西/ 83

第三部分　王阳明"儒兵合一" 在哪

第七章　奉行人道主义的战争观——他以"民"为本，

以"武"为辅/ 88

　　基于兵凶战危——爱民慎战/ 89

　　基于久战疲耗——恤民速战/ 96

　　基于弭盗之本——安民止战/ 104

第八章　立足铸魂强能的建军治军方略——他以"仁"为体，

以"战"为用/ 108

　　用将：贵事君之忠/ 109

　　选兵：重武艺胆气/ 111

　　编伍：当精兵简政/ 113

　　省费：可寓兵于民/ 116

　　养兵：应培元固本/ 119

　　行军：必明法令信赏罚/ 122

第九章　讲求以变谋胜的战术理念——他以"诚"为核，
以"诡"为形/ 127

知己知彼："间为我用"的情报战/ 128

拔旗易帜："此心不动"的心理战/ 132

攻其不备："阳背阴袭"的运动战/ 139

第十章　着眼人文化成的战后建设主张——他以"教"为首，
以"惩"为次/ 143

成德成圣的教育理念/ 144

敦风化俗的乡馆社学/ 148

同心一德的乡约自治/ 152

第四部分　王阳明"儒兵合一" 在哪

第十一章　从春秋战国看"儒兵合一"的历史渊源/ 158

"尊王攘夷"撑起了稳定发展之伞/ 159

百家争鸣搭建了交流交锋之台/ 162

诸子先贤引领了求知探索之路/ 167

第十二章　从秦朝以降文人地位变化看"儒兵合一"的
演进深化/ 184

政治分析：文人地位提升挤压武将领兵空间/ 185

思想分析：以儒入兵主导军事理论话语权/ 193

军事技术分析：武器现代化助推将领智谋化/ 198

第十三章　从明朝危机看王阳明"儒兵合一"的客观必然/ 201

外族入侵危机倒逼/ 202

宦官专权危机倒逼/ 205

内部矛盾危机倒逼/ 208

第十四章　从个人成长看王阳明"儒兵合一"的主观助推/ 211

儒学家风的基因赓续/ 212

求圣成贤的理想追求/ 217

"知行合一"的理念主张/ 219

第五部分　王阳明"儒兵合一" 在哪

第十五章　造就了他的时代功绩/ 222

平定"民乱"——救百姓于水火/ 223

平定宁王叛乱——扶大厦之将倾/ 227

第十六章　丰富了他的心学体系/ 232

他把战场当考场/ 233

他把战场当课堂/ 236

第十七章　照亮了后人前进征途/ 239

戚继光——"私淑阳明，大阐良知"/ 240

曾国藩——同为圣人共风流/ 247

参考书目/ 251

后记/ 253

王阳明是研究热点。当前，对王阳明哲学思想的研究已趋广泛深入，但关注其军事实践的只占少数，把王阳明的儒家哲学与军事实践联系起来辩证探讨的更是少之又少，"儒兵合一"王阳明的这一系统提法更是首次，属于未垦之地、全新课题。

本书旨在从王阳明"儒"之所在、王阳明"兵"之所在、王阳明"儒兵合一"的体现、王阳明"儒兵合一"形成的动因、王阳明"儒兵合一"的意义五个方面对王阳明"儒兵合一"进行挖掘和还原。本书分为五个部分。

第一部分：王阳明"儒"在哪？

文化是一个民族的灵魂。儒是中国传统文化的底色，始终在培塑着中华民族的灵魂。自胜者雄，一大批儒者秉承"为天地立心，为生民立命，为往圣继绝学，为万世开太平"的信念，立时代潮头，引风气之先，担天下道义，他们成鸿儒、成脊梁、成万世楷模。王阳明便是其中之一。

王阳明成长的时代，是朱熹理学统治学术的时代，是思想僵化下的学术寂然，但王阳明并没有顺从大环境的惯性，他在践履中思考、突破和创新。从小就在朱子学说熏陶下的王阳明，随着年龄增长，对理学的探索逐渐从书本走向实践。令王阳明大惑不解的是，格竹失败，求理失败，他所参悟的理学要义并不能在实践中得到验证。自我审视，思想裂变，王阳明决定另求他门。苦难中重生，痛彻后大悟，王阳明被贬贵州龙场反而探得心学要旨，"始知圣人之道，吾性自足"，从此不断发展丰富自己的心学理论，并在继承心学鼻祖陆九渊中实现了超越。

讲学为第一要务，开宗立派的王阳明在入圣成贤的路上孜孜不倦，传圣学之理，求学术之真，一生都在践行着教化天下的使命。王阳明广收门徒，性格顽劣或温顺、学语童子或老者、天生聪颖或愚钝，因材施教，都是可塑之才，造就了他桃李天下的盛况。王阳明答疑解惑，游玩中也能即兴阐理，书信里亦能辩难交锋，一一点化，为每个求学者拨亮心灯。

本部分旨在通过讲述一个在思想上敢于解放、学术上独树一帜、治学上务实严谨、教学上诲人不倦的王阳明，展现他独具魅力的儒者特质。

第二部分：王阳明"兵"在哪？

在人类历史长河中，战争相伴随形，战将如雨后春笋。王阳明，文弱儒生，立下的却是彪炳史册的战功，《明史》亦赞：终明之世，文臣用兵制胜，未有如守仁者也。

追根溯源，王阳明的军旅生涯自小即已埋下种子。少年王阳明，在儿时游戏中做起了孩子王，指挥着"千军万马"，刚及十五岁，他又独闯边关，实地考察了边塞的地形地貌和风土人情，慨然生起经略四方的志向。国家多难，盗贼四起，边情紧张，二十多岁的王阳明想要携笔从戎，他挑灯夜读，研习批注各家兵法秘籍；他果核布阵，利用宾客宴席就地排兵；他民夫作兵，组织修建陵墓之人演练八卦阵；他上疏建言，边务八策尽显战略思维。才情初露，王阳明的军事实践舞台却在不惑之年以后。正德十一年（1516年），四十五岁的王阳明一介文弱书生，受命"巡抚南、赣、汀、漳等处"，开始了统兵打仗军旅生涯。平南赣、擒宁王、稳广西，王阳明在战场上所向披靡，他三征全胜、七战七捷，处处精彩，功勋卓著，王阳明为逐渐衰落的明朝撑起了一片天地。

本部分以时间为线索，旨在联通王阳明筑梦、论兵、践行的人生轨迹，描摹一个矢志军旅、胸怀韬略、能征善战、功勋卓著的王阳明。

第三部分：王阳明"儒兵合一"合在哪？

和羹之美，在于合异。合是一种必然，合是一种思维，合是一种智慧，合是对立矛盾的辩证统一。

儒，仁者无敌，超越了残酷现实；兵，强者为王，诠释着生存法则。如此相离，但在诞生之初，儒家和兵家即在交流争锋中日趋融合。时代前行，"儒兵合一"在历史波涛里发展深化。

每一个人都是时空的坐标，在命运的函数里做着不规则的波动，谁都无法提前画出下一步的轨迹。历史的偶然，文人王阳明被推到了领兵打仗第一线，面对狡诈多端的悍匪、被逼无奈的胁从、身处苦海的百姓，儒与兵在他脑海里进行着激烈的碰撞。在军事征途中，他奉行人道主义的战争观——以"民"为本，以"武"为辅；他立足铸魂强能的建军治军方略——以"仁"为体，以"战"为用；他讲求以变谋胜的战术理念——以"诚"为核、以"诡"为形；他着眼人文化成的战后建设主张——以"教"为首，以"惩"为次，处处体现"儒"与"兵"的辩证统一。儒与兵共融，打击与感化结合，战前与战后兼顾，得胜战与得民心一体推进，文治与武功相得益彰，高效而彻底，王阳明解决了困扰朝廷多年的痼疾。

本部分旨在通过描写在军事实践中长袖善舞的王阳明，梳理他以儒家理念主导的军事思想，展现他围绕儒家之"仁"进行的兵家之变，体悟他统筹一时之安与万世太平的全局战略，感知王阳明"儒"与"兵"的辩证统一，领悟王阳明"儒兵合一"的高超智慧。

第四部分：王阳明"儒兵合一"因在哪？

"儒兵合一"不是王阳明独创，也不是王阳明所处明朝独有趋势。"儒兵合一"，是时代的产物，是历史长河里多因素综合作用的结果；王阳明"儒兵合一"，既有历史的传承，也有时代的需要，还有个人的努力。

从历史渊源看，儒家和兵家自春秋战国立说成家，诸子先贤即在"尊王攘夷"的稳定环境中，在百家争鸣的大舞台上，彼此关注，相互借鉴，成人之美，各美其美，美美与共；从发展过程看，既有政治集团的不懈努力，也有思想文化的潜移默化，还有军事技术的发展突破，综合作用下，"儒兵合一"渊远而流长；从明代危机看，是时代给了王阳明携笔从戎、沙场点兵的机会，是时代给了王阳明践行"儒兵合一"的岗位平台；从个人成长看，深受儒学熏陶、怀揣远大理想、具有文治武功、践行"知行合一"的王阳明，通过自己的主观努力，使"儒兵合一"历经二千年后，深深打下了王阳明的烙印，奏出了最强的乐章。

本部分旨在以大历史观的视角，透过历史烟云、立足所处时代、剖析个人特质，揭示王阳明"儒兵合一"的必然性，对王阳明"儒兵合一"形成原因进行全息投影，全面分析。

第五部分：王阳明"儒兵合一"意在哪？

真正的灵魂在时间里永恒。

一介书生王阳明，处明朝衰败之时，临危受命。他扫荡积寇，救百姓于水火；他生擒宁王，扶大厦将倾；他善解边患，还政通人和；他躬身实践，显心学魅力；他照亮后人，为表率标杆。

在明朝当世，王阳明平定多处"民乱"，并在当地进行改革，推行教化，实现了地方的长治久安，一举清除了明朝多年来难以解决的地方痼疾。"战""学"并进，王阳明在军事实践中，不断运用心学理论、验证心学成效，同时他在军事实践中又进一步受到启发，丰富发展心学体系，相辅相成，相得益彰。思想的不朽，当在千古，王阳明的思想并没有在时间里黯淡，反而历久弥新，影响着一代又一代后来人。照亮征途，深受阳明心学影响的领兵人如戚继光、曾国藩等，他们循着王阳明的足迹，将心学理论运用于军事实践，在自己的军旅生涯里也刻下了"儒兵合一"的影子。

本部分旨在跨越时间界限、领域差别，阐述王阳明用"儒兵合一"思想指导军事造就的不世之功，及其"儒兵合一"军事实践对心学理论发展的积极意义，并从部分后人身上探寻王阳明的深刻影响，再现"儒兵合一"王阳明的时代功绩、学术成就及后世影响。

"儒"与"兵"从未真正相离，始终融合发展，共同作用。在王阳明身上既不存在纯粹的"儒"，也不存在纯粹的"兵"，"儒"中有"兵"，"兵"中践"儒"，"儒兵合一"王阳明，正是对其一生的生动解读。

第一部分
王阳明 儒 在哪

　　文化是一个民族的灵魂。儒家文化作为中国传统文化的主流，培塑着中华民族的灵魂。古往今来，一大批儒者秉承"为天地立心，为生民立命，为往圣继绝学，为万世开太平"的信念，立时代潮头、引风气之先、担天下道义，他们成鸿儒、成脊梁、成万世楷模。王阳明便是其中之一。

　　他读着朱熹的书却叫板朱熹，他继承陆九渊的学又质疑陆九渊，他在那个学术桎梏的时代破冰突围。他以讲学为重，他为心学发声，孜孜以求，自成一家，在王阳明推动下心学重返巅峰。他从来都以传道授业为天职，广收门徒，老者少者、智者钝者人人皆可教；他答疑解惑，即兴论"心"、书信阐理，桃李满园芬芳四溢，他用一生践行着教化天下的使命。

　　本部分旨在通过讲述一个在思想上敢于解放、学术上独树一帜、治学上务实严谨、教学上诲人不倦的王阳明，展现他独具魅力的儒者特质。

第一章
思想突围——他走出了时代桎梏

少年王阳明，敢于抗争，放荡不羁，凡人中见不俗，生性中显豪放。父命难违，他，跳出束缚活学于世；功名难舍，他，超凡脱俗看淡名利；继母难伺，他，勇于反抗机智劝服；婚礼难却，他，遨游道海不拘缛节。这样的性格也熔铸了王阳明解放思想、勇于创新的学术气质，他敢于挑战稳居主流学术地位的朱子学说①，叫板圣人朱熹；他敢于质疑一脉传承的心学体系，超越心学创始人陆九渊，在明朝理学②风靡的时代里，掀起了一股清新之风。

---

① 指朱熹的学术思想。朱熹建立了一套以"理"为最高哲学范畴的思想体系，主要包括理气论、动静观、人性论、格物致知论等观点主张。

② 理学，亦称宋明理学或道学，宋明儒家的哲学思想。宋儒在诠释儒家经典过程中，一反汉儒偏重章句训诂的学风，以讲求儒学经义、探究名理兼谈性命为主，故理学又称义理之学。理学具有糅合儒、道、佛三教归一的特点，它以传统的儒家伦理思想为核心，同时吸收佛学和道教的理论思维作为补充。理学创始人为北宋的周敦颐，奠基者为"二程"（程颢、程颐）兄弟，至南宋朱熹始集大成。（参见张岱年主编：《中国哲学大辞典》，上海辞书出版社，2014年，第171~172页。）

在践履中叫板朱子学说

在孔庙大成殿内奉祀的十二哲中，只有一位不是圣人孔子亲传弟子。此人在学术思想和中国文化上成就堪比孔子，其学术在后世成为正统官学，他就是朱熹。但令朱熹万万没有想到的是，在自己离世三百余年后，却被人公然叫板。

这人和朱学后人激烈辩论，直指朱学弊端；开新立派，创建了自己的学术体系。

他便是王阳明。

圣人朱熹

王阳明叫板的朱熹到底有多厉害？朱子学说对世人的影响又有多深？

朱熹（1130—1200），字元晦，号晦庵，别号考亭、紫阳，江西婺源人，南宋著名理学家、哲学家、教育家，闽学派代表人物，被世人尊称为朱子。

朱熹祖辈以儒传家、世代为官，在当地颇有盛名。朱熹天资聪慧。《宋史》记载：

> 熹幼颖悟，甫能言，父指天示之曰："天也。"熹问曰："天之上何物？"松异之。①

朱熹刚能说话，父亲朱松便指着天告诉他这是"天"。本是寻常启蒙，但朱熹"天上有何物"的追问，体现了他不懈求知探索的精神。

据传，朱熹五岁能懂《孝经》，六岁能手画八卦。不仅如此，朱熹勤奋好学，十岁"历志圣贤之学"，十九岁便考中进士，二十四岁已在朝为官。

为官不忘为学，步入仕途的朱熹仍在求知路上孜孜不倦。

---

① 脱脱等：《宋史》，中华书局，1977年，第12751页。

绍兴三十年（1160年），为进一步提升学识，朱熹决心向当时著名理学家、理学奠基人程颐[①]的三传弟子李侗[②]求学。

据《朱子行状》记载，朱熹徒步数百里从崇安（今福建武夷山）赶到延平（今福建南平），只为拜师李侗。被朱熹诚心所感，又喜朱熹资质，李侗收下了这个弟子。

此后，朱熹潜心研读理学，很快成了李侗的得意门生。《朱子年谱》中记载着李侗赞扬朱熹的一段话：

> 颖悟绝人，力行可畏，其所论难，体认切至。自是从游累年，精思实体，而学之所造益深矣。[③]

李侗称赞朱熹，聪明过人，事事竭力而行让人钦佩，故而很难被欺骗，对他人朱熹亦关怀备至。李侗对朱熹也很有信心，认为朱熹游历数年，经过精密思考、实地体会，他的学问造诣也越来越深。

既有良师传教，又肯学思悟行，朱熹深得"二程"理学精髓，他逐步建立了以"理气论"[④]"格物致知论"[⑤]"人性二元论"[⑥]等为主要观点的理学

---

① 程颐（1033—1107），字正叔，后人称伊川先生，河南洛阳人，北宋哲学家、教育家，与其兄程颢（1032—1085）合称为"二程"。"二程"同为宋代理学奠基人，早年受学于周敦颐，提出了"天下只有一个理""万物皆只是一个天理"，认为"理"是"体"，为"万物之源"，创立的学派后世习惯称为"洛学"。

② 李侗（1093—1163），字愿中，学者称延平先生，福建南平人，南宋学者。他阐发"二程"的心理合一说，认为"圣人心即是理，理即是心，一以贯之，莫能障者，是是非非，曲曲直直，各得其所"，主张通过"养心""存心""洗心"的修养过程实现心理合一。

③ 王懋竑撰，何忠礼点校：《朱熹年谱》，中华书局，1998年，第18页。

④ 朱熹认为，"理"是"形而上"决定天地万物存在的"生物之本"，理是事物的规律，是伦理道德的基本准则，理又称为太极，是天地万物之理的总体；气仅次于理，它是形而下者，是铸成万物的材料。朱熹强调，"理"和"气"的关系有主次，"理"生"气"并寓于"气"中。"理"为主，为先，是第一性；"气"为客，为后，属第二性。（参见张岱年主编：《中国哲学大辞典》，上海辞书出版社，2014年，第173、181、465页。）

⑤ 朱熹强调，知识是先天固有的，但人们因受物欲的影响而丧失先验之知，主张通过"格物"或"即物穷理"去重新获得。朱熹认为"致知"在"格物"中，而且认识是无穷尽的。（参见张岱年主编：《中国哲学大辞典》，上海辞书出版社，2014年，第182页。）

⑥ 朱熹认为，人先天禀赋"纯乎理""命之理"，即仁、义、礼、智等道德准则，是先天的善性所在，人人皆有，故名"天命之性"；人体形成之时，因身体形质不同会产生不同的生理本能、生存本能，主要指人的感性情欲，它有善有恶，名曰"气质之性"；"天命之性"和"气质之性"既有联系又有区别，两者并存于人身。（参见张岱年主编：《中国哲学大辞典》，上海辞书出版社，2014年，第177页。）

体系，成为宋代理学的集大成者。

潜心修学的朱熹，还以传播理学作为自己的使命。一生七十载，四十年设坛传道，书院、讲舍、读书堂、精舍①、道院等都曾留下朱熹讲学的身影。教化育人，功在千秋，普通民众在聆听朱熹讲学中去除愚蒙、尊崇圣道；饱学之士如黄榦、蔡元定等，在朱熹引导下日益精进。弟子多了，听众广了，朱子学说日益兴盛，甚至远播日本、韩国等国家。

元朝，朱子学说持续升温，广受追捧。1313年，朱熹已离世一百一十三年，元仁宗下诏恢复停用了一百零七年的科举，将朱熹所著的《四书章句集注》②列为科举考题的出处，朱子学说成为正统官学。

明初，朱子学说继续受到青睐，朱熹也宛如神坛上的圣人被世人尊奉。《东林列传》记载了明太祖朱元璋的训诫：

一宗朱氏之学，令学者非《五经》、孔孟之书不读。③

朱元璋要求学者只能读朱子、孔孟的著作。

明成祖永乐六年（1408年），朱熹编著的《五经大全》《四书大全》《性理大全》作为官书修成。

朱熹，在求学中致知，在致知中成圣，其学术思想对后世产生了深远的影响。

膜拜中的两次求理失败

王阳明读着朱熹注释的"四书""五经"长大，朱熹可谓王阳明的老师；王阳明在朱子学说的浩瀚海洋中潜心学习、汲取知识，朱熹可谓王阳明的偶像。

---

① 当时儒家讲学的学社。

② 即《四书集注》，包括《大学章句》一卷、《中庸章句》一卷、《论语章句》十卷、《孟子集注》七卷，朱熹酌取前人对四书的注解加入自己的注释，从理学出发，颇多发挥。（参见张岱年主编：《中国哲学大辞典》，上海辞书出版社，2014年，第603页。）

③ 陈鼎编著，《东林列传》整理委员会整理：《东林列传》，广陵书社，2007年，第38页。

随着年龄增长、学识积累，王阳明尝试实践朱子学说，却接连失败。

据《王阳明全集》记载，弘治五年（1492年），二十一岁的王阳明，与父亲同住京城，见官署中有许多竹子，一时想起朱子关于格物致知的论述：所谓致知在格物者，言欲致吾之知，在即物而穷其理。

竹子也是"物"，那么"格竹子"也能获得"知"。于是王阳明邀请友人钱友同，一起在院子里格起竹子来。

兴致盎然，日夜沉思。不料，三天后，钱氏因疲劳过度病倒了，不得不放弃"格竹子"。王阳明认为这是钱氏精力太弱的缘故，便更加集中精神，竭尽全力"格竹子"。

七天七夜，王阳明成了第二个钱友同，也撑不住病倒了。他们始终未悟出理之所在。

对于这段经历，《传习录》记载了王阳明的回忆，他说：

> 众人只说格物要依晦翁，何曾把他的说去用？我着实曾用来。初年与钱友同论做圣贤要格天下之物，如今安得这等大的力量？因指亭前竹子，令去格看。钱子早夜去穷格竹子的道理，竭其心思，至于三日，便致劳神成疾。当初说他这是精力不足，某因自去穷格。早夜不得其理，到七日，亦以劳思致疾。遂相与叹圣贤是做不得的，无他大力量去格物了。[1]

王阳明谈道，大家都只说格物要遵循朱子的话去做，但是否真有人按照朱子说的去实践了呢？他倒是亲自实践过，当初和钱友同一起谈论做圣人，立志要格尽世间万物，如今却明白，哪有这么大的力量？当时与钱氏相约格竹，历经七天七夜相继病倒，始终不得理。两人相望哀叹：圣贤是做不了了，没有这么大的力量去格物。

立志格尽天下万物，无奈失败当头棒喝。第一次"穷理"实践失败，王阳明只是感慨自己心有余而力不足。稍作颓态后，他又继续啃读朱子著作，探寻"致知"、求圣之道。

《王阳明全集》记载了王阳明第二次求理失败的过程。

---

[1] 王守仁：《王阳明全集》（一），线装书局，2014年，第136页。

先生自念辞章艺能不足以通至道，求师友于天下又不数遇，心持惶惑。一日读晦翁上宋光宗疏，有曰："居敬持志，为读书之本，循序致精，为读书之法。"乃悔前日探讨虽博，而未尝循序以致精，宜无所得；又循其序，思得渐渍洽浃，然物理吾心终若判而为二也。沉郁既久，旧疾复作，益委圣贤有分。偶闻道士谈养生，遂有遗世入山之意。①

弘治十一年（1498年），二十七岁的王阳明在经历两次会试落榜后，感到"自念辞章艺能不足以通至道，求师友于天下又不数遇"，内心十分惶恐和疑惑。一天，王阳明翻阅朱熹的奏疏，读到朱熹在《上宋光宗疏》中说"居敬持志，为读书之本，循序致精，为读书之法"。朱熹指出，读书的根本是做到精力集中并坚持自己的志向，读书的方法是循序渐进、深入思考以获取书中精华。王阳明幡然醒悟，不禁悔恨自己多年来读书虽多却没能"循序致精"，故而收获甚少。

顿悟之后，王阳明开始遵循朱子"循序致精"的方法读书，希望能够"致知""穷理"。数日后，王阳明读书虽能思考得更加深刻广博，但事物之理和他的内心却始终分开为二，不得领悟。为此，王阳明一直沉闷忧郁，最终旧病复发，他更加觉得"圣贤有分"，不是人人都可做圣贤。

一次又一次的失败，求知路上的迷雾越来越浓，徘徊于理学大门而不得要领的王阳明开始另寻"求理"法门。

人生触底后的思想裂变

福祸相依，幸与不幸均在一念之间。

弘治十八年（1505年），年仅三十六岁的孝宗驾崩，十五岁的武宗继位。新君即位，宦官专权，以刘瑾为首的宦官"八虎"②开始干预朝政。

---

① 王守仁：《王阳明全集》（四），线装书局，2014年，第7页。
② "八虎"：指以刘瑾为代表的八个太监，分别是刘瑾、马永成、高凤、罗祥、魏彬、丘聚、谷大用、张永，这些人后来下场都很惨，唯一一个张永，因帮助铲除刘瑾等人，才得以逃生。

正德元年（1506年），南京科道①戴铣、薄颜徽等人上谏指出朝政问题，因言及宦官而被捕入狱。王阳明立即呈《乞宥言官去权奸以彰圣德疏》，请求武宗宽恕戴铣等人。他说：

> 君仁臣直。铣等以言为责，其言如善，自宜嘉纳；如其未善，亦宜包容，以开忠谠之路。乃今赫然下令，远事拘囚，在陛下不过少示惩创，非有意怒绝之也……伏愿追收前旨，使铣等仍旧供职，扩大公无我之仁，明改过不吝之勇；圣德昭布，远迩人民胥悦，岂不休哉！②

奏疏字字真情、句句秉公：天子仁爱，臣子才会正直不阿。戴铣等人在奏折中指责朝政，如果他们的进言真诚正确，应该采纳并予以嘉奖；如果他们所言有误，也应包容，这样才能广开言路留住忠贤之士。如今皇上您突然下令，逮捕戴铣等人，在您看来只是轻微的惩戒，并非执意要置这些人于死地……但愿您能收回之前的旨意，让戴铣等人官复原职，增加您大公无私的仁爱，表明您不怕改过的勇气；如此一来，您的圣德将昭示天下，万众欢悦。

仗义疏言，王阳明等来的不是皇上的嘉许，而是当朝廷杖③四十，远放贵州龙场。

据《王阳明全集》记载，贵州龙场处于"万山丛棘中，蛇虺魍魉，蛊毒瘴疠，与居夷人鴃舌难语，可通语者，皆中土亡命"④。风尘仆仆来到贵州，王阳明整日与瘴疠蛊毒、魑魅魍魉相伴，危机重重，性命堪忧。

不幸中苦中作乐，王阳明欣然接受这份危难与凄凉，他以山洞为家，靠自耕维生，造书院讲学，一切井然有序、其乐融融。

跌入人生谷底，经受苦难磨炼，极大地激发了王阳明悟道修心的灵感和力量。正德三年（1508年），贵州龙场，三十七岁的王阳明：

---

① 科道，明、清六科给事中和都察院十三道监察御史总称，俗称为两衙门。这里指科道官，职司风纪督察，谏议议政，事关吏治。

② 王守仁：《王阳明全集》（四），线装书局，2014年，第9页。

③ 廷杖，在朝廷上行杖。这是对朝中官员实行的一种惩罚。明成化以前廷杖多为示辱，无需去衣受罚。正德初年，刘瑾辅政，开始让受罚者去衣受杖，下手歹毒。

④ 王守仁：《王阳明全集》（四），线装书局，2014年，第10页。

忽中夜大悟格物致知之旨，痌瘝中若有人语之者，不觉呼跃，从者皆惊。始知圣人之道，吾性自足，向之求理于事物者误也。[①]

一天夜里，睡梦中的王阳明似乎听到有人在耳边窃窃私语，告诉他格物致知的宗旨，不禁欢呼跃起、手舞足蹈，惊得旁人目瞪口呆。王阳明幡然醒悟，探求圣贤之道，向自己本心寻找力量即已足够，向外物求理实属错误。

历经"格竹"和读书"穷理"的失败，王阳明终在龙场悟得格物致知新旨，领会到了"心即理"的要义，摆脱了朱子格物说的束缚。

王阳明在龙场悟出的格物致知论，主张向"心"内求"理"，有异于朱子的向"外物"求"理"。这对当时奉朱子学说为尊的人们重新认识世界带来了强烈冲击，也为正苦苦"格物"而不得"理"的学者们开辟了一条新路。

与理学集大成者朱熹的异同

龙场悟道后，在"心即理"的指引下，王阳明走上了有异于朱熹的哲学路向。天道酬勤，王阳明在"新路"上不断开拓、参悟，在多个哲学命题中提出了区别于朱子学说的见解，划破了时代的平静。

知行观："知先行后"还是"知行合一"？

悟得格物致知新旨后，王阳明并没有停止思想前进的步伐，继续参悟世人关注的知、行问题。

正德四年（1509年），王阳明提出"知行合一"说，引起轩然大波。因为朱子倡导的"知先行后"说已在世间流传数百年，世人心中早已形成了思维惯性，"知先行后"成为常识，根深蒂固。

朱子的"知先行后"继承了儒家前辈程颐、程颢的观点。程颐在《颜子所好何学论》中指出：

① 王守仁：《王阳明全集》（四），线装书局，2014年，第10页。

君子之学，必先明诸心，知所养，然后力行以求至，所谓自明而诚也。[1]

程颐认为，君子求学，必须不断反省自身，先明白义理、知道涵养，然后再努力去实践，也就是由知识达到德性。他认为只要有了知，行将自然而至。程颐曾举例：有人要去京师，必须知道出什么门，走什么路，否则便去不了，故而得出了"知了方行得"的结论。

朱子也认为不先知理将难付诸行。《朱子语类》有载："论先后，知为先""须先致知而后涵养""义理不明，如何践履？"但遵循朱子的"知先行后"，却造成了世人重知轻行、知而不行、知行分离的弊病。

知行分离，有失偏颇，王阳明在先贤典籍汲取新知，认为朱子的知行观片面强调"知"的重要，违背古人宗旨，进而提出"知行合一"说。他说：

> 此却失了古人宗旨也。某尝说知是行的主意，行是知的功夫；知是行之始，行是知之成。若会得时，只说一个知，已自有行在；只说一个行，已自有知在。古人所以既说一个知又说一个行者，只为世间有一种人，懵懵懂懂的任意去做，全不解思惟省察，也只是个冥行妄作，所以必说个知，方才行得是。又有一种人，茫茫荡荡悬空去思索，全不肯着实躬行，也只是个揣摸影响，所以必说一个行，方才知得真。此是古人不得已补偏救弊的说话，若见得这个意时，即一言而足，今人却就将知行分作两件去做，以为必先知了然后能行。我如今且去讲习讨论做知的工夫，待知得真了方去做行的工夫，故遂终身不行，亦遂终身不知。此不是小病痛，其来已非一日矣。某今说个知行合一，正是对病的药。又不是某凿空杜撰，知行本体原是如此。今若知得宗旨时，即说两个亦不妨，亦只是一个。若不会宗旨，便说一个，亦济得甚事？只是闲说话。[2]

王阳明指出，关于知行的关系，古人本是"知行合一"之意。只为避免世人受"无知""未知"的迷惑，陷入冥行、妄行，甚至轻视实践而不"行"，才线性地描述"知""行"的联系，单独阐述知行的重要性。心诚

---

① 程颢、程颐著，王孝鱼点校：《二程集》，中华书局，1981年，第577页。
② 王守仁：《王阳明全集》（一），线装书局，2014年，第34页。

言切，王阳明说，他提"知行合一"并非凭空杜撰，正是要提醒世人，知、行实属同一本体、同一工夫，本自合一，知可以指导行，行可以实现知。

浮世中的一声呐喊，王阳明的"知行合一"说让世人恍然惊醒却又迷惑不解。醒的是"知""行"原来应该合一，惑的是现实生活中"知行分开"的现象比比皆是，就连众多弟子也甚是不解，爱徒徐爱就曾发问：

> 如今人尽有知得父当孝、兄当弟者，却不能孝、不能弟，便是知与行分明是两件。

> 先生曰："此已被私欲隔断，不是知行的本体了。未有知而不行者。知而不行，只是未知。圣贤教人知行，正是要复那本体，不是着你只恁的便罢。故《大学》指个真知行与人看，说'如好好色，如恶恶臭'。见好色属知，好好色属行。只见那好色时已自好了，不是见了后又立个心去好。闻恶臭属知，恶恶臭属行。只闻那恶臭时已自恶了，不是闻了后别立个心去恶。如鼻塞人虽见恶臭在前，鼻中不曾闻得，便亦不甚恶，亦只是不曾知臭。就如称某人知孝、某人知弟，必是其人已曾行孝行弟？方可称他知孝知弟，不成只是晓得说些孝弟的话，便可称为知孝弟？又如知痛，必已自痛了方知痛；知寒，必已自寒了；知饥，必已自饥了：知行如何分得开？此便是知行的本体，不曾有私意隔断的。圣人教人，必要是如此，方可谓之知。不然，只是不曾知。此却是何等紧切着实的工夫！如今苦苦定要说知行做两个，是甚么意？某要说做一个是甚么意？若不知立言宗旨，只管说一个两个，亦有甚用？"①

循循善诱，王阳明娓娓道来：一个人见了美色，同时就会产生对美色的爱慕之情；闻到恶臭味，同时就会触发厌恶情绪，并不需要经过思考才做出喜爱、厌恶的反应。这个过程中，"见到美色""闻到恶臭"就是知，"产生爱慕之情""感到厌恶"就是行，两者同时产生、迸发，也就是知行本为一体。而人们常常知而不行、知行不一，只是因为受私欲蒙蔽。

在世人的质疑中，王阳明的"知行合一"说不断发展深化。

---

① 王守仁：《王阳明全集》（一），线装书局，2014年，第33~34页。

嘉靖四年（1525年），王阳明在给顾东桥①的回信《答顾东桥书》中，进一步阐释了"知行合一"的宗旨。他写道：

> 知之真切笃实处，即是行；行之明觉精察处，即是知：知行工夫本不可离。②

信中，王阳明指出能做到清楚实在地认知，这本身就是一种行动；能做到在明察中自觉行动，这本就蕴含了认知。

答疑讲学，王阳明的"知行合一"说得到推广，其强调把道德认识和道德践履相统一，一定程度上唤醒了世人的道德良知，提高了社会道德水平。

格物致知：在激辩罗钦顺中越辩越明

王阳明与罗钦顺③同朝为官，亦多交往，却因一次赠书引发了学术论战。

正德十五年（1520年），王阳明将刊刻的《大学》④原文赠送给罗钦顺，书中附有自己对《大学》原文的解释。

罗钦顺读后，发现王阳明对《大学》的解析与朱子对《大学》的阐释多有出入，尤其对"格物致知"的解读可谓大相径庭。

格物致知，源于《大学》八目：格物、致知、诚意、正心、修身、齐家、治国、平天下。《大学》中关于"格物致知"的论述为：

> 欲诚其意者，先致其知；致知在格物。物格而后知至，知至而后意诚。⑤

流传后世，世人对"格物致知"的解读各抒己见、五花八门。朱熹曾把《大学》重新编排整理成《大学章句》，包括"经"一章、"传"十章，并

---

① 顾东桥（1476—1545），名璘，字华玉，世称东桥先生，明代官员、文学家。

② 王守仁：《王阳明全集》（一），线装书局，2014年，第69页。

③ 罗钦顺（1465—1547），字允升，号整庵，泰和（今属江西）人。著名哲学家，明代"气学"的代表人物之一。明中期能和王阳明分庭抗礼的大学者，时称"江右大儒"。

④ 《大学》，儒家经典"四书"之一，原为《礼记》第四十二篇，旧传为春秋曾子所作，近代许多学者认为是秦汉之际儒家作品。后被朱熹整理为《大学章句》，较为全面地总结了先秦儒家关于道德修养、道德作用及其与治国平天下的关系。（参见张岱年主编：《中国哲学大辞典》，上海辞书出版社，2014年，第574~575页。）

⑤ 朱熹：《四书章句集注》，中华书局，2011年，第5页。

对《大学》原文进行了多处修改。其中，朱熹认为《大学》原文对"格物致知"的阐述仅有一小段话，未展开阐明其宗旨要义，于是专门写了一篇《补〈大学〉格物致知传》。他说：

> 所谓致知在格物者，言欲致吾之知，在即物而穷其理也。盖人心之灵莫不有知，而天下之物莫不有理，惟于理有未穷，故其知有不尽也。是以大学始教，必使学者即凡天下之物，莫不因其已知之理而益穷之，以求至乎其极。至于用力之久，而一旦豁然贯通焉，则众物之表里精粗无不到，而吾心之全体大用无不明矣。此谓物格，此谓知之至也。[1]

在朱熹看来，要获得新的认知就要接触事物并彻底研究它的规律原理。人的心灵都有认知能力，天下万物也都存有理，只是这些理还没有被彻底发觉，认知还没有达到穷尽万物的境界。因此，《大学》一开始就要求学者接触天下万物，在已有的认知上进一步研究，从而真正弄清万物之理。日积月累，久久为功，总有一天能融会贯通，那时万物的里外巨细都会一目了然，而自己也将达到无所不知的境界。

朱熹的"格物致知"具体可从四个方面理解：

在"格"的解释上，朱熹指出"格，犹至也"，认为"格"是"至"，即到达、接触的意思。

在"格"的对象上，朱熹认为，所格之"物"应是"万物"，涵盖"身心性情之德，人伦日用之常"，甚至是"天地鬼神之变，鸟兽草木之宜"，一切客观存在的事物都囊括在内。

在"致知"的路径上，朱熹主张两种方法：一是"即物穷理"，通过接触事物，穷究其理；二是"读书穷理"，通过读书辨明道理、知晓义理。这两种方法都是利用已知的知识推衍类比至待探索的事物中，从而获得新知。可见，朱熹的"致知"是一个双向过程，先由外物向内心，再由内心向外物探索，即"心外求理"。

在"格物致知"的目标上，朱熹强调"穷物理"，探究天下万物之理，

---

[1] 朱熹：《四书章句集注》，中华书局，2011年，第8页。

17

不断增加人的知识，达到无所不知的境界。

宋明时期，朱子学说成为学术界的主流，朱熹关于"格物致知"的解析被众多学者视为"权威"。然而王阳明却抛开朱熹的观点，坚持用古本教人，力主以《大学》原文已阐明的"诚意"为格物致知之旨。他指出：

> 旧本析而圣人之意亡矣！是故不本于诚意，而徒以格物者，谓之支；不事于格物，而徒以诚意者，谓之虚；支与虚，其于至善也远矣！合之以敬而益缀，补之以传而益离。吾惧学之日远于至善也，去分章而复旧本，傍为之什，以引其义，庶几复见圣人之心，而求之者有其要。①

王阳明认为不带着诚意去格物或只有诚意却不格物是一种达不到善的支离状态。他批评朱子对《大学》的调整是"合之以敬而益缀，补之以传而益离"，指出把"心"和"理"分开为二，不以诚意格物穷理，将造成一种本体上分离的理论困境，导致内心无法了悟外物之理，实在是丢失了古人所讲格物致知的本来意义。

鉴于此，王阳明对"格物致知"做了全新的解释：

在"格"的解释上，王阳明说：

> 格者，正也，正其不正以归于正之谓也。正其不正者，去恶之谓也。归于正者，为善之谓也。②

他认为"格"是"正"，是一种去恶存善的正义行为。

在"格物"的对象上，王阳明否定朱子所说的一切客观存在的事物，他说：

> 物者，事也，凡意之所发必有其事，意所在之事谓之物。③

王阳明认为，我们要"格"的"事事物物"是与人的思想意向有联系的事物。

在"致知"的路径上，王阳明主张"心即理"，认为万物之"理"均在"心"内。他说：

---

① 王守仁：《王阳明全集》（四），线装书局，2014年，第274~275页。
② 王守仁：《王阳明全集》（三），线装书局，2014年，第229页。
③ 同上。

吾心之良知，即所谓天理也。致吾心良知之天理于事事物物，则事事物物皆得其理矣。致吾心之良知者，致知也。[①]

王阳明强调，"致知"就是要把内心的良知即"天理"，推及至事事物物。这是一种注重向心内求理的过程。

在"格物致知"的目标上，王阳明更强调要"存天理，灭人欲"，通过"正心、正物"来去除人欲实现内心的良知。

朱熹"格物致知"论与王阳明"格物致知"论的异同

内容	朱熹	王阳明
本体论基础	理本论	心本论
"格"的解释	至，到达、接触	正，去恶存善的行为
"物"的范围	一切客观事物	与人意向有关的事物
"致"的路径	即物穷理，读书穷理	向心内求理
"知"的内容	真知、真理	良知
格物致知的目标	知尽万物之理	实现良知

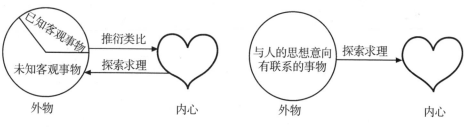

朱熹格物致知：心外求理　　　　　王阳明格物致知：心内求理

朱熹与王阳明的格物致知原理图示

罗钦顺对王阳明"格物致知"的解释深感不满。他指出："凡吾之有此身，与夫万物之为万物，孰非出于乾坤？"[②]强调万物和"吾"相互独立，又都是天地阴阳变化的结果。所以从"理"的层面看，既有"万物之理"亦有

---

① 王守仁：《王阳明全集》（一），线装书局，2014年，第71页。
② 罗钦顺著，阎韦舀点校：《困知记》，中华书局，1990年，第109页。

"吾之理",但两者的"理"又都统一于"天地之理"。罗钦顺认为,要获得"天地之理",仍需先格尽万物之理,才能找到打破物我之隔,实现万物一体、天人合一。罗钦顺坚信朱子的格物致知论才是真理。

罗钦顺不满的还有当时王阳明亲笔所著的《朱子晚年定论》。王阳明在文中论断:朱子晚年"大悟旧说之非,痛悔极艾",开始转向心学。

作为朱子学说的崇拜者、传承者,罗钦顺不赞同朱熹理学最终转向心学。

集愤慨于一身的罗钦顺,即刻"愤"笔疾书,写信大肆批驳王阳明,两人就"心即理""良知即天理""格物致知"等观点展开了辩论。

字字铿锵,笔墨为枪,朱学与王学的异同在这场书信论战中越辩越明,也在学术界打下深刻烙印。

王阳明不盲从前人、不屈服权威、不受限时代,立足自身实践,敢于质疑朱子学说的时弊,跳出程朱理学的桎梏,构建了心学体系。其心学在本体论、知行观、格物致知论等方面相较于朱子学说有了明显不同,但两者并非直接对立,只是从不同角度认识事物、阐明道理。

在传承中发展象山心学

最好的传承是发展，发展的关键在创新。

叫板学术权威朱熹的同时，王阳明还曾对心学鼻祖陆九渊创建的象山心学公开质疑。

与朱子相提并重的陆九渊

陆九渊（1139—1193），字子静，自号存斋，江西抚州金溪人。南宋著名理学家、思想家、教育家，心学开山之祖。因讲学于象山书院，又被称为"象山先生"，学者常称其为陆象山，其学说称为象山心学。

九世同居、阖门百口，陆九渊出身于名门大族。历经几代变迁，到父亲陆贺这一代家业衰败，仅靠经营医药和教书授学维持生计，但家门整肃、不坠家风，仍然闻名州里。

陆九渊自幼聪颖好学，喜欢刨根问底，小小年纪总有自己独特的见解。《宋史》记载：

> 三四岁，问其父天地何所穷际，父笑而不答，遂深思，至忘寝食。[1]

三四岁时，陆九渊问其父天和地有无边界和尽头，父亲笑而不答，他竟为此苦思冥想、废寝忘食。直到长大后读古书觅得"宇宙"二字解说时，陆九渊方才弄懂其中奥秘。

乾道八年（1172年），陆九渊考中进士，入仕为官。他历任县主簿、国子正、删定官等官职，后因给事中[2]王信反对其出任将作监丞[3]，落职还乡。

绍熙二年（1191年），时隔十九年，陆九渊被再次起用，出任荆门知

---

[1] 脱脱等：《宋史》，中华书局，1977年，第12879页。

[2] 给事中，官名，专司谏言、监察的官。

[3] 将作监丞，官名。中国古代负责宫室、宗庙、陵寝等公共土木建筑的将作监的属官，协助监和少监处理监务。

军①，政绩显著，当地风气大变，受到朝廷肯定。

官虽不大，最高不过一知军，陆九渊却在学术上独树一帜、开创新说。

陆九渊所处的时代，正是程朱理学大成之际，但他不为权威所惑，直指朱熹理学潜在支离倾向和教条隐患。陆九渊融合孟子"万物皆备于我"和"良知""良能"的观点，主张通过"存心、养心"来"发明本心"，要求世人注重修身养性的工夫，提出"心即理"的哲学命题，开创新学——心学。

心学一经提出，无异于学术界的一声惊雷，心学与朱子学说的矛盾公诸于世，争锋势在难免。

淳熙二年（1175年），浙江金华婺学学派代表、与朱熹和张栻②并称为"东南三贤"的吕祖谦③，为调和两家矛盾，实现学术统一，邀请朱熹和陆九渊到信州鹅湖寺（今江西上饶）会讲辩论。中国思想学术史上有名的"鹅湖之会"由此拉开序幕。

"鹅湖之会"，以"教人之法"作为中心论点展开。

朱熹强调"格物致知"，提倡多读书、多观察事物，根据经历、经验总结分析出新事理，达到认知；而陆九渊则强调"心即理"，主张"发明本心"，认为通过拂拭本心，去除蒙蔽，便可通晓事理，没有读书、格物的必要。

巅峰对决，难解难分。一番争论下来，朱陆双方的观点不仅没有调和，两人的学术特色反而更加鲜明，矛盾分歧更加公开化。这次会面也促使双方自我审视，反思不足，进一步修正完善各自的思想体系，为后世学术论争树立了良好风范。

此后，朱子学说与陆九渊心学相互尊重、并行天下，朱熹与陆九渊亦并称为"朱陆"。

---

① 知军，官名。军队长官，一般由中央派员，全称"权知军州事"。知军实际是宋朝时以朝臣身份任知州，并掌管当地军队。

② 张栻（1133—1180），字敬夫，又字乐斋，号南轩，汉州绵竹（今属四川）人。南宋学者。推崇北宋周敦颐《太极图说》，并以"太极"为最高范畴。认为"太极"流行无间，贯乎古今，通乎万物。

③ 吕祖谦（1137—1181），字伯恭，学者称"东莱先生"，婺州（今浙江金华）人。南宋哲学家。

心学沉沦后的崛起

青山依旧在，几度夕阳红。陆九渊与朱熹相继离世，象山心学和朱子学说朝着各自的使命奔流向前，比肩齐名的局面逐渐被打破。元明时期，朱子学说深受统治者青睐，成为正统官学，在学术界占据了独尊地位，而象山心学则黯然于历史的星空。

斗转星移，陆九渊离世三百余年后，日渐沉寂的心学出现了转机。

明朝中期，国家商品经济进一步发展，市民阶层逐渐壮大，资本主义生产关系开始萌芽，社会思潮日渐开放。但在朱子思想主导下，明代的教育逐渐走向僵化和教条化，学者、士大夫墨守朱子学说无所创新，拘于"即物穷理"而又不加以实践。加之底层百姓与统治阶级矛盾日益加剧，农民起义此起彼伏，社会动荡不安。

面对深重的社会危机，王阳明感慨道：

> 今夫天下之不治，由于士风之衰薄；而士风之衰薄，由于学术之不明；学术之不明，由于无豪杰之士者为之倡焉耳。①

王阳明认为，天下不治、士风衰薄、学术不明，根源在于没有豪杰倡导圣学。经过几次实践朱子理论的失败，看到世人身上存在的种种弊病，王阳明深深感到，世人一直尊崇的朱子学说无法改变"天下之不治"。他开始对理学进行反省、批判，试图寻求新的救世之学。

据《王阳明全集》记载，弘治十八年（1505年），王阳明在京师与湛若水②"一见定交，共以倡明圣学为事"③，自此两人结下深厚的友情，经常一起讨论研究学术。

湛若水是儒学大家陈献章④的学生。陈献章不依傍权威显学朱子学说，主

---

① 王守仁：《王阳明全集》（三），线装书局，2014年，第156页。
② 湛若水（1466—1560），字元明，号甘泉，广东增城人，明哲学家，师事陈献章。
③ 王守仁：《王阳明全集》（四），线装书局，2014年，第9页。
④ 陈献章（1428—1500），字公甫，号石斋，学者称白沙先生，广东江门新会人，明学者。从学吴与弼，承继陆九渊思想并糅合禅宗、老庄之学，为宋代程朱理学向明代阳明心学过渡的关键人物。一生唯重心性之学，主静坐"澄心"，开创了江门学派。

张"以自然为宗",在人生实践中追求自然而然的境界,强调通过静坐、直觉、体认等方式达到"自得"。这种自得求之于内心,属于陆九渊开创的心学领域。王阳明与陈献章学生湛若水倡圣学、论学术,不免也受到陈献章自得之学的影响。

欲见彩虹必经风雨。与湛若水"定交"三年后,王阳明被贬贵州龙场,身心备受苦难煎熬,他沉性修心,怡然自得,终大彻大悟,步入心学大门。

深感心学魅力,王阳明结合时世和个人经历,潜心修学,以象山心学为基础发展完善了"心即理""发明本心"①等观点,开创了以"知行合一""致良知"②为核心的心学体系。学术史上把陆九渊和王阳明的心学思想合称为"陆王心学"。

沉寂后的爆发具有更强的冲击力,王阳明扬"陆"抑"朱",革故鼎新,阳明心学由备受质疑走向广为接受,由一人之悟走向众生妙解,无异于给朱子学说带来了一场地震。

明中晚期,王阳明的心学思想在全国广为流传,阳明的弟子门生众多,阳明学说门派林立,阳明心学受到众多士大夫的青睐,成为主流思潮,心学重返学术巅峰。

与心学开山之祖陆九渊的异同

时代选择,让心学再现生机;情缘冥冥,让陆王跨时空相惜。王阳明继承发扬心学鼻祖陆九渊的思想,却非一成不变、照搬照用。他曾说:

---

① 发明本心,南宋陆九渊用语。指彻底反省人所固有的仁、义、礼、智之心。陆九渊认为一切道德准则均根源于本心,强调"只自立心","明得此理(或心)即是主宰"。王阳明进一步发挥了这一思想。(参见张岱年主编:《中国哲学大辞典》,上海辞书出版社,2014年,第187页。)

② 致良知,王阳明的道德修养方法。王阳明认为"良知即是天理",首先要求认识和恢复内心固有的天理,即去"物欲"之"昏蔽"。实现良知(即天理),必须通过"心上工夫"和"克己工夫"的途径。"心上工夫"是指通过内省去"悟"自己固有的"良知本体";"克己工夫"是指通过外在的力量,即通过对儒家经典的学习"以去其昏蔽"。(参见张岱年主编:《中国哲学大辞典》,上海辞书出版社,2014年,第194页。)

> 象山之学……其学问思辨、致知格物之说，虽亦未免沿袭之累，然其大本大原断非余子所及也。[1]

在王阳明看来，陆九渊心学中也存在对程朱理学的"沿袭之累"。为了避免这些"沿袭之累"，王阳明主动革弊、创新发展。

心即理的分歧——"心具理"还是"心生理"？

"心即理"是陆王心学的重要内容，但对于其含义，陆王的解释存有差异。

在陆九渊看来，"心"多指"本心"[2]，"理"应是万物之理。他的"心即理"可理解为"心具理"，心中本来就有理。他说：

> 人皆有是心，心皆具是理，心即理也，故曰"理义之悦我心，犹刍豢之悦我口"。[3]

陆九渊认为，人人都有"本心"，而"本心"里都装着"理"，心中有一切之理。换言之，"本心"生来就对"万物之理"有着完全的认知，人们并不需要借助其他手段向外求理。

王阳明的"心即理"是"心生理"的意思，在他看来，"心在理先"，"理"是建立在意识之上，意识感知万物的存在，所以没有"心"的意识作用，便发现不了"理"的存在，也就是"理"还得由"心"生。

除了对"心即理"内涵阐释的不同，陆九渊和王阳明对"理"的性质也是看法各异。陆九渊的"心具理"，既强调了"心"对"理"的认知，也就是"理"具有主观性，同时又强调"理"的客观性。他说：

> 宇宙便是吾心，吾心即是宇宙。千万世之前，有圣人出焉，同此心同此理也。千万世之后，有圣人出焉，同此心同此理也。东南西北海有圣人出焉，同此心同此理也。[4]

---

① 王守仁：《王阳明全集》（一），线装书局，2014年，第185页。

② 本心，指心之本然。是人的道德意识和行为的源泉。（参见张岱年主编：《中国哲学大辞典》，上海辞书出版社，2014年，第182~183页。）

③ 陆九渊著，钟哲点校：《陆九渊集》，中华书局，1980年，第149页。

④ 同上书，第273页。

塞宇宙一理耳，学者之所以学，欲明此理耳。此理之大，岂有限量？①

此理充塞宇宙，天地鬼神，且不能违异，况于人乎？②

陆九渊认为，整个宇宙同有一"理"，而"理"本就存在于人心，人心之理就是万物之理，人心并没有创造"理"。如昼夜更替、四季交替等都是客观存在的自然规律，并不以人心为转移。可见，陆九渊对世界的认识，仍是一种以"理"作为本体的"理本论"，具有一定的客观性。

王阳明不赞同把"理"陷于一种既主观又客观的二元论，他谈论"理"大多与"心"联系在一起，他的主张是以"心"作为本体范畴的"心本论"。他在"心即理""心外无理，心外无物"等大量论述中，虽未明确否定"理"的客观性，但多站在主观的角度说"理"。

学者刘宗贤在《王阳明心学探微》一文中指出阳明之"理"是"主观之理"。他说：

他（王阳明）把心、性合一于"知"，这样就改变了"理"的性质，使之由客观的理变为主观的理（"心之理"）。③

刘宗贤认为，王阳明把心、性都当作"知"，从而改变了"理"的性质，让"理"由客观变成了主观。

王阳明的"主观之理"强调，万物之理都在心内，都应向心内探求。他说：

虚灵不昧，众理具而万事出。心外无理，心外无事。④

夫在物为理，处物为义，在性为善，因所指而异其名，实皆吾之心也。心外无物，心外无事，心外无理，心外无义，心外无善。⑤

王阳明认为，内心对世间一切都清清楚楚，也就具备了一切的"理"，可以解决应对所有不同的事情；万物中的"理""义""善"叫法不同，但

① 陆九渊著，钟哲点校：《陆九渊集》，中华书局，1980年，第161页。
② 同上书，第147页。
③ 刘宗贤：《王阳明心学探微》，载《云南社会科学》1984年第6期。
④ 王守仁：《王阳明全集》（一），线装书局，2014年，第42页。
⑤ 同上书，第165~166页。

它们均来自内心，离开了"心"就会荡然无存。

"理本论"与"心本论"，一个重客观之理，心可知理；一个重心之感知，理由心生。王阳明的"心即理"较陆九渊的"心即理"已经发生了根本性改变。

心、性、情——一元还是多元？

心性问题是儒家哲学无法回避的论题，王阳明与陆九渊给出了不同的答案。

在陆九渊看来，"心、性、情、才"同为一物，没有分别。在陆九渊的论述中，他对"心"做了较为翔实的分析，但对"性""情"这两者的论述和分析几乎没有。偶有提到"性"也只是作为常用字，如"德性""性命""性质"等词。

有一次学生问陆九渊："性、才、心、情，如何分别？"陆九渊说：

> 如吾友此言，又是枝叶。虽然，此非吾友之过，盖举世之弊。今之学者读书，只是解字，更不求血脉。且如情、性、心、才，都只是一般物事，言偶不同耳……"此岂山之性也哉？""此岂人之情也哉？"是偶然说及，初不须分别。①

借题发挥，陆九渊认为学生的发问没有触及问题本质，只是说了些可有可无的"枝叶"，这种现象在当时并非个人问题而是"举世之弊"。在陆九渊看来，当时的学者读书只为理解字词，而不渴求弄清藏于血脉深处的本质，就像"情、性、心、才"，只是在不同场合的不同用词和说辞，实为一物。

作为心学后人，王阳明却另有说辞。他认为"心、性、情"三者并非浑然同一。

在王阳明看来，"心"就是"理"，他直接把"心"和"理"联系起来，但并没有忽略"性"和"情"的差异。他说：

> 心统性情。性，心体也；情，心用也。程子云："心，一也。有指体而言者，寂然不动是也；有指用而言者，感而遂通是也。"……夫体

---

① 陆九渊著，钟哲点校：《陆九渊集》，中华书局，1980年，第444页。

用一源也，知体之所以为用，则知用之所以为体者矣。①

王阳明认为"心"对性情有决定作用，性为"心体"，情为"心用"，"性"和"情"两者同源互为体用。对于"性"和"情"的区别，王阳明曾有过形象的论述：

> 夫喜怒哀乐，情也。既曰不可，谓未发矣。喜怒哀乐之未发，则是指其本体而言，性也。②

王阳明指出，"喜怒哀乐"作为一种感情，以哭、笑等形式表达，是"情"；而当"喜怒哀乐"没有爆发表现出来的时候，它们就是个体本身具备的"性"。

在某些特定条件下，王阳明又认可陆九渊的观点，认为"性""情"可以等同。弟子黄勉之③曾就韩愈④所言"博爱之谓仁"，写信请教王阳明：

> 韩昌黎"博爱之谓仁"一句，看来大段不错，不知宋儒何故非之？以为爱自是情，仁自是性，岂可以爱为仁？愚意则曰：性即未发之情，情即已发之性，仁即未发之爱，爱即已发之仁。如何唤爱作仁不得？言爱则仁在其中矣。孟子曰："恻隐之心，仁也。"周子曰："爱曰仁。"昌黎此言，与孟、周之旨无甚差别。不可以其文人而忽之也。⑤

黄勉之本赞同韩愈的观点，宋代儒者却提出"爱是情，仁是性，爱岂能作为仁"，不免感到困惑。

王阳明告诉黄勉之，如果把"爱"视作已发之"情"，"仁"视作未发之"性"，那么：

> 爱字何尝不可谓之仁欤？……然爱之本体固可谓之仁，但亦有爱得是与不是者，须爱得是方是爱之本体，方可谓之仁。⑥

---

① 王守仁：《王阳明全集》（一），线装书局，2014年，第159页。
② 同上。
③ 黄勉之（1490—1540），名省曾，号五岳，长洲（今江苏苏州）人。明学者。
④ 韩愈（768—824），字退之，世称韩昌黎，河南河阳（今河南孟州）人。唐代文学家、哲学家。
⑤ 王守仁：《王阳明全集》（一），线装书局，2014年，第195页。
⑥ 同上。

爱可以称作仁，但是要区分条件，因为爱有正确与不正确之分，只有正确的爱才能视为仁。比如父母疼爱孩子，这种疼爱可看作仁，此时性、情可以等同；但若父母过度疼爱孩子，也就是溺爱，这时的爱就不能等同于仁，即性、情不可等同。

从"浑然同一"到"各有所别"，从"一元"到"多元"，王阳明对陆九渊的心性观点进行具体限定，提出了新见解。

王阳明与陆九渊所处时代不同，受到不同因素影响，致使他们在"心即理"的理解阐释、本体的构建、工夫的展开等方面存在不同，而本质上王阳明心学是对陆九渊心学的深化。

第二章
学术成家——他实现了开宗立言

历史只会眷顾奋进者、创新者、搏击者。在世人笃信程朱理学的时代，王阳明勇立潮头，敢于说"不"，抛出了时代"叩问"，给了众人一记"醒钟"。

探索永无止境。王阳明并没有止步于做推倒"旧旗"的革命者，更致力于做树起"新旗"的开拓者。在前人研究的基础上，王阳明不断创新，开宗立言，构建了以"心即理""知行合一""致良知"为核心的心学体系，为人们认识世界、探寻天理提供了理论指导，更为儒家哲学的发展增添了浓墨重彩的一笔。

难得《传习录》

雁过留声，人过留名。身为一代心学大师，王阳明却未曾想著书传世。难得的是后继有人，弟子有心，五十五年接力，他们将王阳明语录整理编纂成《传习录》，全面系统阐述其心学思想，为后世学，为后世法。

不做"汲汲立言者"

立言，通往不朽的捷径，但王阳明却看到其中的责任，坚持"述而不著"。

据《王阳明〈传习录〉详注集评》记载：

> 门人有欲汲汲立言者。先生闻之，叹曰："此弊溺人，其来非一日矣。不求自信，而急于人知，正所谓'以己昏昏，使人昭昭'也。耻其名之无闻于世，而不知知道者视之，反自贻笑耳。宋之儒者……但一言之误，至于误人无穷，不可胜救。亦岂非汲汲于立言者之过耶？"①

对于热衷于著书立言的门人，王阳明感叹痛惜，他指出，一些人自己并未掌握精义要领，却好为人师、急于求名，无异于"正所谓'以己昏昏，使人昭昭'也"，一旦所立观点错误，将贻笑大方，误人子弟。对此，他告诫弟子：

> 圣贤教人如医用药，皆因病立方，酌其虚实温凉阴阳内外而时时加减之，要在去病，初无定说。若拘执一方，鲜不杀人矣。②

王阳明举例释理，教人就如治病用药，不仅要对症下药，还要根据病者身体变化进行调整，从来就无固定的用药方法。

追思先贤，王阳明十分赞赏孔子删述六经③的做法。他说：

① 陈荣捷：《王阳明〈传习录〉详注集评》，重庆出版社，2017年，第332~333页。
② 王守仁：《王阳明全集》（一），线装书局，2014年，第15页。
③ 孔子在晚年整理、删述《诗》《书》《礼》《易》《乐》《春秋》六部儒家经典。

　　使道明于天下，则《六经》不必述。删述《六经》，孔子不得已也。①

　　昔者孔子删述《六经》，若以文辞为心，如唐、虞、三代，自《典》《谟》而下，岂止数篇？正惟一以明道为志，故所述可以垂教万世。吾党志在明道，复以爱惜文字为心，便不可入尧、舜之道矣。②

王阳明看来，孔子删述"六经"是去除繁杂的文辞，使天下人注重文中实质，彰明圣道，而不是单纯地爱惜文辞。

言传亦身教。王阳明以自身行动贯彻着"述而不著"的原则。据《王阳明全集》记载，王阳明贬谪龙场期间，翻阅证述"五经"，耗费十个月终成《五经臆说》。后来弟子钱德洪打算将《五经臆说》刊刻出版，王阳明"自觉学益精，工夫益简易，故不复出以示人"③，便笑着拒绝说："付秦火久矣。"

嘉靖六年（1527年），弟子邹守益想把王阳明的文稿刊刻成书，也被王阳明坚决制止：

　　不可。吾党学问，幸得头脑，须鞭辟近里，务求实得，一切繁文靡好。传之恐眩人耳目，不录可也。④

王阳明不愿做"汲汲立言者"，担心失误之言、偏颇之语成为后人研学的障碍和束缚，体现了淡泊名利的心境、谨慎负责的风范。

《传习录》的上下五十五年

一本书，五十五年，多人接续终完成，难得。

一本书，全面阐述心学要旨，启发后人，值得。

我们今天看到的《传习录》，全面收录了王阳明的语录、书信等，系统

---

① 王守仁：《王阳明全集》（一），线装书局，2014年，第36页。
② 同上书，第23页。
③ 王守仁：《王阳明全集》（三），线装书局，2014年，第232页。
④ 王守仁：《王阳明全集》（一），线装书局，2014年，第23页。

记录了王阳明对其"心即理""知行合一""致良知""四句教"①等哲学思想的阐释。殊不知这本书经历了诸多不易，不易于得到了王阳明本人同意，不易于五十五年的编撰整理。

编撰《传习录》的第一枪由徐爱打响。

正德七年（1512年），王阳明和徐爱乘船返回浙江余姚，边走边谈，路上两人就《大学》宗旨深入交流。其中，王阳明的观点让徐爱恍然大悟，颇多感触，为便于日后翻阅笔记自省，徐爱特地对王阳明的观点进行记录整理，后命名为《传习录》。从徐爱《传习录序》"余备录先生之语，固非先生之所欲"看，此次编录并非王阳明本意。

正德十三年（1518年），弟子薛侃②将徐爱记写的序、引言、跋文和十四条语录，以及陆澄所录的八十条语录，综合他本人所录共一百二十九条语录，在江西虔州（今江西赣州）合编初刻成《传习录》，也就是今天《〈传习录〉三卷》上卷。这部分由王阳明亲自批阅过。

嘉靖三年（1524年），弟子南大吉③以薛侃《初刻〈传习录〉》为上册，收集王阳明《答徐成之》《答顾东桥书》《答周道通书》《答陆原静书》《答聂文蔚书》等九篇《论学书》作为下册，在浙江绍兴合并刊刻了《续刻〈传习录〉》。

嘉靖二十三年（1544年），南大吉在德安府（今湖北安陆）将《传习录》内容重新分卷，编成《续刻〈传习录〉》。

嘉靖三十五年（1556年），王阳明离世二十七年，钱德洪把王阳明手书《训蒙大意示教刘伯颂等》增录到南大吉所刻《续刻〈传习录〉》中，并将《论学书》统一改编为问答体。这也就是今天《〈传习录〉三卷》中卷。

同年，在原有基础上，钱德洪将同门师兄弟陈九川、黄以方、黄敏叔、

---

① 四句教，即"无善无恶是心之体，有善有恶是意之动，知善知恶是良知，为善去恶是格物"。（参见张岱年主编：《中国哲学大辞典》，上海辞书出版社，2014年，第195页。）

② 薛侃（1486—1546），字尚谦，号中离，揭阳人。明学者，在赣州拜王守仁为师。属闽粤王门学者，对推动阳明学在岭南的传播有很大功绩。

③ 南大吉（1487—1541），字元善，号瑞泉，王阳明得意弟子之一。

黄勉之等人收集的语录整理合编，成了今天《〈传习录〉三卷》下卷。

隆庆六年（1572年），谢廷杰刊刻《阳明全书》，希望钱德洪把阳明的《朱子晚年定论》附在《传习录》末。于是《〈传习录〉三卷》下卷，又有了《朱子晚年定论》（以下简称《定论》）、钱德洪所写《〈定论〉引言》以及袁庆麟的《〈定论〉跋》。

至此，《传习录》修成正身，大功告成。

流传至今，《传习录》成为后人研究王阳明思想及心学发展最重要的资料。《传习录》与《论语》有着异曲同工之妙，以问答形式记录阳明心学的宗旨要义，堪称儒家简明而有代表性的哲学著作。

《传习录》编录时间表

时间	编录内容	负责弟子
正德七年（1512年）	徐爱所录十四条语录	徐爱
正德十三年（1518年）	陆澄所录八十条语录；薛侃所录三十五条语录	薛侃
嘉靖三年（1524年）	王阳明《答徐成之》《答顾东桥书》《答周道通书》《答陆原静书》《答聂文蔚书》等九篇《论学书》	南大吉
嘉靖三十五年（1556年）	王阳明手书《训蒙大意示教刘伯颂等》；陈九川、黄以方、黄敏叔、黄勉之等人所录语录	钱德洪
隆庆六年（1572年）	王阳明的《朱子晚年定论》；钱德洪的《〈定论〉引言》；袁庆麟的《〈定论〉跋》	钱德洪

力创阳明学派

王阳明无意于耗费时间精力著述成名，但乐于在讲学传道中教化众人。

三尺讲坛，王阳明广收弟子，因材施教；

言传身教，王阳明传道授业，开新立派。

王阳明的弟子遍布天下，他所开创的阳明学派蓬勃发展。

"读书讲学，此最吾所宿好"

王阳明曾说：

> 读书讲学，此最吾所宿好。[1]

王阳明把读书讲学看得比事功还重要。作为一个儒家学者，他一生致力于教化育人，醉心于论学讲学，形成了独具特色的讲学之道，开创了讲学新风。

讲学不分场地时机

谪居贵州龙场，条件艰苦，王阳明连温饱都是问题，仍坚持办校讲学。他创办龙岗书院，设台讲学，受到当地官员、学者的欢迎，甚至老百姓都纷纷围坐而听。两年谪居生活，王阳明的身体备受煎熬，心灵却被讲学之乐"供养"。

身处军营，战事紧张，王阳明不忘的还是讲学。正德十三年（1518年），王阳明奉命在江西剿匪，深感当地民风彪悍，希望教化改善民风民俗，他便利用空隙时间在民众中讲学。正德十六年（1521年），在平定宁王叛乱的紧张时刻，王阳明仍见缝插针坚持讲学，"昔先生与宁王交战时，与二三同志坐中军讲学"[2]。叛乱一结束，他又立即在南昌召集弟子到白鹿洞书

---

① 王守仁：《王阳明全集》（三），线装书局，2014年，第240页。
② 王守仁：《王阳明全集》（四），线装书局，2014年，第222页。

院讲学授业。

"愚"才是讲学的本来姿态

王阳明曾告诫弟子说："你们拿一个圣人去与人讲学，人见圣人来，都怕走了，如何讲得行！须做得个愚夫愚妇，方可与人讲学。"①

他认为，讲学者若以圣人自居，无疑拉大了与听众的距离，让世人害怕听不懂而离开；讲学者应秉持"愚夫愚妇"的姿态，如此才能让众人愿意听且听得懂。

讲学中，王阳明注重摆正自己的位置，尤其中晚年，他的讲学对象更加趋于平民化，讲授内容和方式也更加通俗易懂。内容上，"以日用现在指点良知"，即以日常生活中用到见到的事例说道理；方式上，多采取"诱之以歌诗""导之习礼"等启发式教学。循循善诱，深入浅出，他赢得了当地民众的尊敬。据《贵州通志》记载，王阳明讲学现场往往"士类感慕者，云集听讲，居民环聚而观如堵焉，士习丕变"。

讲学务求"诞敷文德"②

嘉靖六年（1527年），在广西平乱的王阳明，看到当地教化不行、民智未开，主张"境接诸蛮之界，最宜用夏变夷，而时当梗化之余，尤当敷文来远"③，要用仁德来感化改变当地的少数民族。不久后，王阳明在南宁创办了敷文书院。"敷文"意为"宣扬仁义，诞敷文德"，这也是书院的教学宗旨。敷文书院是王阳明通过推行书院教育实现"诞敷文德"的一次重要尝试。

"自掏腰包"讲学也未尝不可

为推行教化，方便讲学，王阳明曾参与出资修复修建大量书院。王阳明

---

① 王守仁：《王阳明全集》（一），线装书局，2014年，第133页。
② 意思是积极推行礼乐教化。出自《尚书·大禹谟》，原文：帝乃诞敷文德，舞干、羽于两阶。七旬，有苗格。
③ 王守仁：《王阳明全集》（二），线装书局，2014年，第274页。

所到之处，均有不少官员、学者邀请他去讲学，而他所到之处见书院没落，往往建议官员修复书院，如有困难他便热心协助。

嘉靖三年（1524年），信奉阳明学的绍兴郡守南大吉，特意将位于卧龙山西冈的稽山书院修葺一新，迎请王阳明前去讲学。当时山阴县令吴瀛也参与了出资修葺，并新建了一所藏书楼——尊经阁。这所书院算得上王阳明参与修复书院中教学效益较高、影响较大的一座。书院建成后，听者云集，"环坐而听者三百余人"①。

嘉靖四年（1525年），王阳明的门人集资在绍兴城西郭门内光相桥之东修建了阳明书院，这里成了王阳明晚年讲学的主要阵地。

王阳明一生南征北闯，游历浙江、江西、上海、江苏、安徽、湖南、贵州、福建、广东、广西、云南、北京、山东、河南和河北等十五个省市，他不忘的是讲学；王阳明仕途几经起伏，甚至面临生死考验，他不忘的还是讲学；王阳明出生儒学世家，也曾指挥千军万马，他不忘的仍然是讲学。满腹经纶，化作绵绵细语，王阳明用一生来回应自己"天下首务，孰有急于讲学耶"的诘问。

学派壮大后的分流发展

随着王阳明大量讲学，阳明学派崛起壮大，在众弟子大力传承发展中，阳明学派又逐渐分化。

清代学者黄宗羲在《明儒学案》中，曾以师承地域为界，将阳明学派大致分为七派：浙中王学、江右王学、南中王学、楚中王学、北方王学、粤闽王学和泰州王学。

从学术思想主张看，日本儒学家冈田武彦在《王阳明和明末儒学》中提出，阳明学派可分为现成派、归寂派和修正派。现成派主张良知先天自足、

---

① 王守仁：《王阳明全集》（四），线装书局，2014年，第68页。

不需外求，代表人物为王畿、王艮、罗汝芳、周汝登等；归寂派强调"主静归寂"①的修养工夫，代表人物为聂豹、罗洪先等；修正派主张"事上磨炼"②，代表人物为钱德洪、邹守益、欧阳德等。

无论以师承地域看桃李天下，还是以学术主张看"百家"争鸣，阳明学派的分流既是阳明心学日益繁荣的表征，也是阳明心学朝不同方向发展的必然结果。

阳明心学朝不同方向发展的一个重要原因是其学术宗旨"致良知"的二重性。

王阳明晚年提出"致良知"，他指出良知天赋于心体之上，又强调先天良知最初只具有无善无恶的本然性质，需要经过后天的致知工夫，才能使之转化为不假思索便可知善知恶的自觉之知。也就是良知具有"先天本然"和"后天致知"的二重性。

王阳明离世后，"良知"的二重性成为弟子争论的焦点，矛盾分歧日渐突出。

据《王畿集》记载，王畿曾对产生分歧的原因进行了分析：

> 概惟先师设教，时时提揭良知为宗，而因人根器，随方开示，令其悟入，惟不失其宗而已。一时及门之人，各以质之所近，领受承接，人人自以为有得。乃者仪刑既远，微言日湮，吾党又复离群而索居，未免各执其方，从悟证学，不能圆融洞彻，归于大同。③

王畿认为，先生因材施教，在给弟子讲授良知宗旨时，针对弟子不同资质，采用不同方式和话语传授。弟子们把先生话语记在心中，用心参悟，都认为自己所悟所得应是恩师真传。

万历初年，阳明弟子在互相争辩中各立宗旨、分流别派。各学派虽然具

---

① 良知归寂派认为良知的本体是寂静的，所以按照本体和功夫统一的原则，致良知的方法应是"归寂"。（参见张岱年主编：《中国哲学大辞典》，上海辞书出版社，2014年，第201页。）
② 王阳明主张的存理为欲修养工夫之一，指在遇到触及切身之事时不为所动而能经受心理考验。（参见张岱年主编：《中国哲学大辞典》，上海辞书出版社，2014年，第194页。）
③ 吴震编校整理：《王畿集》，凤凰出版社，2007年，第681页。

体主张不一致，看似分道扬镳、各奔前程，但并未舍弃王阳明"致良知"的宗旨，恰在一番争论中使阳明的"良知说"呈现出更加具体丰富的内涵，推进了阳明心学的发展和兴盛。

不仅在中国本土出彩，阳明心学还远播海外。

明朝中后期，阳明心学从南北两个方向传播到日本、韩国及东南亚地区。

在日本，阳明心学受到中江藤树等一大批学者青睐，很快形成了以渊冈山和春日潜庵为代表的德教派、以熊泽蕃山和大盐平八郎为代表的事功派。传至日本的阳明心学不仅极大影响了日本哲学思想，还在推动日本幕府运动、明治维新等社会变革中发挥巨大作用。章太炎说："日本维新，亦由王学为其先导。"梁启超说："日本维新之治，心学之为用也。"

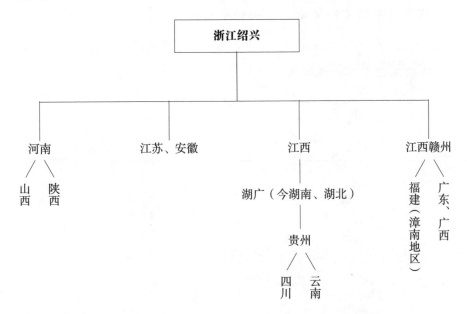

中国本土以王阳明故乡绍兴为中心的四条阳明心学传播路线 ①

_____

① 根据钱明《王阳明及其学派论考》第十二章《王学之传播——地域考》相关内容梳理。

第三章
传道授业——他做到了教化天下

孔子说："言传身教，为人师表。"孟子说："君子有三乐，而王天下不与存焉。父母俱存，兄弟无故，一乐也；仰不愧于天，俯不怍于人，二乐也；得天下英才而教育之，三乐也。"[1]教化育人俨然成了儒者与生俱来的使命。王阳明秉承传统，广收门徒、四处讲学、答疑解惑，为世人指点迷津、拨开迷雾，引领他们跳出束缚、走出僵化，从而认识世界、探寻真理。

---

① 陈明主编，韩成才、李军政注：《论语　孟子》，新星出版社，2016年，第431页。

广收门徒：散播星星之火

《明史·儒林传》评价王阳明：

> 门徒遍天下，流传逾百年。①

王阳明四处讲学，宣扬心学，"名声大噪"，许多官员、学者、民众纷纷拜师求学，他不问出身，纳而教之，以星星之火照耀满园桃李。

生死未卜亦收徒

师访徒三年，徒访师三年。古人开门收徒通常讲规矩，设门槛。王阳明在学术上自成一家、成就斐然，但他收徒却不分时机、不看身份、不讲条件。不拘一格的收徒观念让他的收徒经历丰富多彩。

王阳明的第一段师徒情缘便充满着传奇。

王阳明曾作《别三子序》言：

> 自予始知学，即求师于天下，而莫予诲也；求友于天下，而与予者寡矣；又求同志之士，二三子之外，邈乎其寥寥也。殆予之志有未立邪？盖自近年而又得蔡希颜、朱守忠于山阴之白洋，得徐曰仁于余姚之马堰。②

王阳明慨叹求师难得、求友亦难得，幸而近来收得山阴蔡希颜（蔡宗衮）和朱守忠（朱节）、余姚徐曰仁（徐爱）为弟子。这三人，正是王阳明的第一批弟子。

正德二年（1507年），王阳明在前往贵州龙场赴任途中，受到刘瑾追杀，假借跳河"自杀"死里逃生，尔后辗转回到南京与父亲王华会面。父子俩商议后，认定不能违抗圣命，必须前往龙场驿赴任。远行前，王阳明准备回到自幼养病的杭州果胜寺，稍做停留。

---

① 章培恒、喻遂生主编：《明史》，汉语大词典出版社，2004年，第5740页。
② 王守仁：《王阳明全集》（一），线装书局，2014年，第223页。

王阳明到达果胜寺不久，浙江省的三位举人徐爱、朱节、蔡宗衮在王阳明弟弟王守文处得知他来杭的消息，便慕名前往，拜师求学。此时的王阳明仕途失意、生死未卜，众人都避而远之，但这三人却主动前来拜师，着实让王阳明感动，于是欣然收三人为徒。

徐爱，比阳明小十五岁，后来迎娶了王阳明的妹妹王守让。他深得王阳明喜爱和器重，王阳明常常与他讨论学术。可惜徐爱英年早逝，三十一岁便离世。正德十三年（1518年），当王阳明听到徐爱离世消息后，悲恸不已，写下《祭徐曰仁文》，怀念徐爱：

　　呜呼痛哉，曰仁！吾复何言！尔言在吾耳，尔貌在吾目，尔志在吾心，吾终可奈何哉！记尔在湘中，还，尝语予以寿不能长久，予诘其故。云："尝游衡山，梦一老瞿昙抚曰仁背，谓曰：'子与颜子同德。'俄而曰：'亦与颜子同寿。'觉而疑之。"予曰："梦耳。子疑之，过也。"曰仁曰："此亦可奈何？但令得告疾早归林下，冀从事于先生之教，朝有所闻，夕死可矣！"呜呼！吾以为是固梦耳，孰谓乃今而竟如所梦邪！向之所云，其果梦邪？今之所传，其果真邪？今之所传，亦果梦邪？向之所梦，亦果妄邪？呜呼痛哉！

　　曰仁尝语予："道之不明，几百年矣。今幸有所见，而又卒无所成，不亦尤可痛乎？愿先生早归阳明之麓，与二三子讲明斯道，以诚身淑后。"予曰："吾志也。"自转官南、赣，即欲过家，坚卧不出。曰仁曰："未可。纷纷之议方驰，先生且一行！爱与二三子姑为馇粥计，先生了事而归。"呜呼！孰谓曰仁而乃先止于是乎！吾今纵归阳明之麓，孰与予共此志矣！二三子又且离群而索居，吾言之，而孰听之？吾倡之，而孰和之？吾知之，而孰问之？吾疑之，而孰思之？呜呼！吾无与乐余生矣。吾已无所进，曰仁之进未量也。天而丧予也，则丧予矣，而又丧吾曰仁何哉？天胡酷且烈也！呜呼痛哉！朋友之中，能复有知予之深、信予之笃如曰仁者乎？夫道之不明也，由于不知不信。使吾道而非邪，则已矣；吾道而是邪，吾能无蕲于人之不予知予信乎？

自得曰仁讣，盖哽咽而不能食者两日。人皆劝予食。呜呼！吾有无穷之志，恐一旦遂死不克就，将以托之曰仁，而曰仁今则已矣。曰仁之志，吾知之，幸未即死，又忍使其无成乎？于是复强食。呜呼痛哉！吾今无复有意于人世矣。姑俟冬夏之交，兵革之役稍定，即拂袖而归阳明。二三子苟有予从者，尚与之切磋砥砺。务求如平日与曰仁之所云。纵举世不以予为然者，亦且乐而忘其死，惟百世以俟圣人而不惑耳。曰仁有知，其尚能启予之昏而警予之惰邪？呜呼痛哉！予复何言！①

短短七百余字，五处使用"呜呼痛哉"，四处发出"呜呼"哀号，阳明的悲痛之情压在心头却跃然笔尖。王阳明久久不愿相信徐爱已经离世，反复自语"今之所传，亦果梦邪"，内心希望这一切只是一场梦。回忆起与徐爱真挚的友谊、共倡圣学的志向等点点滴滴，王阳明更是百感交集，发出连续追问："吾言之，而孰听之？吾倡之，而孰和之？吾知之，而孰问之？吾疑之，而孰思之？"一句句撕心裂肺，折射出对徐爱这一人生挚友的浓浓不舍与万分惋惜。

朱节，仅小王阳明三岁，正德九年（1514年）考中进士入朝为官，始终以天下为己任，尽职尽责。嘉靖二年（1523年），朱节率官兵围剿颜神镇（今山东淄博）作乱盗贼，结果劳累过度离世。他死后，被朝廷追赠为光禄寺少卿。

蔡宗衮，正德十二年（1517年）考中进士，此后一直在朝负责教育工作。

王阳明对这三位弟子赞赏有加，常说："徐生之温恭，蔡生之沉潜，朱生之明敏，皆我所不逮。"②

---

① 王守仁：《王阳明全集》（三），线装书局，2014年，第213~214页。
② 章培恒、喻遂生主编：《明史》，汉语大词典出版社，2004年，第5783页。

从"父子同门"看阳明门徒的大众化

钱蒙与钱德洪，一个年过花甲，一个三十而立；一个是父，一个是子，年龄相差甚远，辈分亦是隔代，但他们有一个共同的身份——阳明弟子。这其中流传着一段佳话。

起初，钱德洪跟随王阳明学习心学，父亲钱蒙并不认可。钱蒙担心儿子笃信阳明，沉迷心学，荒废学业，影响科考。

后来钱蒙向王阳明坦陈了心中的担忧，王阳明不愁反喜，欣然解释，他说：

> 岂特无妨，乃大益耳！学圣贤者，譬之治家，其产业、第宅、服食、器物皆所自置，欲请客，出其所有以享之；客去，其物具在，还以自享，终身用之无穷也。今之为举业者，譬之治家，不务居积，专以假贷为功，欲请客，自厅事以至供具百物，莫不遍借，客幸而来，则诸贷之物一时丰裕可观；客去，则尽以还人，一物非所有也；若请客不至，则时过气衰，借贷亦不备；终身奔劳，作一窭人而已。是求无益于得，求在外也。①

王阳明告诉钱蒙，学心学不仅没有害处，反而大有益处。他以操持家业进行比喻，学心学的人，就像会持家的人一样，他的家业都由自己置办，家里来客人，可把这一切与客人共享，等客人走后，这些物具依然存在，自己仍可继续享用；汲汲于功名、一心于科考者就像不懂得操持家业的人，有客人来，因一时之需四处借贷，凑齐物具，而当客人离开后，这些物具又都得还给别人。这样的人一生疲于奔命，没有归属，始终是个浅薄鄙陋之人。学心学是学真本事，一生受益，若仅为科举而学，只是一时之益，终无大获。

后来钱德洪考中进士，钱蒙疑虑顿消，进而支持儿子跟随阳明学习。

随着与王阳明接触的增多，钱蒙逐渐被王阳明的学术魅力所折服，也常常跟随阳明左右，请教学问。

---

① 王守仁：《王阳明全集》（四），线装书局，2014年，第70页。

钱氏父子的拜师求学正是王阳明广收门徒的缩影，根据钱德洪编撰的《阳明先生年谱》和《年谱附录》、程辉的《阳明先生丧纪》、毛奇龄的《王文成传本续补》以及余重耀的《阳明弟子传纂》等记载，可称为王阳明弟子且有名字记录的有三百余人。以王宗沐在《阳明先生图谱序》中所提人数为参考，经吴宣德和诸焕灿考证，有姓氏籍贯的弟子则有五百余人。以聆听王阳明讲学为据，考证明人文集记载，阳明门生弟子可达数千人。

王阳明的这些弟子年龄跨度大，既有初涉世事的儿童少年，又有耄耋之年的垂暮老者。

王阳明弟子的身份角色也十分多样。有著名学者和民间处士，有官员和乡绅，还有准备参加科举考试的地方生员。王阳明中晚年奉命率兵平乱，在军中时常聚徒讲学，一部分随从、官兵被吸引前来听讲。从广义上讲，这些官兵、随从也算是阳明的弟子门生。

教书育人，王阳明可谓桃李满园。

弟子圈里贤才多

春秋时期，仲尼三千弟子而七十二贤者；二千年后的明朝，王阳明，传道授业，数千弟子亦不乏高徒，他们在阳明心学发展的道路上，或坚守正义，或开新立派，或协助讲学，高洁的灵魂终在哲学的殿堂熠熠生辉。

冀元亨——用生命捍卫良知的尊严

深入虎穴规劝宁王，被诬入狱不忘正义。冀元亨，以自己的生命告诉世人，正义良知的尊严不可践踏。

冀元亨（1482—1521），字惟乾，武陵人。他在乡试中举后一直协助王阳明讲学。王阳明先被贬贵州龙场、后被诬陷勾结宁王参与叛乱，而人生中的这两次落难都有冀元亨的陪伴。更为可贵的是，他还曾协助王阳明平定宁王朱宸濠叛乱。

据《明史》记载：

> 从守仁于赣，守仁属以教子。宸濠怀不轨，而外务名高，贻书守仁问学，守仁使元亨往。宸濠语挑之，佯不喻，独与之论学，宸濠目为痴。他日讲《西铭》，反覆君臣义甚悉。宸濠亦服，厚赠遣之，元亨反其赠于官。①

正德末年，宁王朱宸濠企图造反，广招名士，并以问学的名义向王阳明抛出橄榄枝。王阳明有感宁王所图，派冀元亨前往，一为劝诫，二为暗中观察宁王动向。

冀元亨入王府，当讲师，反复借《西铭》②中君臣之义劝喻宁王，朱宸濠表面喝彩并赠予礼物、官爵，内心并不为意。劝喻无果，冀元亨将朱宸濠所赠之礼反赠于官府，并将朱宸濠谋反计划告知王阳明，为避免引起宁王朱宸濠怀疑，他径直返回家乡。

王阳明通过冀元亨的情报准确掌握了宁王朱宸濠谋反的事实，为王阳明上报朝廷、镇压叛乱赢得了时间。

忠士无惧强敌，却无奈小人诽谤，王阳明生擒宁王后，张忠、许泰等人为了抢功却诬陷阳明"通濠"，曾前往宁王府的冀元亨也被牵连入狱。因与宁王有过接触，又是王阳明的弟子，张忠等人试图从冀元亨身上打开缺口，逼他招供王阳明"通濠"罪证。纵使严刑拷打、威逼利诱，冀元亨不为所动，绝不诬陷王阳明，他心中是良知正义在支撑，是"知行合一"的信念在支撑，最终他熬过了黑暗。

正义从未缺席，只是有时会迟到。武宗离世后，奸臣遭清算，王阳明多次上疏为冀元亨平反，最终平冤昭雪，无罪释放，但因伤势过重，冀元亨出狱五天便病逝。

---

① 章培恒、喻遂生主编：《明史》，汉语大词典出版社，2014年，第3881页。
② 北宋张载所作文言诗，原名《订顽》，后程颐改称《西铭》。

王艮——泰州学派①创始人

一介布衣，简朴而真，王艮的形象成了泰州学派永恒的记忆。

王艮（1483—1541），字汝止，人称心斋先生，泰州人。《明史·儒林传》有评价：

> 王氏（王守仁）弟子遍天下，率都爵位有气势。艮以布衣抗其间，声名反出诸弟子上。②

终身不仕、布衣传道的王艮，"声名反出诸弟子上"。

据钱穆《宋明理学概述》记载，王艮从小家境贫困，早年辍学。磨炼从来就是奋斗者的垫脚石。王艮辍学后更加努力，先后自学《孝经》《论语》《大学》等经典。水滴石穿，王艮的学识在量变中产生质的飞跃，并形成了自己独特的学术见解。

与王阳明相识，源自江西客人的偶然到访。一天，来自江西的客人告诉王艮，王艮所讲授的内容与王阳明的"良知说"十分相似。知音难觅，王艮分外高兴，前往求见，欲一辩高低。

这次见面成就了两人深厚的师徒情。见到王阳明后，王艮大谈己见，滔滔不绝。不料听了王阳明的阐述后，他良久不语，自叹不如，甘拜下风。离开后，王艮仔细思量王阳明的观点又有不服。第二天，再次与王阳明辩难，却依旧身处下风，最终彻底折服，拜阳明为师。

入门早期，王艮心高气傲，常常穿着奇装异服出门与人论学。王阳明见此，告诫王艮：人人皆可为圣人，圣人自在心中。一语惊醒梦中人，王艮开始尊重他人，朴素着衣，一改往日浮夸做派，潜心修学。

日参夜思，王艮最终悟得"百姓日用即道"的圣人之旨，创立泰州学派，形成了自己的思想体系。王艮强调以"百姓日用"检验"道或异端"，将百姓和圣人放在同等位置。他的观点充分表达了底层百姓的愿望和诉求，

---

① 明代以王艮为代表的学派。因以王艮家乡泰州（今江苏东台）为讲学活动基地，故名为泰州学派。

② 章培恒、喻遂生主编：《明史》，汉语大词典出版社，2004年，第5785页。

代表着劳苦大众的利益。他所提出的"以孝悌为本"的忠孝观，更是大胆突破"五经传注"的传统束缚，大力倡导孝治天下的理想社会。

王艮及其泰州学派在中国哲学史上留下了不可忽视的影响。史学家白寿彝在《中国通史》中评价：王艮创建的泰州学派，是我国学术史上第一个具有早期启蒙色彩的学派。

钱德洪、王畿——"王学教授师"

王阳明众多弟子中，有两人被称为"王学教授师"，一个是钱德洪，一个是王畿。

钱德洪（1496—1574），名宽，号绪山，余姚人，被学者称为绪山先生。

年少的钱德洪曾是朱子学的崇拜者，一直将读书入仕作为人生追求。但乡试落榜后，他开始反思读书做官的想法，转而认真做起学问。

偶然间，钱德洪翻阅了早期尚未定型的《传习录》，发现阳明心学与朱子学说大不相同，顿感好奇却又疑惑。嘉靖二年（1523年），王阳明辞官回乡，在书院讲学，钱德洪闻讯前往求教。

王阳明亲自为钱德洪讲解心学，钱德洪茅塞顿开，感受到了圣学的魅力，随即率门徒数十人拜于阳明门下。

嘉靖二十二年（1543年），钱德洪被削官为民，无案牍之劳形，一心弘扬心学。他讲学，先后在苏、浙、皖、赣、粤各地开坛设讲，培养了大批王学弟子；他编书，整理、修订了王阳明的主要著作及年谱，进一步阐述发展心学；他研修，坚持以"四句教"为王学宗旨，提倡"为善去恶"的修炼工夫，促进阳明心学的传播。

王畿（1498—1583），字汝中，别号龙谿，浙江山阴（今绍兴）人。

年轻时的王畿豪迈不羁。他二十岁便考中举人，但生活举止却与举人形象全然不符：整日与人对弈、赌博，无拘无束。

酒赌皆染，放荡不羁，所幸遇到了王阳明的点化。嘉靖二年（1523年），王阳明在浙江余姚讲学，听闻王畿年少中举，却一身恶习，心生兴趣。一番考察，王阳明认为王畿天资聪慧，是个可塑之才，不忍其虚度时日，决心将其收归门下。但此时的王畿心高气傲，沉迷酒赌，并无拜师求学之意。王阳明投其所好，命门下弟子在堂前高歌畅饮、赌博娱乐，并让弟子邀请王畿上门赌博。王畿起初不以为然，但得知世上居然有天天吃喝玩乐，如此洒脱的儒者，又十分好奇，遂前往一探究竟。来到王阳明的讲堂，王畿便被阳明的气度和学说吸引，几经接触，就心生仰慕，从此师从阳明。

有了王阳明的引领，王畿大改往日酒赌习气，潜心钻研学问，并积极协助王阳明指导后学。王阳明出征广西时，王畿与钱德洪留守阳明书院，主持中天阁讲席，为慕名前来的四方学者讲授"王学"宗旨，答疑解惑。两人一时被尊称为"王学教授师"。

嘉靖十三年（1534年），王畿顺利考中进士，官任南京兵部主事。后因首辅①夏言斥责王畿所倡学术是伪学，王畿不得重用。内心不甘受屈，王畿毅然罢官返乡。

离开仕途后，王畿全心全意弘扬学术。他往来江、浙、闽、越等地讲学四十余年，所到之处，听者云集。

讲学亦研学。王畿的思想逐渐丰富，形成了自己完整的思想体系。他继承了阳明的思想，又不受阳明的束缚，创新发展、独树一帜。王阳明提出"四句教"，王畿却表示"四句教"不是定论，改造提出"四无说"，即"心即是无善无恶之心，意即是无善无恶之意，知即是无善无恶之知，物即是无善无恶之物"，认为心意知物均为一事；王阳明讲"致良知"，王畿则提出"良知现成"说，强调良知是当下现成，先天自足本体，不需要通过学习、思考、修炼等工夫便可得到。

名师出高徒，冀元亨、王艮、钱德洪、王畿恰如夜空中的点点闪光，他们与徐爱、薛侃、邹守益、何心隐等诸多造诣深厚、立德立行的贤才弟子共同点亮了阳明心学的璀璨星空，引领着阳明心学不断传承创新、发扬光大。

---

①　明朝首席内阁大学士。

　　失意得人、落难为师，王阳明收徒不拘一格；父子同门、官民同堂，王阳明弟子大众多样；高足辈出、分门别派，王阳明授业成就斐然。一生桃李满园，王阳明以星星之火促成燎原之势，在广收门徒、传道授业中实现着教化天下的理想。

答疑友人：拨亮每盏心灯

阳明心学迅速崛起，如一股疾风，吹皱了湖面的平静，打破了朱子学说"一家独大"的局面。但其新颖的观点、全新的理念往往又成为大家争论、疑惑的源头，王阳明或课堂里点化、或谈笑间答疑、或书信中解惑，一一回应，驱散疑云。

游玩中即兴解惑

花，本来就有还是因我而生？王阳明在思考。

当世人沉溺于"格物穷理"时，王阳明却说"心即理"，指出一切理皆在心中，无需向外求。

革故鼎新，一时难以冲破众人的思维惯性，"心即理"顿时成了大家心头的一团迷雾。为了解答困惑，王阳明常随时随地、即兴发挥，与众人讲解自己的心学宗旨。

据《传习录》记载，他曾在游玩中以"岩中花树"破题阐释"心即理"的内涵：

> 先生游南镇，一友指岩中花树问曰："天下无心外之物，如此花树，在深山中自开自落，于我心亦何相关？"先生曰："你未看此花时，此花与汝心同归于寂。你来看此花时，则此花颜色一时明白起来。便知此花不在你的心外。"[①]

春暖花开，王阳明和友人游玩南镇，转过弯路，一棵从岩石间斜插出来的花树引起了大家注意。

久赏不厌，一位对"心外无物、心外无理"一直存在困惑的朋友见物说理，他向王阳明倾诉心中不解，王阳明说事物和理都在心内，而他所看到的

---

① 王守仁：《王阳明全集》（一），线装书局，2014年，第126页。

是无论在不在这山前，眼前这花树到了季节就开花，时间一到又自然凋零，跟人的心哪有什么关系？

王阳明的回答形象生动、富含哲理。他认为，当人没有看到这花的时候，花和人的心都是平静的，花就如未存在过。但人来看这花了，花的形状、颜色、气味就都在人心中显现出来了，所以花就在人心中了。

花开花落，花与心本质上是两个事物，但是对花型、花色、花香等的辨识、评价须从心底产生，故一切由心而生，"花亦在心内"。

书信中阐理释疑

鸿雁传情，笔墨余温，书信亦能搭起学术交流的桥梁。

嘉靖四年（1525年），顾东桥站在朱子学者的立场给王阳明写信，对王阳明的学说提出质疑。

王阳明不愠不火、从容回信，阐理释疑、"化敌为友"。《传习录》收录了他的这封论学书信《答顾东桥书》。

信中记载，顾东桥首先对王阳明的"诚意"说提出了疑问，他说：

> 近时学者务外遗内，博而寡要，故先生特倡"诚意"一义，针砭膏肓，诚大惠也。……但恐立说太高，用功太捷，后生师传，影响谬误，未免坠于佛氏明心见性、定慧顿悟之机，无怪闻者见疑。[1]

顾东桥欲贬先褒，他指出，现在的儒家学者都是重视外在知识的追求而忽略了本心的存养，知识虽然渊博但并没有真正悟得其要领。王阳明特别提倡的"诚意"一说，针砭时弊，使众人幡然醒悟，大有益处。但"诚意"之说恐怕立意太高，用功过捷，后学门生未明本质而相互传

---

① 王守仁：《王阳明全集》（一），线装书局，2014年，第68页。

授，容易酿成错误。而且"诚意"之说是否会掉入佛教明心见性①、定慧顿悟②的机关？

疑惑重重，王阳明耐心解答：

> 吾子洞见时弊如此矣，亦将何以救之乎？然则鄙人之心，吾子固已一句道尽，复何言哉！复何言哉！若"诚意"之说，自是圣门教人用功第一义。但近世学者乃作第二义看，故稍与提掇紧要出来，非鄙人所能特倡也。
>
> 区区格、致、诚、正之说，是就学者本心日用事为间，体究践履，实地用功，是多少次第、多少积累在，正与空虚顿悟之说相反。闻者本无求为圣人之志，又未尝讲究其详，遂以见疑，亦无足怪。若吾子之高明，自当一语之下便了然矣，乃亦谓"立说太高，用功太捷"，何邪？③

在回信中，王阳明首先纠正顾东桥的说法，指出"诚意之说"并非他个人独自倡导，圣学教人用功的第一要义原本就是"诚意"，只是近代学者不重视、看低了，所以他才重新把它凸显出来罢了。

层层递进，王阳明直面质疑、阐释学说，他强调自己关于格物、致知、诚意、正身的观点，是以学者本心与日常行事为对象，通过体会研究、躬身实践、实地用功而得来，这其中蕴含了无数次反复和大量经验积累，与空虚、顿悟观点恰恰相反。至于那些对学说持怀疑态度的人，王阳明认为他们本就没有成为圣贤的志向，更没有进行深入研究，自然会产生疑惑，不足为怪。

---

① 明心见性，佛教用语。一种以自心本有之"般若智慧"去觉知"自心真性"的内省修行方法。认为只要悟了自心本性（佛性），就能成佛。（参见张岱年主编：《中国哲学大辞典》，上海辞书出版社，2014年，第261页。）

② 定慧顿悟，佛教用语。定指心专注一境而不散乱的精神状态，佛教以此作为取得确定之认识、做出确定之判断的心理条件；慧指通达事理、决断疑念取得决断性认识的那种观念和精神作用，有时亦称佛教"智慧"。顿悟，指无须烦琐仪式和长期修习，一旦把握佛教"真理"，即豁然觉悟，与"渐悟"相对。（参见张岱年主编：《中国哲学大辞典》，上海辞书出版社，2014年，第239、259、260页。）

③ 王守仁：《王阳明全集》（一），线装书局，2014年，第68页。

顾东桥在信中还对王阳明的"知行合一"相关论述、《大学》古本的释义、"良知"说等进行了辩难。王阳明均在回信中给予了充分的解释。

回信的最后，王阳明单独从克服"私己之欲""功利之毒"出发，论述了为圣学之法，这部分内容后被其弟子独立出来，命名为《拔本塞源论》。

从质疑到探讨，从批判到请教，关系在书信中升华，最后两人亦师亦友，在求圣道上并肩而行。

翻阅《传习录》，王阳明答复友人的书信共有九封被收录其中。如《答罗整庵少宰书》是王阳明答复友人罗钦顺关于《大学》一书的问难，王阳明旗帜鲜明地主张"学贵得于心"，信中还多处涉及阳明心学中的重要命题。王阳明与湛甘泉的弟子周道通也有多次书信答问，《答周道通书》被收录在《传习录》中卷。王阳明回答了周道通关于"立志与立志不真切、必有事焉、何思何虑和事上磨炼"等一系列问题。

倾囊相授、知无不言，王阳明渴望教化芸芸众生、拨亮每个人的心灯。王阳明的治学态度、教学热情，赢得了众多学者友人的支持，答疑中的深入思考也让他的心学观点更加清晰。

第二部分
王阳明 兵 在哪

在人类历史长河中，战争相伴随形，战将如雨后春笋。王阳明，文弱儒生，立下的却是彪炳史册的战功，《明史》亦赞：终明之世，文臣用兵制胜，未有如守仁者也。

穿梭于贼窝匪区，谈笑间樯橹灰飞烟灭，王阳明可谓公瑾风流，诸葛神机，看似云淡风轻的背后却是一生不懈的努力。年少筑梦，以梦为马，王阳明驰骋于自己的王国，他做起了孩子王，指挥着"千军万马"，十五岁就独闯边关，入边地察边情，立志早报国。年近而立论兵，他研兵法、批兵书、练兵阵、上兵疏，谋略尽显，才情初露。不惑后践行，陈酿更香，迟来的舞台丝毫没有影响王阳明的出场，他三征全胜、七战七捷，平南赣、擒宁王、稳广西，处处精彩，功勋卓著，为逐渐衰落的明朝撑起了一片天地。

点点滴滴，珍珠成串。本部分以时间为线索，旨在联通王阳明筑梦、论兵、践行的人生轨迹，描摹一个矢志军旅、胸怀韬略、能征善战、功勋卓著的王阳明。

第四章
年少筑梦——他立从戎之志

　　十五岁，王阳明独自出游边关，慨然生经略四方之志，并在归途中写下"卷甲归来马伏波，早年兵法鬓毛皤。云埋铜柱雷轰折，六字题文尚不磨"的豪迈诗歌，从戎之志溢于言表。成长于书香门第的王阳明，不以考取功名为第一等事，却常在少儿游戏中立旗帜、当指挥，他心中崇拜着伏波将军马援，向往着沙场点兵、决胜疆场，怀揣着杀敌报国的军人情怀。

少儿游戏里的将军梦

三岁看老，立志在早。

成化十八年（1482年），长安街头，一群小孩在游戏中奔跑呼喊，乐此不疲。游戏虽小，气势不小，他们每人手中都拿着一面令旗，一个年纪稍长的小孩在中间指挥，忽而挥手，忽而端坐，其他人一时左右侍立听命，一时交叉散布摆出阵形，赫然一副沙场点兵的模样。

这个小小指挥员便是王阳明。

一年前，王阳明的父亲王华进京参加殿试，一举夺魁成了状元。按制度"一甲进士"不必再回地方，直接留在京城翰林院任职。当时翰林院官员是皇宫里的"红人"，他们主要负责朝廷日常工作，如经筵侍讲，到皇宫文华殿为皇帝讲经论史。翰林官还是明朝内阁大学士的正牌候选。近水楼台先得月，王华在翰林院任职，虽然只是六品官员，但其前途无可限量。

功名既成，王华心中最牵挂的是远在余姚的家人。为了给父亲王伦和儿子王阳明一个更好的生活环境，也希望王阳明受到更好的教育，王华把他们从老家接到北京。

望子成龙，团聚京城，王华把十一岁的王阳明送到私塾念书，希望他能熟读圣贤书，将来考取功名。

进私塾、守规矩，王阳明一个都不喜欢。在余姚老家，王阳明接受的是"放养式"教学，他一边玩，祖父王伦一边教读书识字。现在让他正襟危坐，专注精神听先生讲课，王阳明实在待不住。不愿意被规矩束缚的他，总偷跑到街上玩游戏。王阳明自制了许多令旗，分发给周边小孩，自己则当起"将军"，指挥他们"攻城掠地"，乐在其中。

王华十分担忧儿子，祖父却有不同看法。据《王阳明传》记载：

> 父亲王华，见他举动，豪迈不羁，心中常常担忧，独他祖父王天

叙，料他将来有了学问，必能自己检束，决不会因此遭祸殃身的。[1]

王阳明不爱读书，却乐在"中军帐"里"排兵布阵"，他不甘循父辈之路只做考功名的书生，却勇于寻内心之梦欲当战沙场的将军。筑梦，始于游戏；逐梦，终其一生。

[1] 梁启超等：《王阳明传》，新世界出版社，2016年，第7页。

十五岁独闯边关的报国情

十五岁，能干什么？

十五岁，王阳明独自一人闯边关，入敌境、察边情。

成化二十二年（1486年），王阳明去到居庸关一带，登高远眺，长城内外，峰峦叠翠，绵延起伏，万丈豪情油然而生，"慨然生经略四方之志"。王阳明还不顾可能会被北方少数民族抓捕的危险，一个人独自骑马出到关外考察。王阳明表面上是出塞游玩，经常和当地胡人一起赛马、校射，实际上，他把所到之地的少数民族风土人情都做了观察与了解，对御敌策略等情况都做了相应准备。

年仅十五岁的王阳明在边关游历了一个多月，归来后他心中的报国之情愈发饱满。不久，他欲上书朝廷、请兵打仗，却被父亲狠狠训斥了一番。

据《王阳明图传》记载：

> 其时地方水旱。盗贼乘机作乱，畿内有石英、王勇，陕西有石和尚、刘千斤，屡屡攻破城池，劫掠府库，官军不能收捕。先生言于龙山公："欲以诸生上书，请效终军故事。愿得壮卒万人，削平草寇，以靖海内。"龙山公曰："汝病狂耶！书生妄言取死耳！"先生乃不敢言。于是益专心于学问。[1]

汉武帝时，终军（？—前113）曾主动请缨前往收服尚未归附的南越政权。当时盗贼蜂起，国家危难，王阳明想效仿终军领兵平乱。一片丹心，在父亲看来却是无知小儿，妄言取死，父亲的斥责让王阳明心凉了半截，不敢作声，但心中那份报国热情却从未减退。

每一份感情都有着现实的感召，王阳明的报国情有着时代的无奈和共鸣。明朝北方边境从未真正太平过，尤其是被打败的蒙古人，很不甘心，不断壮大实力，边境不得安宁，边民苦不堪言。

石不激不鸣，志不激不宏。一边是匪患猖獗，国家不太平；一边是儒生

---

[1]　冯梦龙、邹守益著，张昭炜编注：《王阳明图传》，上海古籍出版社，2017年，第15页。

士子吟诗作赋、巧弄文字，粉饰太平，只关注科举及第等个人前途命运，强烈的反差进一步激发了王阳明"文能提笔安天下、武能上马定乾坤"的圣贤理想。理想抱负化为实实在在的行动，王阳明学习弓马之术，研读《六韬》①等兵法，年仅十五岁便有了边关考察之举。

这次考察经历对王阳明产生了深刻影响。日有所思，夜有所梦。一日，他梦见参观东汉名将马援之庙，并写下梦中绝句："卷甲归来马伏波，早年兵法鬓毛皤，云埋铜柱雷轰折，六字题文尚不磨。"诗中，王阳明对年迈马援南征交趾、稳定南越的功绩给予了高度评价，表达了对马援的敬仰之情。几十年后，王阳明在广西平叛，恰巧经过当地为纪念马援所建的伏波庙，如梦如幻，冥冥之中天注定。

---

① 　《六韬》，又称《太公六韬》，内分《文韬》《武韬》《龙韬》《虎韬》《豹韬》《犬韬》，中国古代著名兵书，宋代钦定为兵学经典"武经七书"之一。

第五章
近而立论兵——他显军事谋略

　　虽受阻隔，王阳明却从未停止对军旅的向往。年近而立，他挑灯夜读，研习批注各家兵法秘籍；他果核布阵，利用宾客宴席就地演练；他民夫作兵，组织修建陵墓之人演练八卦阵；他上疏建言，边务八策尽显战略思维。一切都是最好的安排，王阳明在学习、实践、总结中形成了前瞻、系统的军事谋略，为他日后在统兵打仗中高人一招、胜人一筹奠定了基础。

《武经七书评》论用兵之道

读读写写，笔影摇曳。一本《武经七书》，王阳明爱不释手，百读不厌。回味间落笔成言，密密麻麻，百万雄兵尽撒于字里行间。

读评《武经七书》，二十六岁那年是不可湮没的节点。据《王阳明全集》记载：

> 十年丁巳，先生二十六岁，寓京师。

> 是年先生学兵法。当时边报甚急，朝廷推举将才，莫不遑遽。先生念武举之设，仅得骑射搏击之士，而不能收韬略统驭之才。于是留情武事，凡兵家秘书，莫不精究。每遇宾宴，尝聚果核列阵势为戏。①

这一年，边关报急，朝廷要推举带兵将领，朝中大臣却多惊惧不安，无人应命。不堪的境地，在王阳明看来其病根是当时的武举制度，他认为武举只能选到骑马射箭搏斗之人，却培养不出雄韬伟略的统兵之才。这促使二十六岁的王阳明开始广泛涉猎兵书，系统钻研兵法。

在明末科学家徐光启《阳明先生批武经序》中有言：

> 明兴二百五十余年，定鼎有青田策勋，中兴称阳明靖乱。二公伟绩，竹帛炳然。乃其揣摩夫《正合》《奇胜》《险依》《阻截》诸书，白日一毡，青宵一炬，人间莫得而窥也。嘉靖中，有梅林胡公筮仕姚邑，而得《武经》一编，故阳明先生手批遗泽也。丹铅尚新，语多妙悟，辄小加研寻。后胡公总制浙、直，会值倭警，遂出曩时所射覆者为应变计，往往奇中，小丑遂戡。则先生之于胡公，殆仿佛黄石与子房，而独惜是书之未见也。②

以徐光启之言，王阳明"揣摩"的兵学之作包括《正合》《奇胜》《险依》《阻截》《武经》等，但前人留存的王阳明学习兵法的资料仅有《武经七书评》一篇。

---

① 王守仁：《王阳明全集》（四），线装书局，2014年，第6~7页。
② 同上书，第351页。

《武经七书》编纂于1080年，是中国古代第一部军事教科书，由《孙子兵法》《司马法》《尉缭子》《六韬》《吴子兵法》《三略》《李卫公问对》七部著名兵书汇编而成，共二十五卷，集聚了中国兵学之精华。

手捧《武经七书》，王阳明一边细细研读，一边记下感悟和评语，后来这些感悟和评语编成了《武经七书评》。

《武经七书》中，《孙子兵法》最受王阳明喜爱，评注最多，评价最高。王阳明对《孙子兵法》十三篇都一一进行了批注，其心得多体现在兵法谋略、用兵原则、治军方法三方面。

读《孙子兵法》，王阳明读出兵重"诡道"，"谋略"制胜。他在《武经七书评》的开篇写道：

> 谈兵皆曰："兵，诡道也，全以阴谋取胜。"不知阴非我能谋人不见，人目不能窥见我谋也，盖有握算于未战者矣。孙子开口便说"校之以计而索其情"，此中校量计划，有多少神明妙用在，所谓"因利制权"，"不可先传"者也。[1]

王阳明重视孙子所言"上兵伐谋""校之以计索其情"，他认为作战要懂得暗中策划计谋，在充分收集情报后因势制谋，并确保谋略不外泄，这样才有胜算。

读《孙子兵法》，王阳明悟出用兵重势，"正合奇胜"。他说：

> 莫正于天地、江海、日月、四时，然亦莫奇于天地、江海、日月、四时者何？惟无穷，惟不竭，惟"终而复始"，惟"死而复生"故也。由此观之，不变不化，即不名奇，"奇正相生，如环无端"者，兵之势也。任势即不战而气已吞，故曰以"正合""奇胜"。[2]

王阳明强调，正兵、奇兵都涵盖于天地、江海、日月、四时的无穷无尽、"终而复始""死而复生"的变化之中，用兵者要善于利用这些变化，奇正结合，达成有利态势。

---

[1] 王守仁：《王阳明全集》（四），线装书局，2014年，第269页。
[2] 同上书，第270页。

读《孙子兵法》，王阳明指出治军应区分战时与平时。他说：

"处军相敌"，是行军时事。"行令教民"，是未行军时事。然先处军而后相敌，既相敌而又无武进，所谓"立于不败之地"，而兵出万全者也。①

王阳明把带兵治军分为两个阶段，一是"处军相敌"即行军准备打仗的时候，二是"行令教民"即平时未行军的时候。他强调，平时应加强训练，严明纪律，行军作战时则要赏罚分明，这样才能形成战斗力。

相比而言，王阳明对其他六本书的点评较为简略。对《司马法》，王阳明只点评了第二篇《天子之义》：

先之以教民，至誓师用兵之时，犹必以礼与法相表里，文与武相左右，即"赏罚且设而不用"，直归之"克让克和"，此真天子之义，能取法天地而观于先圣者也。②

王阳明站在"上天"的角度看待战争，以"儒"释"兵"恰到好处。

关于《吴子兵法》，王阳明对其中的《励士》篇作了评述：

吴子握机揣情，确有成画，俱实实可见之行事，故始用于鲁而破齐，纵入于魏而破秦，晚入于楚而楚伯。身试之，颇有成效。彼孙子兵法较吴岂不深远，而实用则难言矣。想孙子特有意于著书成名，而吴子第就行事言之，故其效如此。③

王阳明强调兵法要讲究实用，指出孙子有"著书成名"之嫌，肯定吴子注重实践之功。客观说，孙子取得对战楚国"五战五捷"后便隐世著述，而吴子一生历侍鲁、魏、楚三国，身经百战，积累了丰富的军事实践经验，他的军事理论多从实践中来，大多又在实践中经受检验，具有很强的实用性。

王阳明对《尉缭子》中的《兵教》进行了详细点评：

习伏众神，巧者不过习者之门。兵之用奇，全自教习中来。若平

---

① 王守仁：《王阳明全集》（四），线装书局，2014年，第271页。
② 同上书，第272页。
③ 同上书，第271~272页。

居教习不素，一旦有急，驱之赴敌，有闻金鼓而色变，睹旌旗而目眩者矣，安望出死力而决胜乎？[①]

王阳明认为，用奇兵全靠平时的训练，如果平时训练不严，一旦遇到紧急情况，即使上了战场，将士也会恐惧退缩，更谈不上驱敌取胜。

细研《李卫公问对》（即《唐李问对》），王阳明眼中有批判，他说：

> 总之祖孙、吴而未尽其妙，然以当孙、吴注脚亦可。[②]

王阳明认为，李卫公所言不及孙子、吴起兵法之妙，只可说是孙、吴兵法的注解。

关于《六韬》，王阳明对其中所讲阴谋取胜之道并不认可，但又对《农器》一篇表示赞赏，他评述：

> 古者寓兵于农，正是此意。无事则吾兵即吾农，有事则吾农即吾兵，以佚待劳，以饱待饥，而不令敌人得窥我虚实，此所以百战而百胜。[③]

王阳明认为，寓兵于农是一种以逸待劳的做法，且敌人无法了解我军之虚实，利于胜战。

王阳明是个实干家，手批《武经七书》，包括研读其他兵学著作，并非为了"纸上谈兵"。在人生的前一阶段，没有实战的舞台，他"每遇宾客，尝聚果核列阵为戏"；中年以后，他奔赴沙场，将早年所集之兵法精要运用于战场，取得了辉煌战绩。

---

① 王守仁：《王阳明全集》（四），线装书局，2014年，第272页。
② 同上。
③ 同上书，第274页。

《陈言边务疏》献治边之策

一份奏疏能看出什么？

《阳明先生集要》[1]的编写者施邦曜[2]曾这样评价王阳明的《陈言边务疏》："阳明先生的'边务八策'胜过《孙子兵法》十三篇。"如此高的评价，却是王阳明入朝为官的第一份奏疏。

弘治十二年（1499年），边境虏寇猖獗，京城上空忽现彗星，按照星象解读乃是刀兵四起、国遭大祸之兆。明孝宗和文武百官疑虑重重、忐忑不安，孝宗一边向天祈祷，一边下诏寻求解决对策。

此时，王阳明刚完成威宁伯王越墓的修建任务返回北京。听闻诏书，二十八岁的王阳明，脑中浮现的是居庸关外千里边情，是一心请战被父亲斥责的无奈，是无数个习武学兵的日日夜夜。拳拳报国情，化作三千五百余字献策国防建设的《陈言边务疏》。奏疏中，王阳明深入分析国家形势和军队现状，以古今实例阐述思想，提出八条实用、前瞻、系统的强军制敌方略，世称"边务八策"。

八条对策，俱是苦心，亦是良言。

一是蓄材以备急。王阳明阐述道：

> 臣惟将者，三军之所恃以动，得其人则克以胜，非其人则败以亡，其可以不豫蓄哉？今者边方小寇，曾未足以辱偏裨，而朝廷会议推举，固已仓皇失措，不得已而思其次，一二人之外，曾无可以继之者矣。如是而求其克敌致胜，其将何恃而能乎！夫以南宋之偏安，犹且宗泽、岳飞、韩世忠、刘锜之徒以为之将，李纲之徒以为之相，尚不能止金人之冲突；今以一统之大，求其任事如数子者，曾未见有一人。万如虏寇长驱而入，不知陛下之臣，孰可使以御之？若之何其犹不寒心而早图之也！臣愚以为，今之武举仅可以得骑射搏击之士，而不足以收韬略统驭

---

① 明代著名思想家王守仁有关论著的精选集，按类编排，分为理学、经济、文章三编，文字内容的体裁包括书信、奏疏、诗作等。

② 施邦曜（1585—1644），字尔韬，号四明，浙江余姚人。官至左副都御史。

之才。今公侯之家虽有教读之设，不过虚应故事，而实无所裨益。诚使公侯之子皆聚之一所，择文武兼济之才，如今之提学之职者一人以教育之，习之以书史骑射，授之以韬略谋猷；又于武学生之内，岁升其超异者于此，使之相与磨砻砥砺，日稽月考，别其才否，比年而校试，三年而选举。至于兵部，自尚书以下，其两侍郎使之每岁更迭巡边，于科道部属之内择其通变特达者二三人以从，因使之得以周知道里之远近，边关之要害，虏情之虚实，事势之缓急，无不深谙熟察于平日；则一旦有急，所以遥度而往莅之者，不虑无其人矣。孟轲有云："苟为不畜，终身不得"，臣愿自今畜之也。①

闻鼙鼓而思良将。国无良将是窘境，遇有军情便揪心。王阳明主张未雨绸缪，加强人才培养与储备，以应万变之机、以备非常之急。

形势逼人，王阳明感受到的是人才危机。偏安一隅，纵有良将如宗泽、岳飞、韩世忠、刘锜，贤相如李纲，南宋始终在金人的铁骑下飘零流落、无处安歇。历史惊人地相似，给王阳明带来的是忧虑。明朝中期北部外敌虎视眈眈，时常扰边。较之而不及，朝中并无像南宋宗泽、岳飞这样的大将。"万如虏寇长驱而入，不知陛下之臣，孰可使以御之？"王阳明之问，是心急如焚，是责任担当。

针砭时弊，王阳明看到的是制度失效。审视当朝的武举制度，只注重考察刀剑之术，选出来的多是擅长骑射搏击的武将，却挑不出文韬武略的统帅。即使是公侯之家，虽然设置教读，"不过虚应故事"，缺乏实效。

综合研判，王阳明想到的是选将育才。教之有益，王阳明主张破除以往公侯之子各自为学的弊病，建议从公侯之子中选取文武兼济之才集中起来，习以书史骑射，授以兵谋韬略，同时提拔优异的武学生加入学习，相互竞争，每年考试，三年选举，砥砺成才；淬火成钢，兵部本掌全国军事之机要，如若不知虚实、不懂地理、不识要害则必然降低决策的科学性，王阳明主张破除兵部官员稳居朝堂、缺乏实践锻炼的弊病，建议兵部除尚书外，两

---

① 王守仁：《王阳明全集》（二），线装书局，2014年，第3~4页。

个侍郎每年轮流带两三个下属巡视边防，深入到一线察实情、摸敌情、看边情，"则一旦有急，所以遥度而往莅之者，不虑无其人矣"。

二是舍短以用长。王阳明的解释是：

> 臣惟人之才能，自非圣贤，有所长必有所短，有所明必有所蔽。而人之常情，亦必有所惩于前，而后有所警于后。吴起杀妻，忍人也，而称名将；陈平受金，贪夫也，而称谋臣；管仲被囚而建霸，孟明三北而成功，顾上之所以驾驭而鼓动之者何如耳。故曰：用人之仁，去其贪；用人之智，去其诈；用人之勇，去其怒。夫求才于仓卒艰难之际，而必欲拘于规矩绳墨之中，吾知其必不克矣。臣尝闻诸道路之言，曩者边关将士以骁勇强悍称者，多以过失罪名摈弃于闲散之地。夫有过失罪名，其在平居无事，诚不可使处于人上；至于今日之多事，则彼之骁勇强悍，亦诚有足用也。且被摈弃之久，必且悔艾前非，以思奋励；今诚委以数千之众，使得立功自赎，彼又素熟于边事，加之以积惯之余，其与不习地利、志图保守者，功宜相远矣。古人有言："使功不如使过"，是所谓"使过"也。①

育人，当补其短；用人，当使其长。

王阳明认为：人之才能，自非圣贤，有所长必有所短，有所明必有所蔽。从来就没有十全十美的将士，但只要"去其贪、去其诈、去其怒"，皆可人尽其用。吴起杀妻可谓残忍，但因军功成为名将；陈平收钱可谓贪婪，但因多计成为谋臣；管仲被囚可谓低贱，但因辅助齐桓公成就霸业而成万世之名。

吴起、陈平、管仲，名人的背后是伯乐与千里马的成功哲学，是平台与能力的相互映衬，王阳明看到了处于非常之时的明朝正是怀罪与怀才并存之人的平台。在边关，骁勇强悍者往往多有过失，处于无用之列，弃于闲散之地，王阳明为他们寻求自新之路。王阳明向朝廷建议，在国家用人之际，摒弃前嫌，大胆起用曾有过失的将士。"使功不如使过"，他们熟于边事、心存感激，必能痛改前非、立功赎罪，相较于不习地利、志在保守的人更能发

---

① 王守仁：《王阳明全集》（二），线装书局，2014年，第4页。

挥作用、巩固边防。

三是简师省费。王阳明引述孙子兵法，解释说：

> 臣闻之兵法曰："日费千金，然后十万之师举。"夫古之善用兵者，取用于国，因粮于敌，犹且"日费千金"；今以中国而御夷虏，非漕挽则无粟，非征输则无财，是故固不可以言"因粮于敌"矣。然则今日之师可以轻出乎？臣以公差在外，甫归旬日，遥闻出师，窃以为不必然者。何则？北地多寒，今炎暑渐炽，虏性不耐，我得其时，一也；虏恃弓矢，今大雨时行，觔胶解弛，二也；虏逐水草以为居，射牲畜以为食，今已蜂屯两月，边草殆尽，野无所猎，三也。以臣料之，官军甫至，虏迹遁矣。夫兵固有先声而后实者，今师旅既行，言已无及，惟有简师一事，犹可以省虚费而得实用。夫兵贵精不贵多，今速诏诸将，密于万人之内取精健足用者三分之一，而余皆归之京师。万人之声既扬矣，今密归京师，边关固不知也，是万人之威犹在也，而其实又可以省无穷之费。岂不为两便哉？况今官军之出，战则退后，功则争先，亦非边将之所喜。彼之请兵，徒以事之不济，则责有所分焉耳。今诚于边塞之卒，以其所以养京军者而养之，以其所以赏京军者而赏之，旬日之间，数万之众可立募于帐下，奚必自京而出哉？①

军队，国家的战略支撑，百姓的安全保障，"日费千金"自有价值，但王阳明却要向他们"抠钱"。

王阳明以古为训，指出善用兵者往往从敌国那里获取粮食物资，而当前的明朝处于本土防御态势，"非漕挽则无粟，非征输则无财"，停了漕运便断粮，没有征输便缺钱，如此境地又岂能轻易出师。针对京师调兵边塞，他进行了具体分析：得炎暑之利，北方本多寒，今正值酷暑，北方外敌必不能持久忍耐；得雨季之利，天常大雨，北方外敌多持弓矢而少有用武之地；得环境之利，北方外敌以游牧为生，今蜂屯两月，草已吃尽，猎物难寻，正处于困难时期。得此三利，王阳明大胆预测，明军一到，外族必逃。

---

① 王守仁：《王阳明全集》（二），线装书局，2014年，第4~5页。

基于形势估计，王阳明摆明"兵贵精不贵多"的道理，建议朝廷精简赴边京军，只需抽取其中三分之一的精干力量即能实现"万人之威犹在"的效果，其余人马均回京师，这样"犹可以省虚费而得实用"，简师而无损于战，省费而收益于国。从另一面看，"战则退后，功则争先"的京军并非边将所喜，即使边塞需要增兵，以养京军之费募兵，以赏京军之费励战，十日之间，数万之众便集帐前。由此看来，精简赴边京军正是省费利国之良策。

四是屯田以给食。王阳明认为屯田是解决军粮供应的良策，他解释说：

> 臣惟兵以食为主，无食，是无兵也。边关转输，水陆千里，踣顿捐弃，十而致一。故兵法曰："国之贫于师者远输，远输则百姓贫；近师贵卖，贵卖则百姓财竭"，此之谓也。今之军官既不堪战阵，又使无事坐食以益边困，是与敌为谋也。三边之戍，方以战守，不暇耕农。诚使京军分屯其地，给种授器，待其秋成，使之各食其力。寇至则授甲归屯，遥为声势，以相犄角；寇去仍复其业，因以其暇，缮完虏所拆毁边墙、亭堡，以遏冲突。如此，虽未能尽给塞下之食，亦可以少息输馈矣。此诚持久俟时之道，王师出于万全之长策也。[①]

军队是战斗队，军队亦是生产队。

浩大的军费开支消耗着国家财力，成为重大负担。明朝初期，明太祖朱元璋推行"屯田养兵"制度，有效解决了军队的粮食供应问题。但到弘治年间（1488—1505年），边民流失严重，屯田荒芜不少，加之军队久不习兵，战则难胜，坐食空饷反增边防之困。鉴于戍边军队忙于战事，"方以战守，不暇耕农"，王阳明将眼光定在了京军身上，他建议在京军中实行屯田制度，分配耕地、授以农器，让他们自食其力。

屯田并非忘战，敌人袭扰，则披挂上阵，执干戈以卫社稷，与边军"遥为声势，以相犄角"，达成战略攻势；战事平息，则仍操旧业，并乘机修缮被外敌所拆毁的城墙、亭堡等，构建军事缓冲带。如此一来，"虽未能尽给塞下之食，亦可以少息输馈矣"，减轻国家财政压力。

---

① 王守仁：《王阳明全集》（二），线装书局，2014年，第5页。

战斗与生产双丰收，王阳明着眼的是"持久俟时之道"，考虑的是"万全之长策"。

五是行法以振威。王阳明给出解释：

> 臣闻李光弼之代子仪也，张用济斩于辕门；狄青之至广南也，陈曙戮于戏下；是以皆能振疲散之卒，而摧方强之虏。今边臣之失机者，往往以计幸脱。朝丧师于东陲，暮调守于西鄙，罚无所加，兵因纵弛。如此，则是陛下不惟不置之罪，而复为曲全之地也，彼亦何惮而致其死力哉？夫法之不行，自上犯之也。今总兵官之头目，动以一二百计，彼其诚以武勇而收录之也，则亦何不可之有！然而此辈非势家之子弟，即豪门之夤缘，皆以权力而强委之也。彼且需求刻剥，骚扰道路，仗势以夺功，无劳而冒赏，懈战士之心，兴边戎之怨。为总兵者且复资其权力以相后先，其委之也，敢以不受乎？其受之也，其肯以不庇乎？苟戾于法，又敢斩之以殉乎？是将军之威，固已因此辈而索然矣，其又何以临师服众哉！臣愿陛下手敕提督等官，发令之日，即以先所丧师者斩于辕门，以正军法。而所谓头目之属，悉皆禁令发回，毋使渎扰侵冒，以挠将权，则士卒奋励，军威振肃。克敌制胜，皆原于此。不然，虽有百万之众，徒以虚国劳民，而亦无所用之也。[①]

慈不掌兵，法能振威，强兵与弱卒，只隔一个法字。

军法无情才能军令如山。军法本是严厉的代名词，但王阳明看到的是明朝形同虚设的军法。他直指明朝边军的弊病，守边将士坐失良机，避战保命，受到的惩罚却只是调换驻地，如东陲打了败仗，只需调去守卫西边。隔靴搔痒，称不上惩戒的惩戒是更大的纵容，其结果便是军威不振、纪律涣散、敷衍战事，"虽有百万之众，徒以虚国劳民，而亦无所用之也"。

深入揭露，王阳明指出军队法令不严的根源在于军中官员。在边军中，不少总兵官头目均是依靠权势上任的"势家子弟、豪门夤缘"，这些人剥削士兵、骚扰百姓、仗势夺功、无劳冒赏，却常被包庇，逍遥法外。法纪一坏

---

① 王守仁：《王阳明全集》（二），线装书局，2014年，第5~6页。

则成洪水蔓延，军心散了、懈了，没有人再把纪律当回事。

沉疴需猛药，王阳明恳请皇帝亲自下令申饬提督等官，并于当日在辕门将先前败军丧师之将斩首示众。同时，对于败坏军法、渎职扰将的所谓头目悉数遣归，还军队以风清气正，励将士好奋勇杀敌。

六是敷恩以激怒。王阳明对此解释道：

> 臣闻杀敌者，怒也。今师方失利，士气消沮。三边之戍，其死亡者非其父母子弟，则其宗族亲戚也。今诚抚其疮痍，问其疾苦，恤其孤寡，振其空乏，其死者皆无怨尤，则生者自宜感动。然后简其强壮，宣以国恩，喻以虏雠（仇），明以天伦，激以大义，悬赏以鼓其勇，暴恶以深其怒。痛心疾首，日夜淬砺，务与之俱杀父兄之雠（仇），以报朝廷之德。则我之兵势日张，士气日奋，而区区丑虏有不足破者矣。[1]

士为知己者死，赢得军心人心才是真正的胜战之道。

智者能够转化矛盾，因败为胜。出师不利，士气消沉，王阳明在压抑的空气里找到了一丝微光。他发现战争中的死伤者大多与幸存官兵关系紧密，或为父母子弟，或为宗族亲戚。血脉相连，生死相依，王阳明以恩义亲情织就一张提振士气、凝聚人心的巨网。王阳明向朝廷提出了"三步走"的建议：第一步，安抚人心。朝廷要"抚其疮痍，问其疾苦，恤其孤寡，振其空乏"，厚待死者，感念生者，让将士死得其所，各安其心。第二步，以义相激。国仇难忘，家恨难消，从他们中选取强壮可用之士，"宣以国恩""明以大义"，揭露外敌深恶罪行，不断激发将士对他们的仇恨。第三步，磨砺精兵。同仇敌忾，将士用心，悲愤在理性引导下必能化为精武强能的无穷力量，"日夜淬砺"，感朝廷之恩而欲争先，念家国之仇而恐落后，则"兵势日张，士气日奋"。有此虎狼之师，王阳明自信而言"区区丑虏有不足破者矣"。

七是捐小以全大。王阳明写道：

> 臣闻之兵法曰："将欲取之，必固与之。"又曰："佯北勿从，饵兵勿食。"皆捐小全大之谓也。今虏势方张，我若按兵不动，彼必出锐

---

[1]　王守仁：《王阳明全集》（二），线装书局，2014年，第6页。

以挑战；挑战不已，则必设诈以致师，或捐弃牛马而伪逃，或掳匿精悍以示弱，或诈溃而埋伏，或潜军而请和，是皆诱我以利也。信而从之，则堕其计矣。然今边关守帅，人各有心，寇情虚实，事难卒办。当其挑诱之时，畜而不应，未免必有剽掠之虞。一以为当救，一以为可邀，从之，则必陷于危亡之地；不从，则又惧于坐视之诛。此王师之所以奔逐疲劳，损失威重，而丑虏之所以得志也。今若恣其操纵，许以便宜，其纵之也，不以其坐视；其捐之也，不以为失机。养威为愤，惟欲责以大成，而小小挫失，皆置不问，则我师常逸而兵威无损，此诚胜败存亡之机也。[1]

追责是督导，容错更是鼓励。

全局的赢才是最大的赢，勿贪小而失大。道理简单，但对于身在边防一线与外敌打交道的将领却时常处在两难的境地。王阳明指出，外敌势力嚣张，时常挑战骚扰，并施以小利诱惑，这时外敌的虚实难以捉摸，如若不出战，则边境会遭外敌蹂躏，恐会因坐视不管被朝廷问罪；如若出战，则又怕落入外敌圈套，陷于危亡之地。瞻前顾后，进退受制，弊病不除，则外敌常得志，边防日遭殃。

风物长宜放眼量。王阳明建议，授予边将以便宜处事的权力，"惟欲责以大成，而小小挫失，皆置不问"，不以一时一事之得失而问罪追责，着眼长远用兵，以常逸待敌之常劳，以威武待敌之涣散，假以时日，明军则必能扭转局势，大获全胜。

八是严守以乘弊。王阳明给出的解释是：

臣闻古之善战者，先为不可胜以待敌之可胜。盖中国工于自守，而胡虏长于野战。今边卒新破，虏势方剧，若复与之交战，是投其所长而以胜予敌也。为今之计，惟宜婴城固守，远斥候以防奸，勤间谍以谋虏；熟训练以用长，严号令以肃惰；而又频加犒享，使皆畜力养锐。譬之积水，俟其盈满充溢，而后乘怒急决之，则其势并力骤，至于崩山漂石而未已。昔李牧备边，日以牛酒享士，士皆乐为一战，而牧屡抑止

---

[1]　王守仁：《王阳明全集》（二），线装书局，2014年，第6页。

之；至其不可禁遏，而始奋威并出，若不得已而后从之，是以一战而破强胡。今我食既足，我威既盛，我怒既深，我师既逸，我守既坚，我气既锐，则是周悉万全，而所谓不可胜者，既在于我矣。由是，我足，则虏日以匮；我盛，则虏日以衰；我怒，则虏日以曲；我逸，则虏日以劳；我坚，则虏日以虚；我锐，则虏日以钝。索情较计，必将疲罢奔逃；然后用奇设伏，悉师振旅，出其所不趋，趋其所不意，迎邀夹攻，首尾横击。是乃以足当匮，以盛敌衰，以怒加曲，以逸击劳，以坚破虚，以锐攻钝，所谓胜于万全，立于不败之地，而不失敌之败者也。[1]

先为不可胜而待敌之可胜。坚守不出，并非怯战，而是在等待战机。

王阳明上疏之时，正值边军为外敌所败，他分析此时再战即是以己之短而欲胜敌之长，十分艰难。王阳明的建议便是"婴城固守"——等。等非空等，而是在等待中练兵备战。谋在先，王阳明建议侦察力量尽量前出，一方面防止敌特渗透，另一方面收集情报，制定胜敌计谋；练为要，紧抓训练，严肃号令，磨砺精兵，提升军队作战能力；久蓄力，经常犒赏将士，让他们得到充分休整，养精蓄锐，以待一时。

此消彼长，王阳明的严守蕴含着辩证哲学，明军充足则外敌日渐匮乏，明军强盛则外敌日渐衰败，明军愤怒则外敌日渐理亏，明军休息则外敌日渐疲敝。王阳明在不可胜与胜敌的天平上做加减法。量变引起质变，只要不为敌胜的砝码压过天平杠杆，寻得战机，长期积聚的士气军心恰如久蓄之水一朝怒决，倾泻而下，不可阻挠。"以足当匮，以盛敌衰，以怒加曲，以逸击劳，以坚破虚，以锐攻钝"，万全的胜算，"是以一战而破强胡"。

王阳明这八项治边主张，涵盖人才培养、将领任用、经济基础的发展巩固、将士的领导管理、用兵用谋的原则等方面，见解独特新颖。

可悲的是，奏疏递交后石沉大海，并未得到皇帝和朝廷的关注；可喜的是，历史总会眷顾真正有准备的人，在中晚年的军旅生涯中，王阳明将这些方略付诸实践，收效甚佳。

---

[1] 王守仁：《王阳明全集》（二），线装书局，2014年，第6~7页。

第六章
不惑后践行——他创辉煌战绩

　　1516年，四十五岁的王阳明，一介文弱书生，受命"巡抚南、赣、汀、漳等处"，开始了统兵打仗的军旅生涯。甲光向日，气吞万里如虎，王阳明运筹帷幄，调兵遣将。只见他，各个击破平南赣、虚实结合擒宁王、剿抚并用稳广西。十四载青山荣枯，五千日星河再现，他，三征全胜，战绩辉煌，照耀古今。

一征：平南赣

正德十一年（1516年），王阳明经兵部尚书王琼举荐，出任都察院左佥都御史，巡抚南赣及汀、漳地区。由此，四十五岁的王阳明开始了军事生涯的第一征——平南赣。

南赣及汀、漳地区的匪患是困扰了朝廷十余年的大难题。正德初年，在赣、闽、湘、粤四省交界线，峰峦叠起、林茂山险，先后发生了多起规模较大、影响甚远的山民暴乱，并逐渐演变成匪患。这些匪寇中势力较大且活跃的有六股，分别是盘踞在横水（今江西崇义横水）的谢志珊（又作谢志山）、浰头（今广东河源浰源）的池仲容、江西大庾（今江西赣州大余）的陈曰能、广东乐昌（今广东韶关乐昌）的高快马、湖南郴州的龚福全、漳南的詹师富。他们各自依据天险占山为王，又互为掎角，东追西窜，南捕北奔，彼此呼应。多年来，当地官员多次围剿却屡战屡败。

面对这个"烫手山芋"，王阳明临危受命，迎难而上。赴任后，王阳明分析认为，六股匪寇势力占据有利地形，逐渐形成了一条攻防兼顾的阵线，凭官军现有实力难以突破，必须"各个击破，分而取之"。按照王阳明的策略，一年后，除了以龚福全为首的匪寇由湖广官军剿灭外，其余均被王阳明率军悉数消灭。

平定南赣
（1517—1518年）

漳州府 ◎龙溪

汀州府 ◎长汀

王阳明部

赣州府 ◎赣县

南康

上犹

◎郴州府 郴州 ⑥

大庾◎南安府 上杭◎

桶冈

信丰◎

龙南◎ 龙川◎

平和⑥
永定◎
① 漳

③ 湖

② 陈

④ 栖

⑤ 池

驿县◎

王阳明平定南赣匪患军事进攻示意图

图　例

官军进攻方向

官军后续发展方向

南赣地区主要贼匪的大致
分布区域

①－⑤　王阳明消灭贼匪的顺序

南赣地区的主要大贼首

注：谢志

大帽山之战

作战时间：正德十二年（1517年）一月至三月。

作战双方：王阳明领导的官军（主要包括漳南胡琏部、金丰王铠等部、徐麟部、中营张钺等部、知府钟湘部、广东顾应祥等部、知县施祥县丞余道部），以詹师富、温火烧为首的匪寇。

作战环境：福建西南大帽山一带重峦叠嶂，地形复杂，尤其是匪寇占据的象湖山、长富村、水竹、大重坑等地，地势险要，村户散落，多处暗藏埋伏和机关。

作战结果：官军连破贼寇三十余寨，斩杀贼匪、俘虏贼属共七千余人，生擒詹师富，平定了作乱十余年的漳南匪患。

大帽山之战战果列表

部别	消灭贼匪			其他			牛马等
	合计/人	大贼首/人	贼从/人	贼巢/处	贼巢房屋/间	贼属男妇/人	
漳南胡琏部	886	*	*	/	900余	385	牛马139头（匹），赃仗衣布2157件，赃银32两4钱8分，铜钱142文
金丰王铠等部	239	*	*	/	/	82	
徐麟部	237	*	*	/	/	103	
中营张钺等部	66	*	*	/	/	8	
知府钟湘部	1420余	*	*	30余	2000余	570余	
广东顾应祥等部	1272	14	1258	*	/	922	
知县施祥县丞余道	招抚贼从1235			招抚贼属2828			

（依据王阳明《闽广捷音疏》制表，大贼首、贼从、贼巢等均为原文表述）

注：*表示无明确数字。

横水、左溪之战与桶冈之战

作战时间：正德十二年（1517年）十月至十二月。

作战双方：王阳明领导的官军（主要分为一哨至十哨），以谢志珊、蓝天凤为首的匪寇。

作战环境：横水、左溪等地位于赣、湘、粤三省交界，周边山势险要，丛林茂密，崖高涧深。桶冈位于江西崇义县西北，与湖广郴州交界，山深谷广，堪称天险，进出只能从锁匙龙、葫芦洞、茶坑、十八磊、新池五处要塞攀爬，行军十分困难。

作战结果：官军成功铲除横水、左溪、桶冈等地贼巢八十余处，擒斩大贼首谢志珊、蓝天凤等八十六人、贼从三千一百六十八人，俘获贼属男妇二千四百一十八人。

横水、左溪之战与桶冈之战战果列表

部别	消灭贼匪			其 他			
	合计/人	大贼首/人	贼从/人	贼巢/处	贼巢房屋/间	贼属男妇/人	牛马等
一哨	247	6	241	14	177	257	
二哨	268	4	264	12	712	544	
三哨	629	5	624	8	578	171	
四哨	156	10	146	9	200	102	
五哨	169	3	166	*	412	98	牛马骡608头（匹）、赃仗2131件、金银113两8钱1分
六哨	180	3	177	5	517	99	
七哨	147	8	139	3	106	275	
八哨	458	7	451	5	993	183	
九哨	263	6	257	9	/	157	
十哨	258	20	238	12	133	284	
中营	479	14	465	7	202	248	

（依据王阳明《横水桶冈捷音疏》制表，大贼首、贼从、贼巢等均为原文表述）

注：* 表示无明确数字。

浰头之战

作战时间：正德十三年（1518年）一月至三月。

作战双方：王阳明领导的官军（主要分为一哨至九哨），以池仲容、池仲安为首的匪寇。

作战环境：浰头在今广东河源和平县西北，分为上、中、下三浰，域内分布很多溪流、奇石、悬崖峭壁；毗连的赣南山脉，横亘数百里，山中多断崖绝壁。

作战结果：官军攻破匪巢三十八处，擒斩池仲容等大匪首二十九人、小匪首三十八人、匪众二千零六人，俘虏匪众八百九十五人，牛马、赃银若干，顺利收复三浰地区。

浰头之战战果列表

部别	消灭贼匪			其　他			
	合计/人	大贼首/人	贼从/人	贼巢/处	贼巢房屋/间	贼属男妇/人	牛马等
一哨	133	7	126	5	253	56	
二哨	270	10	260	4	222	83	
三哨	442	11	431	5	572	220	
四哨	134	4	130	4	73	165	牛马骡122头（匹）、金银70两6钱6分，器械、赃仗2870件把
五哨	359	9	350	4	321	62	
六哨	204	5	199	4	370	112	
七哨	223	12	211	4	323	33	
八哨	201	9	192	6	173	143	
九哨	107	/	107	2	53	21	
合计	2073	67	2006	38	2360	895	

（依据王阳明《浰头捷音疏》制表，大贼首、贼从、贼巢等均为原文表述）

二征：擒宁王

正德十四年（1519年），宁王[1]朱宸濠假借"得皇太后密令，起兵讨伐逆贼"在南昌举旗造反。这场突如其来的叛乱无疑将严重威胁明朝的统治。此时，王阳明正奉命前往福建福州镇压三卫[2]叛军，听闻宁王造反，立即赶往吉安府，募集周边官军迎击宁王叛军。

平定宁王叛乱

作战时间：正德十四年（1519年）六月至七月。

作战双方：王阳明领导的官军，意欲攻打南京、再夺北京的宁王朱宸濠的叛军。

作战结果：王阳明以数千官军打败了宁王朱宸濠数万叛军，于鄱阳湖上生擒朱宸濠，成功平定叛乱。

平宁王叛乱后期战果列表

时间	擒斩余党	落水溺死
七月二十四日	2000 余人	数万人
七月二十五日	2000 余人	不计其数
七月二十六日	3000 余人	3 万余人
七月二十七日	1000 余人	/
七月二十八日	数千人	/

（依据王阳明《擒获宸濠捷音疏》制表）

---

① 宁王，明初，太祖朱元璋先后封其二十六个儿子为亲王，第十七子朱权被封为宁王，驻守在今内蒙古赤峰市宁城县，后来其兄朱棣称帝，夺去朱权的兵权，并让朱权迁到江西南昌。朱权死后，他的嫡长孙朱奠培继位，再之后由朱宸濠的父亲朱觐鈞继位。弘治十二年（1499年），朱觐鈞死后第三年，朱宸濠继位，成为第四代宁王。

② 三卫，明朝实行卫所军制，建国初期在福建福州府城东南设立右卫，洪武二十一年（1388年）改为左卫，再于其西设置右卫，于其东增设中卫，故合成三卫。

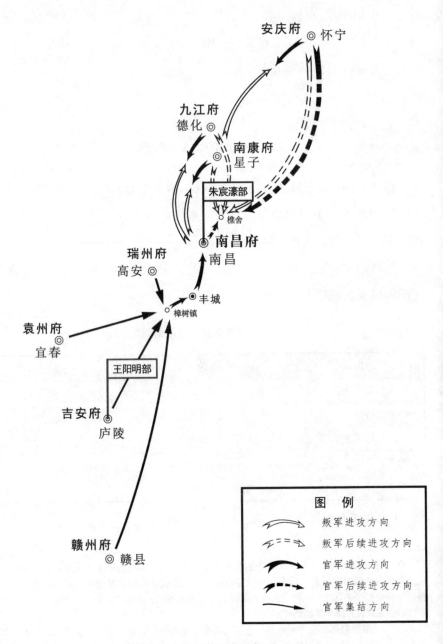

平定宁王叛乱军事进攻示意图

三征：稳广西

嘉靖六年（1527年），朝廷一道圣旨，五十六岁的王阳明再次被重用，总督两广及江西、湖广军务，征战广西思恩、田州①。

实际上，王阳明这次出征是替提督都御史姚镆收拾残局。自朝廷在广西瑶族和壮族百姓聚集地区推行"改土归流"政策以来，当地少数民族间的矛盾、汉族与少数民族间的矛盾、官府与少数民族各首领的矛盾，日益尖锐。嘉靖初年，这些矛盾最终在思恩、田州等地激化。

平乱本是提督都御史姚镆的职责，但他无力处置，朝廷无人可用，便想起了曾经屡立战功的王阳明。

赴任后，王阳明不负众望，平定了思恩、田州之乱。此时，有多次叛乱史的八寨、断藤峡②地区少数民族再次作乱，王阳明果断率兵围剿，成功解决了一直以来困扰朝廷的少数民族叛乱大难题。

平定思恩、田州之乱

作战时间：嘉靖七年（1528年）一月至二月。

作战双方：王阳明领导的官军，卢苏、王受的叛军。

作战结果：王阳明不费一兵一卒顺利招降卢苏、王受叛军，成功化解广西思恩、田州叛乱。

平定八寨、断藤峡叛乱

作战时间：嘉靖七年（1528年）四月至六月。

---

① 思恩，今广西平果县旧城；田州，今广西田东县祥周乡祥周村旧州屯。

② 八寨，包括马安、平寨、岩寨、平坦、懂寨、程阳大寨、平埔、吉昌八个自然村寨，位于今广西柳州市三江侗族自治县。断藤峡，今广西桂平市西北大藤峡。

作战双方：王阳明领导的官军，八寨、断藤峡少数民族叛军。

作战环境：八寨分布在忻城、上林和迁江三地交界地区，方圆数百里山林耸立，道路崎岖；八个寨子相互独立又联系紧密，易守难攻。断藤峡幽深险峻的山洞星罗棋布，有数百个，村寨沿江分布在峡谷南面，地势险要；站在断藤峡的最高处，进出峡谷的道路一览无余。

作战结果：王阳明顺利围剿八寨、断藤峡两地叛军，斩获贼兵三千零五人，生擒一千一百五十五人。

平定八寨、断藤峡战果列表

任务	时间	擒斩贼首及次贼徒	俘获男妇
攻打断藤峡	四月初三	69 人	数多人
	四月初四	62 人	*
	四月初五	144 人	数多人
	四月十三	490 人	数多人
	四月二十四	339 人	数多人
攻打八寨	四月二十三	291 人	数多人
	四月二十四	103 人	数多人
	四月二十八	146 人	数多人
	五月初一	127 人	数多人
	五月初十	104 人	数多人
	五月十二等	467 人	数多人
	五月十七等	362 人	数多人
	六月初七等	301 人	数多人

（依据王阳明《八寨断藤峡捷音疏》制表，贼首、贼徒等均为原文表述）

注：＊表示无明确数字。

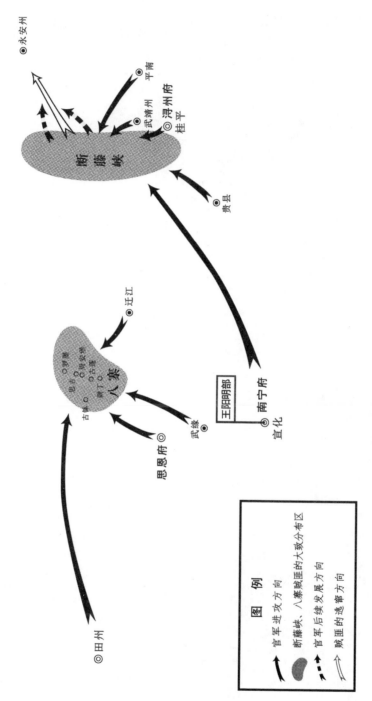

平定断藤峡、八寨
（1527年）

图　例

↠　官军进攻方向

●　断藤峡、八寨贼匪的大致分布区

⇢　官军后续发展方向

⇐　贼匪的逃窜方向

王阳明平定断藤峡、八寨匪患军事进攻示意图

　　和羹之美，在于合异。合是一种必然，合是一种思维，合是一种智慧，合是对立矛盾的辩证统一。

　　儒，仁者无敌，超越了残酷现实；兵，强者为王，诠释着生存法则。如此相离，但在诞生之初，儒家和兵家即在交流争锋中日趋融合。

　　时代前行，"儒兵合一"无处不在，"儒兵合一"也因人而表现各异。文人王阳明面对狡诈多端的悍匪、被逼无奈的胁从、身处苦海的百姓。他儒兵并用、兼取各长：奉行人道主义的战争观——以"民"为本，以"武"为辅；他立足铸魂强能的建军治军方略——以"仁"为体，以"战"为用；他讲求以变谋胜的战术理念——以"诚"为核，以"诡"为形；他着眼人文化成的战后建设主张——以"教"为首，以"惩"为次。儒与兵共融，打击与感化结合，战前与战后兼顾，得胜战与得民心一体推进，文治与武功相得益彰，高效而彻底。

　　本部分旨在通过描写在军事实践中长袖善舞的王阳明，梳理他以儒家理念主导的军事思想，展现他围绕儒家之"仁"进行的兵家之变，体悟他统筹一时之安与万世太平的全局战略，感知王阳明"儒"与"兵"的辩证统一，领悟王阳明"儒兵合一"的高超智慧。

第七章
奉行人道主义的战争观——
他以"民"为本，以"武"为辅

　　战争无情，仁者有义。无论在温文尔雅的课堂，还是在铁血决胜的战场，王阳明心中始终不舍的是亲民敬民情怀。爱民保民，他有主张——"君子贤其贤而亲其亲""如保赤子"；恤民顺民，他有立场——"民之所好好之，民之所恶恶之，此之谓民之父母"；安民乐民，他有说法——"孔子言'修己以安百姓'，'安百姓'便是亲民"。

　　民比天高，民乃根本。胸怀卫国戍边崇高理想的王阳明，当他不得已拿起武器征战沙场时，仍奉行人道主义，坚持以人为本，秉承慎战、速战、止战观念，在儒家仁义道德与兵家武力斗争的碰撞选择中，为百姓化解干戈、谋取安宁。

基于兵凶战危——爱民慎战

王阳明在评注《孙子兵法·谋攻篇》时说："兵凶战危，圣人不得已而用之者也。"[1]

王阳明认为战争是凶残危险的事情，圣人到了不得已的地步才会使用。"不得已"是忧虑战争带来的杀戮，忧虑战争对百姓的残害，体现了王阳明对战争的谨慎态度。王阳明的军事打击对象多是由普通百姓演化来的山贼，他的"不得已"更透露着些许无奈，折射出浓浓的爱民之情。

"不得已"，"如何用"，王阳明在辩证中找寻平衡的支点。

如何化解"不得已"

"不折一矢，不戮一卒，而全活数万生灵。"[2]王阳明在呈报的《奏报田州思恩平复疏》中讲述了"不得已"的化解之道。

嘉靖六年（1527年），王阳明在广西不费一兵一卒而弭乱息兵。

思恩、田州是广西少数民族聚居地，自明初以来，当地少数民族与政府的矛盾日渐集中，冲突频发，反叛和镇压交织不断，这里成了朝廷屡解难开的"死结"。

嘉靖六年（1527年），田州岑猛为乱，提督都御史姚镆处置失当，无力平定，朝廷不得不另推人选前往平乱。在朝臣的推荐下，王阳明受命出征思恩、田州。

初到广西，王阳明只字不提出兵平乱却先奏请朝廷做出让步，这让等来"救兵"的当地官员不得其解，但王阳明有着自己的思考。

在赶往思恩、田州途中，王阳明一边骑马前行，一边收集此次少数民族叛乱的信息。一路下来，王阳明摸透了情况，叛乱发生的直接原因是，当

---

① 王守仁：《王阳明全集》（四），线装书局，2014年，第270页。
② 王守仁：《王阳明全集》（二），线装书局，2014年，第154页。

地政府收回管辖权时，派兵杀死了土著酋长岑猛，激怒了当地民众；深层原因则是，当地政府强制推行"改土归流"政策，少数民族百姓担心受到腐败"流官"的压迫残害，奋起反抗。

对症下药方可治病去痛，找到问题"症结"的王阳明，认为武力镇压并非长久之策，只要顺应民意、合理决策，便可能挽回民心、化解战争。他当即向朝廷提出两条建议，一是停止对土著酋长卢苏、王受等人用兵，二是在当地实行"土流并用"政策。

王阳明的建议得到了朝廷的同意，他也获得了相机处事的权力，一场化解"不得已"的行动有序展开。

遣散官兵以示招抚之诚

嘉靖六年（1527年）十二月二十五日，王阳明发布《放回各处官军牌》，解散思田地区除湖广外的全部守兵数万名，让他们返乡休养生息，准备来年春天的农业生产。

嘉靖六年（1527年）十二月二十八日，王阳明又发布《犒谕都康等州官男彭一等》。都康州位于广西西部，靠近交趾（今越南北部），而州官男彭一率领将士长期远驻南宁府及其东北部的宾州（今广西宾州）。王阳明考虑到年末将至，官兵思乡情怀加重，遂发指令给予慰劳犒赏，并让他们暂时解散回家耕作。

严明纪律消融对立情绪

虽然遣散归家，但在指令中，王阳明特别强调回家后必须遵规守纪，不得欺凌百姓，破坏军民关系。

这一系列举措在当地叛乱民众中树起了王阳明深明义理、宽厚仁慈的形象，民众对王阳明的敌意逐渐消减。叛乱头目卢苏、王受并非亡命之徒，他们也是为民众利益才无奈起兵，如今见王阳明并无讨伐之意，所作所为亦是利民之事，他们逐渐产生了投降念头，决定放弃对抗。

嘉靖七年（1528年）正月初七，卢、王二人派遣部下头目黄富等人来到南宁府向王阳明请降，准备一探究竟。

据《王阳明全集》记载：

> 其投生之念益坚，乃遣其头目黄富等先赴军门诉苦，愿得扫境投生，惟乞宥免一死。臣等谕以朝廷之意，正恐尔等有所亏枉，故特遣大臣处勘，开尔等更生之路；尔等果能诚心投顺，决当贷尔之死。因复露布朝廷威德，使各持归省谕，克期听降。①

王阳明向黄富等表明朝廷不会滥杀无辜，为叛乱民众留了一条生路，但叛乱民众必须尽快投降，否则将出兵讨伐、严惩不贷。

一边抛出"免死牌"，一边急下"催降符"，软硬兼施、直抵心窝，王阳明让对手退无可退。

当黄富把王阳明原话转告卢苏、王受时，他们满心欢喜，率众来降。

嘉靖七年（1528年）正月二十六日，卢、王二人率部下百余头领，用绳子自缚其身来到王阳明军帐投降，他们自诉罪状，请求宽恕。王阳明表示，朝廷既然答应赦免就会言而有信。但是叛乱以来，朝廷费心、百姓受苦，死罪可免，惩戒难逃，最终二人各领了一百杖棍。杖刑结束后，王阳明亲自前往归降的军营，晓之以理动之以情安抚众人，并让熟悉当地情况的广西布政使林富和旧任副总兵官张祐两人负责遣散七万余名降兵，让他们回乡。至此，思恩、田州之乱顺利平息。

"用之者"时如何用

战争不可避免，但"用之者"时有讲究。在王阳明向朝廷呈报的《横水桶冈捷音疏》《浰头捷音疏》《八寨断藤峡捷音疏》中，可以梳理出一组数据：

横水、左溪之战与桶冈之战，共俘虏二千四百一十八人，约占总贼匪数

---

① 王守仁：《王阳明全集》（四），线装书局，2014年，第87~88页。

的百分之四十三；清剿顽于抵抗的浰头匪众，共俘虏八百九十五人，约占总贼匪数的百分之三十；征剿八寨、断藤峡匪众，生擒一千一百五十五人，约占总贼匪数的百分之二十八。

这组数据，展示了王阳明在战争中生擒贼匪比例之高，而这得益于他在战争"用之者"时，最大限度地坚持"仁义"底线，绝不滥杀无辜。

从王阳明清剿浰头残匪就可知"用之者"时切不可"不教而杀"。

正德十二年（1517年），在临近几股匪患相继被王阳明消灭的情况下，位于广东和江西两省交界处九连山中的浰头贼匪，依旧气焰嚣张，仗着地势险要、易守难攻，决定顽抗到底。王阳明只好再次起兵征剿，出征前他却发布了一篇用心良苦的《告谕浰头巢贼》，谕曰：

> 本院巡抚是方，专以弭盗安民为职。莅任之始，即闻尔等积年流劫乡村，杀害良善，民之被害来告者，月无虚日。本欲即调大兵剿除尔等，随往福建督征漳寇，意待回军之日剿荡巢穴。后因漳寇即平，纪验斩获功次七千六百有余，审知当时倡恶之贼不过四五十人，党恶之徒不过四千余众，其余多系一时被胁，不觉惨然兴哀。因念尔等巢穴之内，亦岂无胁从之人。况闻尔等亦多大家子弟，其间固有识达事势，颇知义理者。自吾至此，未尝遣一人抚谕尔等，岂可遽尔兴师剪灭；是亦近于不教而杀，异日吾终有憾于心。故今特遣人告谕尔等，勿自谓兵力之强，更有兵力强者，勿自谓巢穴之险，更有巢穴险者，今皆悉已诛灭无存。尔等岂不闻见？

> 夫人情之所共耻者，莫过于身被盗贼之名；人心之所共愤者，莫甚于身遭劫掠之苦。今使有人骂尔等为盗，尔必怫然而怒。尔等岂可心恶其名而身蹈其实？又使有人焚尔室庐，劫尔财货，掠尔妻女，尔必怀恨切骨，宁死必报。尔等以是加人，人其有不怨者乎？人同此心，尔宁独不知；乃必欲为此，其间想亦有不得已者，或是为官府所迫，或是为大户所侵，一时错起念头，误入其中，后遂不敢出。此等苦情，亦甚可悯。然亦皆由尔等悔悟不切。尔等当初去从贼时，乃是生人寻死路，尚

且要去便去；今欲改行从善，乃是死人求生路，乃反不敢，何也？若尔等肯如当初去从贼时，拼死出来，求要改行从善，我官府岂有必要杀汝之理？尔等久习恶毒，忍于杀人，心多猜疑。岂知我上人之心，无故杀一鸡犬，尚且不忍；况于人命关天，若轻易杀之，冥冥之中，断有还报，殃祸及于子孙，何苦而必欲为此。我每为尔等思念及此，辄至于终夜不能安寝，亦无非欲为尔等寻一生路。惟是尔等冥顽不化，然后不得已而兴兵，此则非我杀之，乃天杀之也。今谓我全无杀尔之心，亦是诳尔；若谓我必欲杀尔，又非吾之本心。尔等今虽从恶，其始同是朝廷赤子；譬如一父母同生十子，八人为善，二人背逆，要害八人；父母之心须除去二人，然后八人得以安生；均之为子，父母之心何故必欲偏杀二子，不得已也；吾于尔等，亦正如此。若此二子者一旦悔恶迁善，号泣投诚，为父母者亦必哀悯而收之。何者？不忍杀其子者，乃父母之本心也；今得遂其本心，何喜何幸如之；吾于尔等，亦正如此。

闻尔等辛苦为贼，所得苦亦不多，其间尚有衣食不充者。何不以尔为贼之勤苦精力，而用之于耕农，运之于商贾，可以坐致饶富而安享逸乐，放心纵意，游观城市之中，优游田野之内。岂如今日，担惊受怕，出则畏官避雠（仇），入则防诛惧剿，潜形遁迹，忧苦终身；卒之身灭家破，妻子戮辱，亦有何好？尔等好自思量，若能听吾言改行从善，吾即视尔为良民，抚尔如赤子，更不追咎尔等既往之罪。如叶芳、梅南春、王受、谢钺辈，吾今只与良民一概看待，尔等岂不闻知？尔等若习性已成，难更改动，亦由尔等任意为之；吾南调两广之狼达，西调湖、湘之土兵，亲率大军围尔巢穴，一年不尽至于两年，两年不尽至于三年。尔之财力有限，吾之兵粮无穷，纵尔等皆为有翼之虎，谅亦不能逃于天地之外。

呜呼！吾岂好杀尔等哉？尔等苦必欲害吾良民，使吾民寒无衣，饥无食，居无庐，耕无牛，父母死亡，妻子离散；吾欲使吾民避尔，则田业被尔等所侵夺，已无可避之地；欲使吾民贿尔，则家资为尔等所掳掠，已无可贿之财；就使尔等今为我谋，亦必须尽杀尔等而后可。吾今特遣人抚谕尔等，赐尔等牛酒银两布匹，与尔妻子，其余人多不能通及，各与晓谕一道。尔等好自为谋，吾言已无不尽，吾心已无不尽。如此而尔等不听，非我负尔，乃尔负我，我则可以无憾矣。呜呼！民吾同胞，尔等皆吾赤子，吾终不能抚恤尔等而至于杀尔，痛哉痛哉！兴言至此，不觉泪下。①

一千余笔墨，句句皆诚意。

谕中写的是劝善的本心。

王阳明回顾清剿漳南匪患，官军一共斩获七千六百余人，但"审知当时倡恶之贼不过四五十人，党恶之徒不过四千余众，其余多系一时被胁"，审问后才发现有近半数是被迫的胁从，这让王阳明深感战争残害无辜生命的悲惨与痛心。眼前的浰头必然也存在被迫的胁从，王阳明认为，如果不发抚谕直接开战，就是孔子指责的"不教而杀谓之虐"的行为，那他将终日不得心安。

谕中写的是对盗匪的理解。

王阳明表示理解贼匪当初上山为匪的无奈与苦楚。他认为大多数贼匪都有自己的不得已，"或是为官府所迫，或是为大户所侵"，只因一时起了邪念，误入歧途。

谕中写的是对盗匪改过自新的殷切希望。

王阳明为盗匪对比分析了弃恶从善和执意为匪的结果。他指出：

执意为匪"乃是生人寻死路"，弃恶从善"乃是死人求生路"；

执意为匪，即便是父母亦必忍痛杀之，弃恶从善父母必"哀悯而收之"；

执意为匪，整日担惊受怕，"出则畏官避仇，入则防诛惧剿"，弃恶从善将安逸快乐，"游观城市之中，优游田野之内"；

执意为匪，官军将倾力围剿；弃恶从善，朝廷将"视尔为良民，抚尔如赤子"。

---

① 王守仁：《王阳明全集》（二），线装书局，2014年，第220~222页。

知错能改善莫大焉，王阳明真诚地希望，在无情的战火点燃前，盗匪能认清本质、幡然醒悟。

浰头贼匪见此告谕深受触动，酋长黄金巢、卢珂立即率众投降，更有不少忠义之士表示愿意改恶从善，报答官府不杀之恩。

王阳明在战前力避"不教而杀"的做法，挽救了一批无辜生命。不仅在战前，即使战争打响，王阳明亦强调减少杀戮。他要求将士不得因贪功而滥杀，多次在军令中明确什么人能杀，什么人不能杀。往后数多战事，王阳明也是秉承"不教而杀非仁义之道"的主张。以人心换人心，王阳明的宽容仁义也坚定了胁从的归降之心，降低了胁从再次沦为流贼的可能。

基于久战疲耗——恤民速战

王阳明在研究《孙子兵法》时，批注说："总之不欲久战于外以疲民耗国，古善用兵之将类如此。"[1]

王阳明认为，战争持续时间越久，对人民的伤害、对国家的消耗越严重，久战非长久之计。王阳明的观点也切合时代的实际，明朝中期，各种社会矛盾加剧，人民赋税繁重、生活困苦，如果不减少战争、缩短战争周期、体恤百姓苦楚，民怨将日渐增多，激成民变，国家将陷入平定一起叛乱又生一起的恶性循环。

"战地诗"情真意切诉民情

诗歌自古以来就是表达感情、流露真心的文化载体，王阳明一生创作诗歌无数，在《王阳明全集》中收录的诗歌达六百余首，或即景抒怀的言情诗，或依依不舍的送别诗，或豪情满怀的咏志诗，或略感沧桑的战地诗。

读诗，沏一壶茶，抿一口清香，走进王阳明的战地诗，感受他战火硝烟中的岁月激荡，感受他那浓浓的恤民情怀。

丁丑二月征漳寇进兵长汀道中有感[2]

将略平生非所长，也提戎马入汀漳。

数峰斜日旌旗远，一道春风鼓角扬。

莫倚贰师能出塞，极知充国善平羌。

疮痍到处曾无补，翻忆钟山旧草堂。

这首诗写于正德十二年（1517年）。王阳明奉命巡抚南、赣、汀、漳等

---

① 王守仁：《王阳明全集》（四），线装书局，2014年，第270页。
② 王守仁：《王阳明全集》（三），线装书局，2014年，第69页。

地，从赣州前往上杭途中，看到遍地伤兵，百姓流离失所，内心百感交集。"数峰斜日旌旗远，一道春风鼓角扬"描写了落日悬挂于几座山峰之巅，蜿蜒的山路上伴随着鼓角声一路旌旗飘扬的行军景象。如此场景，王阳明想起了汉武帝时期劳师远征的贰师将军李广利[1]，又想起了善于平定羌族的西汉名将赵充国[2]。

王阳明的内心十分矛盾，他深知一旦战争打响，必将满目疮痍，民不聊生，但又渴望凯旋、功成名就后，归隐山中的旧草堂。"疮痍到处曾无补"道尽带兵出征的王阳明，看到战后百姓苦不堪言油然而生的怜悯之情。

祈雨二首[3]

其 一

旬初一雨遍汀漳，将谓汀虔是接疆。

天意岂知分彼此？人情端合有炎凉。

月行今已虚缠毕，斗杓何曾解把桨！

夜起中庭成久立，正思民瘼欲沾裳。

其 二

见说虔南惟苦雨，深山毒雾长阴阴。

我来偏遇一春旱，谁解挽回三日霖？

寇盗郴阳方出掠，干戈塞北还相寻。

忧民无计泪空堕，谢病几时归海浔？

此诗写的是王阳明驻军上杭为民祈雨之事。

正德十二年（1517年），王阳明抵达上杭时，当地久未降雨、田地干涸，农民几乎无法春耕，正如诗中所写"见说虔南惟苦雨，深山毒雾长阴

---

① 李广利（？—前88），西汉中期将领，曾数次出征大宛及匈奴等地。
② 赵充国（前137—前52），西汉著名将领，汉宣帝曾用他的计策平定了羌人叛乱。
③ 王守仁：《王阳明全集》（三），线装书局，2014年，第70页。

阴。我来偏遇一春旱，谁解挽回三日霖"。王阳明当即在察院行台为民祈雨。当天虽有降雨，但雨量甚小，依旧无法缓解旱情。一个多月后王阳明成功平定漳南匪寇返回上杭时，突然喜降大雨三天，百姓欢呼雀跃。为此，王阳明请求朝廷将行台正堂更名为"时雨堂"。

写《祈雨二首》时，王阳明已回到赣州，诗中一句"天意岂知分彼此？人情端合有炎凉"，可看出王阳明对求雨到得雨整个过程感触十分深刻；"夜起中庭成久立，正思民瘼欲沾裳""忧民无计泪空堕，谢病几时归海浔"两句中"思民、忧民""沾裳、泪空堕"更是直接体现了他忧民之所忧、乐民之所乐的情怀。

书草萍驿二首①

其 一

一战功成未足奇，亲征消息尚堪危。

边烽西北方传警，民力东南已尽疲。

万里秋风嘶甲马，千山斜日度旌旗。

小臣何尔驱驰急？欲请回銮罢六师。

其 二

千里风尘一剑当，万山秋色送归航。

堂垂双白虚频疏，门已三过有底忙。

羽檄西来秋黯黯，关河北望夜苍苍。

自嗟力尽螳螂臂，此日回天在庙堂。

正德十五年（1520年），王阳明秘密押解宁王朱宸濠前往杭州，途中宦官许泰等不断催促王阳明交出宁王朱宸濠，并想方设法阻挠他转移宁王朱宸濠。在赶到玉山县草萍驿站后，王阳明心情复杂，写下了这组抒发胸臆

---

① 王守仁：《王阳明全集》（三），线装书局，2014年，第76页。

的诗。

诗文其一，"一战功成未足奇，亲征消息尚堪危"，读出的是王阳明不以平定叛乱为喜，反以武宗亲征为忧的苦闷。因为"民力东南已尽疲"，东南地区人民饱受苦难，已疲惫不堪，无法再承受战火摧残。王阳明也表明心迹，火速赶往杭州的目的只为"欲请回銮罢六师"，希望能够阻止武宗亲征，为万千百姓求生。

诗文其二，主要表达了王阳明虽反对武宗亲征，却自感无力挽回的无奈。"堂垂双白虚频疏，门已三过有底忙"，写出了王阳明为劝阻武宗，日夜操劳、频繁上疏，堪比当年大禹治水"三过家门而不入"。但最终却无济于事，王阳明自叹"力尽螳螂臂"，愧疚自己的行为正如螳臂当车一般无力。王阳明的这些操劳、愧疚都源自他那份诚挚的忧民之心。

"民本账"精打细算知民疾

心中有民，心中就会揣着一沓"民本账"，记春耕秋收，记赋税劳役，记干旱水灾，记疾苦欢乐，百姓的一切均可入账。王阳明心中就始终盘算着这样一本账。

正德十二年（1517年），朝廷派王阳明前往南赣指挥剿匪，并承诺调派狼兵协助。抵达赣州后，王阳明却上疏婉拒了朝廷请调狼兵的做法。自舍援兵的背后，是他精算民本的权衡选择。王阳明在向朝廷呈奏的《申明赏罚以励人心疏》中说：

> 然臣以为狼兵之调，非独所费不赀，兼其所过残掠，不下于盗。大兵之兴，旷日持久，声势彰闻；比及举事，诸贼渠魁，悉已逃遁；所可得者，不过老弱胁从无知之氓。[1]

王阳明认为，调集狼兵不仅费用高昂、人民负担加重，而且狼兵"有

---

[1]　王守仁：《王阳明全集》（二），线装书局，2014年，第21页。

组织无纪律"，所到之处无异于盗贼掠夺。从实际作用看，组建狼兵，时间久，声势大，狼兵未到，贼匪早已闻讯躲避藏匿，能够抓到的也是些老弱病残的胁从，无济于事却耗费巨大。

无狼兵协助，官军又屡战屡败，不想耗费过大，又要清剿贼匪，王阳明决定选练民兵。据《王阳明全集》记载：

> 先生乃使四省兵备官，于各属弩手、打手、机快等项，挑选骁勇绝群、胆力出众者，每县多或十余人，少或八九人，务求魁杰；或悬招募，大约江西、福建二兵备各以五六百名为率，广东、湖广二兵备各以四五百名为率……如此，则各县屯戍之兵，既足以护守防截，而兵备募召之士，又可以应变出奇；盗贼渐知所畏，平良益有所恃而无恐矣。[1]

王阳明从四省选出"魁杰"等精干人员组建民兵队伍。比起请调狼兵，民兵花费更少，他们农闲时训练，农忙时耕种，一有战事就集合起来弥补官军力量的空缺。而这支民兵队伍，组建训练不过十余天，基本作战技能刚学会，就被王阳明拉上了战场。据《王阳明全集》记载：

> 初，先生道闻漳寇方炽，兼程至赣，即移文三省兵备，克期起兵。自正月十六日莅任才旬日，即议进兵。[2]

在王阳明的指挥下，民兵队伍与官军一道，仅用三个月就全面清剿了作乱长达十余年的漳南匪患。

王阳明弃用狼兵、选练民兵、速战速决的举动，旨在降低军费，减轻民众负担，体现了他以最小代价换取最大胜利的作战理念。这些举动，也让世人看清了王阳明心中"民本账"的计算原则，就是一切以减轻百姓负担为中心。

"民本账"始终记挂在心中，爱民恤民始终是王阳明不变的为人为官底色。

正德十二年（1517年）五月，王阳明征剿涮头时上奏《攻治盗贼二策疏》，他说：

---

① 王守仁：《王阳明全集》（四），线装书局，2014年，第20页。
② 同上书，第20~21页。

近年以来，江西有姚源之役，疮痍甫起；福建有汀漳之寇，军旅未旋；府江之师方集于两广，偏桥之讨未息于湖湘……若复加以大兵，民将何以堪命？①

疏中，王阳明不仅从作战层面论证了制敌方略的可行性，而且从用兵的数量、布局等方面分析了作战成本，尤其关注了百姓承受战争的能力。一句"民将何以堪命"的反问，掷地有声，体现的正是王阳明以民为本、为民减负的理念情怀。

"三重疏"不惜功名救百姓

平定宁王叛乱，立下不世奇功，王阳明应该加官晋爵。但他的眉头紧蹙，他的心头忧愁，因为他要与南下亲征的荒唐皇帝讲理，要与搜刮民膏的奸诈宦官周旋。

辗转叹息，王阳明挑灯磨墨，奋笔疾书，三上奏疏，劝阻亲征。奏疏一呈，王阳明有忐忑、有焦虑、有担忧，忧武宗仍要亲征，忧百姓又将遭殃，也忧自己前途命运。但想到天下苍生，他又希望武宗能够早早看到奏疏，体谅民情，取消亲征。

残月西沉，烛影浮动，又是一个难眠之夜，王阳明回想平叛以来的点点滴滴，心中苦闷更与何人说？

正德十四年（1519年）六月，王阳明在樵舍生擒宁王朱宸濠后，第一时间向朝廷报告了成功平叛的消息。本是振奋人心的捷报，明武宗朱厚照却闷闷不乐。朱厚照从小喜欢军事，对建功沙场有着特殊的情怀，早在正德十二年（1517年），他曾"北巡"居庸关外，亲自率军赢得了应州之战的胜利。对于宁王朱宸濠叛乱，明武宗不忧反喜，认为自己领兵出征、平叛显功的机会来了。

---

① 王守仁：《王阳明全集》（二），线装书局，2014年，第25页。

武宗虽迷糊，大臣却清醒，不少人纷纷上言阻止，无奈宦官当道、小人为狼。朱泰、江彬及太监张忠等人，为迎合朱厚照，歪曲事实，认定捷报是假，诬陷王阳明有勾结宁王通敌之嫌疑，提出"元恶虽已擒，但逆党尚在。拘捕余孽，以除后患"，鼓动朱厚照南下亲征。早就动心的朱厚照，抵不住建立军功的诱惑，默许了他们的请求，准备亲征，而王阳明成了朱厚照圆梦的牺牲品，背上了"通濠"的嫌疑。

武宗亲征的诏书传到王阳明手中时，他又急又恨。王阳明知道常年饱受战火之苦的百姓经不起武宗亲征大军的惊扰；王阳明更知道刚经历完一场恶战的江西人民，已无力支撑战争的消耗。身处"江湖之远"的王阳明比久居"庙堂之高"的朝臣和武宗更能体会百姓的疾苦病痛，江西急需休养！百姓急需休养！

心急如焚，王阳明冒着革职的风险呈上了第一封谏阻疏《请止亲征疏》。他向武宗朱厚照极力说明亲征的危险，并表示要亲自押解朱宸濠回京赴命，希望朱厚照终止行动。

上疏后，王阳明思来想去，担心武宗不会被说动，于是直言亲征对民众的危害，继续向朝廷呈上了第二封奏疏，即《奏留朝觐官疏》。王阳明在奏疏中强调，前期的叛乱致使江西一带生灵涂炭、民不聊生，加之旱灾严重，民力更凋敝不堪，请求朝廷为民众考虑。武宗此时正沉醉在自己的世界，不顾群臣劝阻，自封"威武大将军"，领兵南下。

一边是武宗势在必得，欲以"生擒"宁王为后快；一边是百姓如俎上肉，可能再次遭受灭顶之灾。王阳明顶着"勾结宁王的嫌疑"，置个人生死于不顾，秘密押着朱宸濠前往杭州，面见浙江镇守太监张永。张永曾长期陪侍在武宗朱厚照身边，深受朱厚照信赖。王阳明把朱宸濠交给张永，希望张永能出面劝说武宗停止南下，赶快回京。深感大义的张永决定帮助王阳明一道劝说武宗返京。

在张永的配合下，王阳明紧接着写了第三道奏疏《擒获宸濠捷音疏》，将平叛的胜利归功于武宗朱厚照的英明神武，极大地满足他的虚荣，这场滑稽可笑的亲征才提前结束。

三上奏疏，一封更比一封急切，一封更比一封无奈。功劳可能没了，赏赐可能没了，名声可能没了，但对王阳明而言，为民请命、造福一方的责任与担当不可能没有。

基于弭盗之本——安民止战

正德十二年（1517年），王阳明在写给兵部尚书王琼的信中提出："夫弭盗所以安民，而安民者弭盗之本。"在王阳明看来，消灭盗贼是为了安定人民生活，而安抚人民始终是消除匪患的根本所在。王阳明有着自己的辩证法，安民需要"以战止战"，他坚信对盗匪的"不仁"就是对人民对国家的"仁"；止战还需以安民为本，只有安定生活，安抚民心，才能从源头上解决盗匪问题。

"神怒人怨"时必"难复逭诛"

同是少数民族，同是兴兵作乱，王阳明给了卢苏、王受再生之路，对八寨、断藤峡地区的叛军却是必除之而后快，不同的对待方式有着王阳明对百姓利益的考量。

嘉靖七年（1528年）四月，王阳明在《征剿稔恶瑶贼疏》中写道：

> 此瑶贼独敢拥众千百，四出劫掠武缘等处乡村，杀人放火，略无忌惮，此臣所亲知……各贼之恶，委已数穷贯满，神怒人怨，难复逭诛。[1]

王阳明一改以往仁爱的态度，主张坚决打击八寨、断藤峡地区的少数民族叛匪。他认为，这些少数民族叛匪肆无忌惮，一百多年里，他们四处作恶、残害百姓，已经到了"神怒人怨"的境地，必须剿灭，以此安民。

八寨之乱

永乐二年（1404年），忻城的陈公宣率领壮族民众发动叛乱，大举围攻县城，县官苏宽抵挡不住弃城而逃。此后，八寨地区叛乱不断，明成祖朱棣忍无可忍，命广西总兵官韩观调集数万大军围剿，结果无功而返。

---

[1] 王守仁：《王阳明全集》（二），线装书局，2014年，第170页。

永乐十七年（1419年），韦钱望自封王爵，又封韦万贤为"通天侯"，覃万员为"通天都元帅"，韦公向为"无敌大将军"，韦公孝为"猛烈将军"，煽动百姓参与叛乱，各寨壮民纷纷响应，声势浩大。朝廷得到消息后，朱棣立刻让镇远侯顾兴祖率湖广、广西、贵州等地的数万官兵分三路围剿。最终，叛匪寡不敌众，逐渐失利，韦万贤、韦公向、覃万员、韦公孝等先后战死。

洪熙元年（1425年），覃公新、韦万黄等人发动联合叛乱，猛烈袭击官府，杀害官兵，大肆报复顾兴祖。朝廷调派大批官兵援助，不料各地叛匪纷纷发动叛乱，与覃公新、韦万黄等人联合，"据守险阻，以拒官兵"，朝廷毫无办法。

宣德二年（1427年）、宣德三年（1428年）、宣德八年（1433年），八寨地区先后发生过叛乱。

到了天顺年间（1457—1464年），八寨壮民的叛乱达到高潮，带动周围其他州县参与叛乱，势力范围逐渐扩大。朝廷派安远侯柳溥兵分八路围剿，艰难取胜，暂时平定叛乱。

成化六年（1470年），黄公刚、韦公童等人率众联合叛乱，围攻滨州等地，肆意袭扰官兵。当地官兵极其被动，处处挨打。朝廷再次调集重兵，在广西参将张寿等人率领下，围剿黄公刚、韦公童。但叛军与官军玩起了"游击战"，化整为零散布于忻城、宜山等地的山区，常常袭扰高州、雷州、浔州、梧州等地。官军抓不住又剿不了，退守城池转为防守。随后朝廷再度增兵驻守镇压，仍未能彻底平息八寨叛乱。

断藤峡之乱

断藤峡少数民族叛乱开始于洪武八年（1375年）。

洪武十九年（1386年），瑶民罗禄山等人率众发动叛乱，一直持续了十年。

永乐三年（1405年），柳州、浔州等地发生叛乱。

永乐十三年（1415年），僮民首领胡通四、韦保遵等人发动僮民叛乱。

宣德四年（1429年），罩公率众叛乱，三年后才被平定。

正统年间（1436—1449年），瑶民蓝受贰、侯大苟率领瑶民和僮民叛乱。广西总兵官柳博率官兵围剿，处处失利。朝廷忙于边境战事，无暇顾及，以招抚应对，叛匪借机发展壮大。到了天顺年间（1457—1464年），叛匪先后控制了广西柳州、梧州等十余个府县，甚至分兵进攻广东的肇庆、茂名等地，最远攻打到了湖南、福建和浙江一带。成化元年（1465年），朝廷派右金都御史韩雍、都督同知赵辅等率十余万官兵围剿断藤峡叛匪，于第二年取得胜利。

正德五年（1510年），叛匪再度沿浔江作乱，朝廷无可奈何，只好极力安抚。直到嘉靖二年（1523年），朝廷出兵五万再次围剿，取得胜利。

嘉靖七年（1528年），八寨、断藤峡地区的少数民族借着思恩、田州叛乱的机会，再度发动叛乱。王阳明当机立断，迅速行动全面围歼八寨、断藤峡地区叛匪，彻底瓦解叛乱势力。战后，王阳明还制定了一整套策略，加强地方管理，杜绝再度叛乱，为当地百姓换来了安宁。

"以药攻病"更要"饮食调适"

药石，是一时之需；饮食，乃固本培元。王阳明总能让它们相得益彰。

正德十二年（1517年），王阳明在信中给兵部尚书王琼做了一个形象比喻：

> 今责之以弭盗，而使无与于民，犹专以药石攻病，而不复问其饮食调适之宜，病有日增而已矣。[1]

他指出，对付盗寇只用武力打击，而不注重安抚人民，就如同治病救人，只给病人吃药，而忽略调理病人的饮食，不但治不了病，反而会加重病情，也就是陷入盗寇越剿越多的怪圈。

---

[1] 王守仁：《王阳明全集》（三），线装书局，2014年，第255页。

王阳明的这一观点历经实践检验。受命平定匪患以来，王阳明既善用"武力打击"这剂"药"制服顽匪，又注重"安抚民心"来"调适饮食"，取得了剿匪的极大成功。

在王阳明的实践中，设立县治是其在对付盗寇中进行"饮食调适"的重要配方。针对盗贼经常平而复起的情况，王阳明决定加强地方管理、教化，从根本上解决问题。在南、赣、汀、漳等地剿匪期间，王阳明陆续奏请朝廷设立了福建平和、江西崇义、广东和平三个新县。

正德十三年（1518年）五月，王阳明率领官兵战胜了浰头匪众。为实现地方的长治久安，他请求建立县治，向朝廷上奏《添设和平县治疏》：

> 若县治不立，制驭阔疏，不过一年，泛然投招之人必皆复化为盗；其时又复兴师征剿，剿而复聚，长此不已，乱将安穷！夫盗贼之患，譬如病人，兴师征剿者，针药攻治之方；建县抚辑者，饮食调养之道。徒恃针药之攻治，而无饮食以调养之，岂徒病不旋踵，将元气遏绝，症患愈深，后虽扁鹊、仓公，无所施其术矣。臣等窃以设县移司，实为久安长治之策。①

在王阳明看来，如若不加强匪患区治理，放任自流，几年后迫于武力投降的盗匪必然再次占山为寇，地方又将陷入战乱。如此反复，百姓将永无安宁之日。王阳明的焦点放在了长远规划上。他主张将盗匪曾经出没的地方划片设县，进行集中管理。同时，王阳明强调要加强治安，推行教化，在改善民风中缓解矛盾、化解积怨，变盗贼"重灾区"为礼仪之乡。

---

① 王守仁：《王阳明全集》（二），线装书局，2014年，第70页。

第八章

立足铸魂强能的建军治军方略——
他以"仁"为体，以"战"为用

作为儒将，王阳明既深谙修身治世之道，又胸怀克敌制胜之法。他把以"仁"为核心的儒家学养糅合到以"战"为根本的兵家思想中，进而运用于军队重组、官兵的培养管理乃至行军作战中。几经战火硝烟，实践检验了王阳明的果敢忠诚，也形成了他在选兵用将、编伍养兵、行军作战中注重铸魂强能的独特方略。

用将：贵事君之忠

欲治兵者，必先选将。

正德十二年（1517年），初任南赣巡抚的王阳明发布了自己人生中第一块《选募将领牌》，对将领的选用明确了具体标准：

> 看得所属地方，盗贼充斥，一应抚剿事宜，各该兵备等官，既以地方责任，势难频来面议；若专以公文往来，非惟事情不能该悉，兼恐机宜多致泻漏。为此牌仰郴州兵备道即于所属军卫有司官，或义官耆老，推选素有胆略，才堪将领，熟知贼寨险夷，备晓盗情向背，忠慎周密，可相信任者一二人前来军门，凡遇地方机务，即与密切商度，往来计议，庶事可周悉，机无疏虞。①

清晰可见，"素有胆略、才堪将领、忠慎周密、可相信任"，胆、才、忠、信都是王阳明的选将要求，而忠、信强调将领应具备"忠诚"品质。

在王阳明看来，"忠诚"是选人用人的首要条件。他曾说：

> 夫朝廷用人，不贵其有过人之才，而贵其有事君之忠，苟无事君之忠，而徒有过人之才，则其所谓才者，仅足以济其一己之功利，全躯保妻子而已耳。②

王阳明强调，选人用人不能只看重才能，而应更看重忠诚的品德。如果没有"忠诚"的德行，有"才"也只是谋求个人私利之才，只能做到保全自己的妻子、儿女，不会有大的建树。

他还指出：

将领是军队脊柱，职责特殊，对于他们的忠诚品质应更加重视。他认为：

> 人臣于国家之难，凡其心之可望，力之可为，涂肝脑而膏髓骨，皆其职分所当。③

作为将领，如遇国家有难，凡是能够想到、做到的事情都要尽力而为，

---

① 王守仁：《王阳明全集》（二），线装书局，2014年，第208页。
② 同上书，第144页。
③ 同上书，第138页。

即便肝脑涂地、粉身碎骨，也是分内的职责。

但"忠诚"并非王阳明选将用人的唯一条件，才能、体质也是他关注的重要方面。嘉靖七年（1528年）七月，王阳明在讨伐断藤峡期间上奏《边方缺官荐才赞理疏》，进一步阐明了他的选将之道：

> 臣惟任贤图治，得人实难……何者？反覆边夷之地，非得忠实勇果通达坦易之才，固未易以定其乱。有其才矣，使不谙其土俗而悉其情性，或过刚使气，率意径行，则亦未易以得其心。得其心矣，使不耐其水土，而多生疾病，亦不能以久居于其地，以收积累之效，而成可底之绩。故用人于边方，必兼是三者而后可。[①]

王阳明说，要任用贤才，以图治理，找到一个合适的人非常困难。要治理边境或蛮夷之地，只有忠诚、勇敢、明大义、坦率实在的人才，方能消除战乱，百姓获得安宁。有平乱的才能，却不掌握当地的民俗风情推行德治，只按个人性情行事，太过刚强草率，将很难获得民心。有德行得民心，但不适应当地水土，总是疾病缠身，不能长期居住在当地，亦无法治理。总结而言，王阳明的选将用人观是德、才、体三者兼具，又以德为先。

---

① 王守仁：《王阳明全集》（二），线装书局，2014年，第173页。

选兵：重武艺胆气

谋事在人，成事在天。

王阳明便是一个主动谋事之人。

正德十二年（1517年）九月，王阳明受命征剿南赣及汀、漳地区盗匪，刚上任却陷入了兵力匮乏的窘境：

> 就赣州一府观之，财用耗竭，兵力脆寡，卫所军丁，止存故籍。[1]

王阳明没有被眼前"财用耗竭""兵力脆寡"的困境吓倒，而是主动思变，决定征兵组建军队。

为了招选到素质好的兵员，王阳明颁布《选拣民兵》，明确提出了自己的选兵标准：

> 挑选骁勇绝群，胆力出众之士，每县多或十余人，少或八九辈；务求魁杰异材，缺则悬赏招募。[2]

他要求入选士兵必须"骁勇绝群""胆力出众"，也就是要大胆、勇猛、精通武艺。

时代造势，王阳明能迅速按照自己的需求征兵，得益于明中期募兵制的推广。明朝建立之初，军队实行卫所兵制，亦称世兵制或军户制，兵员来源主要是籍选，即从户籍种类为军户的家族里抽取人员。这种制度下，兵员的身份与地位被固定化、世袭化，父死子继、兄终弟及，当兵成为世业。而且当时的军户只属都督府管辖，不受地方行政官吏的约束，生活待遇相对宽松舒适。长此以往，各卫所兵员养尊处优、毫无竞争，自身能力素质参差不齐，有数量而无质量，战斗力日渐衰退。

正统初年，支撑卫所兵制的重要经济制度——军屯制[3]受到严重破坏，无法向数量庞大的将士及军户提供丰厚待遇，卫所兵制难以维持，开始向募兵制嬗变。据《明史》记载：

---

① 王守仁：《王阳明全集》（二），线装书局，2014年，第196页。
② 王守仁：《王阳明全集》（四），线装书局，2014年，第197页。
③ 军屯制，起源于西汉时期，后被历代延续，在明朝得到极大发展，至清代臻于完善。主要内容为：命令卫、所的士兵就地屯田，不管是驻防内地还是边疆，每一兵士都由国家配给一定数量的土地自耕自种，以免去百姓的负担与转运粮饷的困难，实现军队的自我供给。

正统二年（1437年），始募所在军余、民壮愿自效者，陕西得四千二百人。①

这是明朝首次实行募兵制，在陕西招募民壮。募兵制主要以雇佣形式招募兵员补充到军队，应募者以当兵为职业，往往长期在军中服役。

明朝实行募兵制最初只有中央拥有募兵权，直到正统十四年（1449年），"土木堡之变"加剧了明朝边境紧张局势，兵力匮乏，中央开始授权各守边将领，大规模招募士兵民壮。据《明英宗实录》记载，景泰元年（1450年）二月，"召募民壮共九万五千二百余名"。

兵制的改变，提升了军队战斗力。从选兵的角度看，在源头上提高了兵员质量。一方面，丰厚的待遇，具体的条件，对于那个时代的青壮年，入伍参军成为改变命运的机会，不少优秀人才进入军队；另一方面，非军户籍兵员的加入，激发了军队内部的竞争活力，捧着世袭"铁饭碗"的卫所士兵不得不强化素质能力来保留自己的地位。

王阳明在南赣平乱时，募兵制已在多地实行。面对兵力匮乏、兵员素质低的现状，王阳明主动向朝廷申请募兵权，招募士兵。随后，王阳明带着自己挑选的民兵接连取得了横水、桶冈、浰头几场战争的胜利，一举扭转了以往官府屡战屡败的局面。

成功源于不断总结和进步，一场场胜利之后，王阳明不骄不躁，他在实战中更加清楚自己需要什么样的兵。

嘉靖六年（1527年），王阳明前往思恩、田州平定少数民族叛乱，在当地组建军队，发布《行南韶二府招集民兵牌》，再一次明确选兵标准：

不拘机兵打手各色人内，访求武艺骁勇，胆力之士，超群出众，以一当百者……务要年齿少壮，三十岁以下者。②

招集牌中，王阳明除了要求应募者武艺骁勇、胆力出众，还必须"年齿少壮，三十岁以下"。他认为，年轻才能体力充沛，才能充满精神与活力，才更具可塑性。

---

① 章培恒、喻遂生主编：《明史》，汉语大词典出版社，2004年，第1800~1801页。
② 王守仁：《王阳明全集》（三），线装书局，2014年，第331页。

编伍：当精兵简政

忽如一夜春风来，千树万树梨花开。王阳明以一场改革疾风让军民战斗力换羽重生。

正德十二年（1517年）五月，刚从上杭凯旋的王阳明抛开明朝沿用近一百五十年的卫所编制，在自己管辖的军队中创立了新编制。

胜战而归，摆设宴台、赏赐诸军，可为何还大肆整编军队？不是一时冲动，而是王阳明对三个月前参与的第一次军事行动的总结反思。

正德十二年（1517年）二月，王阳明到漳南督战剿匪，当时都指挥覃桓、南靖县丞纪镛带领福建官兵前去围剿长富村等山贼，广东境内的大伞山贼突然出现并与之激战。指挥①覃桓、纪镛的战马陷入了泥泞，连同十五名随从都被杀死了。战后汇报时，福建方面呈报：

> 督同指挥等官覃桓等领兵克期夹攻，不意大伞贼众突出，陷入深泥，被伤身亡；广东官兵在彼坐视，不行策救。②

广东方面则呈报：

> 约会福建官兵克期进攻间，爪探福建官军被大伞贼徒杀死指挥覃桓等情，各职随即统兵策应，当获贼人一名，审系贼首罗圣钦，执称余贼潜入箭灌巢内。率领官兵直抵地名白上村，遇贼交战，斩获贼级，俘获贼属。③

福建、广东双方领兵官员对这件事各持说辞，相互扯皮，都不愿意承担责任。这直接导致双方在后续的围剿策略上发生了严重分歧：福建官兵执意要奋击向前，速战速决；而广东官兵则认为应等狼兵到了再一起进攻。

虽为四省巡抚，王阳明却没有掌握实际兵权，一时间无法统一双方意见，最终剿匪方案迟迟不能敲定。无奈之余，上任不到二十天的王阳明只能匆忙离开赣州，前往汀杭督战。

---

① 军职名，指挥使。
② 王守仁：《王阳明全集》（二），线装书局，2014年，第203页。
③ 同上。

有名无实的尴尬，错失战机的无奈，让王阳明看清了卫所军队体制臃肿、兵帅分离等一系列问题，深切体会到了当时官军的软弱无能、缺乏担当。

改革才是唯一的出路。

王阳明认为眼前最要紧的是解决官军编制和指挥问题：他首先进行编制调整，精简军队兵员份额；接着请朝廷下放令旗令牌，减少不必要的调兵审批环节，并赋予巡抚指挥权。

深思熟虑，雷厉风行，从汀杭督战回到赣州，王阳明即刻颁布公文《兵符节制》，重组军队：

> 看得习战之方，莫要于行伍；治众之法，莫先于分数；所据各兵既集，部曲行伍，合先预定。为此仰抄案回道，照依定去分数，将调集各兵，每二十五人编为一伍，伍有小甲；五十人为一队，队有总甲；二百人为一哨，哨有长、协哨二人；四百人为一营，营有官、有参谋二人；一千二百人为一阵，阵有偏将；二千四百人为一军，军有副将。偏将无定员，临阵而设。小甲于各伍之中选材力优者为之，总甲于小甲之中选材力优者为之，哨长于千百户义官之中选材识优者为之。副将得以罚偏将，偏将得以罚营官，营官得以罚哨长，哨长得以罚总甲，总甲得以罚小甲，小甲得以罚伍众。务使上下相维，大小相承，如身之使臂，臂之使指，自然举动齐一，治众如寡，庶几有制之兵矣。编选既定，仍每五人给一牌，备列同伍二十五人姓名，使之连络习熟，谓之伍符。每队各置两牌，编立字号，一付总甲，一藏本院，谓之队符。每哨各置两牌，编立字号，一付哨长，一藏本院，谓之哨符。每营各置两牌，编立字号，一付营官，一藏本院，谓之营符。凡遇征调，发符比号而行，以防奸伪。其诸缉养训练之方，旗鼓进退之节，要皆逐一讲求，务济实用，以收成绩。事完，备造花名手册送院，以凭查考发遣。[1]

王阳明认为"兵贵精不贵多"，对原来军队的编制、数量、职责、权限

---

[1] 王守仁：《王阳明全集》（二），线装书局，2014年，第207页。

等都进行了调整。按照王阳明的新编制：二十五人为一伍，五十人为一队，二百人为一哨，四百人为一营，一千二百人为一阵，二千四百人为一军，每个组成单位均设立管理者。各级队伍还必须把士兵姓名进行登记造册，名册分别交由各级长官和统帅保管。

调整后的军队，编成层级清晰、职责明确，只要在训练中"因能别队，量材分等，使将有余勇，兵有余资"①，进一步磨合，就能使官兵在思想和行动上保持同频共振，"自然如身、臂、手指之便"，在战斗中发挥出强大的战斗力。

完成军队编制改革后，王阳明又向朝廷"要权"。他迫不及待地向朝廷上了《申明赏罚以励人心疏》，揭露了地方官员调兵程序烦琐致使盗匪逃窜、官军赏罚模糊致使官兵行事犹豫散漫等问题，希望朝廷能够合理下放权力，严明赏罚以激励人心、鼓舞士气。

在兵部尚书王琼的鼎力支持下，朝廷批复：

> 特改命尔提督军务，抚安军民，修理城池，禁革奸弊。一应军马钱粮事宜，但听便宜区画，以足军饷……其管领兵快人等官员，不问文职武职，若在军前违期，并逗遛退缩者，俱听军法从事。②

王阳明如愿掌提督军务之权，成了实至名归的"剿匪统帅"，统管"八府一州"所有官吏，以旗牌调遣兵马。随后，王阳明在军队申明赏罚，整改军队作风士气，大大提升了战斗力。

---

① 王守仁：《王阳明全集》（三），线装书局，2014年，第316页。
② 王守仁：《王阳明全集》（四），线装书局，2014年，第24页。

省费：可寓兵于民

新事物往往在旧世界的质疑甚至声讨中破壳而出。

正德十二年（1517年）正月，刚担任巡抚的王阳明在赣州接连推出了两项创新举措：十家牌法①和选拣民兵，引得众人议论纷纷。

其中选拣民兵更是让不少官员疑虑重重。

王阳明上任前，正规的卫所军都无法有效打击匪寇，屡战屡败，更何况毫无作战基础的民壮，又怎么能担当起剿匪重任？这些官员的担心不无道理。但眼前官军兵力单薄、战力低下，官府经费短缺，民众苦不堪言。王阳明认为"寓兵于民"，既省军费又补充了兵员，可解眼下燃眉之急。

王阳明果断颁布《选拣民兵》，在文中详细阐述了自己的考虑：

照得府属地方，界连四省；山谷险隘，林木茂深，盗贼所盘，三居其一；乘间劫掠，大为民害。本院缪当巡抚，专以弭盗安民为职。钦奉敕谕，一应军马钱粮事宜，得以径自区画。茬任以来，甫及旬日，虽未遍历各属，且就赣州一府观之，财用耗竭，兵力脆寡，卫所军丁，止存故籍；府县机快，半应虚文；御寇之方，百无足恃，以此例彼，余亦可知。夫以赢卒而当强寇，犹驱群羊而攻猛虎，必有所不敢矣。是以每遇盗贼猖獗，辄复会奏请兵；非调土军，即倩狼达，往返之际，辄已经年；靡费所须，动逾数万；逮至集兵举事，即已魁魅潜形，曾无可剿之贼；稍俟班师旋旅，则又鼠狐聚党，复皆不轨之群。良由素不练兵，倚人成事；是以机宜屡失，备御益弛，征发无救乎疮痍，供馈适增其荼毒，群盗习知其然，愈肆无惮。百姓谓莫可恃，竟亦从非。

夫事缓则坐纵乌合，势急乃动调狼兵，一皆苟且之谋，此岂可常之策？古之善用兵者，驱市人而使战，假间戍以兴师。岂以一州八府之地，遂无奋勇敢战之夫？事豫则立，人存政举。近据江西分巡岭北道兵

---

① 王阳明开创的乡间管理方法。十家牌法规定每十家为一牌，牌上注明各家的丁口、籍贯、职业，轮流巡查。一家藏匿盗贼，其余九家连坐。如有人口变动，需向官府申报，不然被认定为"黑户"。

备副使杨璋呈，将所属各县机快，通行拣选，委官统领操练，即其处分，当亦渐胜于前。但此等机快，止可护守城郭，堤备关隘；至于捣巢深入，摧锋陷阵，恐亦未堪。为此案仰四省各兵备官，于各属弩手、打手、机快等项，挑选骁勇绝群，胆力出众之士，每县多或十余人，少或八九辈；务求魁杰异材，缺则悬赏招募。大约江西、福建二兵备，各以五六百名为率；广东、湖广二兵备，各以四五百名为率。中间若有力能扛鼎，勇敌千人者，优其廪饩，署为将领。招募犒赏等费，皆查各属商税赃罚等银支给。各县机快，除南、赣兵备已行编选外，余四兵备仍于每县原额数内拣选精壮可用者，量留三分之二；就委该县能官统练，专以守城防隘为事；其余一分拣退疲弱不堪者，免其著役，止出工食，追解该道，以益招募犒赏之费。所募精兵，专随各兵备官屯札，别选素有胆略属官员分队统押。教习之方，随材异技；器械之备，因地异宜；日逐操演，听候征调。各官常加考校，以核其进止金鼓之节。本院间一调遣，以习其往来道途之勤。资装素具，遇警即发，声东击西，举动由己；运机设伏，呼吸从心。如此，则各县屯戍之兵，既足以护防守截；而兵备募召之士，又可以应变出奇。盗贼渐知所畏而格心，平良益有所恃而无恐，然后声罪之义克振，抚绥之仁可施，弭盗之方，斯惟其要。本院所见如此，其间尚有知虑未周，措置犹缺者，又在各官酌量润色，务在尽善，期于可久；亮爱民忧国之心既无不同，则拯溺救焚之图自不容缓。案至，即便举行，或有政务相妨，未能一一亲诣，先行各属，精为选发。先将招募所得姓名，及措置支费银粮，陆续呈报。事完之日，通造文册，以凭查考。①

公文中王阳明主要讲了三层意思：

组建民兵缘出何处？

王阳明指出，当前官军疲弱，官府的御寇方案也多为虚掩之文，没有支撑。如果以疲弱的将士去抵挡强寇，就像一群羊去攻击凶猛的老虎，肯定不

① 王守仁：《王阳明全集》（二），线装书局，2014年，第196~197页。

117

敢向前。而以往请调的狼兵，虽然战斗力强悍，但集兵时间长，且"靡费所须，动逾数万"，成本太高。若是为了请调狼兵，再向民众征费，那与匪寇抢掠百姓的毒害没有区别。

在王阳明看来，挑选民兵才是长久之计，一方面当地农民熟悉情况，对盗匪的居住和活动习惯有着充分的了解，并深受盗匪伤害，能激发出更强战斗力；另一方面，民兵农忙时可参加农耕保证收成，解决部分军需难题，节省军费开支。只要管理得当、训练有素，民兵将是一柄剿匪"利剑"。

挑选民兵欲要何人？

王阳明提出了选兵标准，明确了在各州府招募的兵员数量。如在江西、福建招募约五六百名，在广东、湖广招募四五百名。

募得民兵如何练，如何考，如何用？

王阳明强调了民兵的日常训练、考核等具体问题。他还特别介绍了紧急情况下的战术运用，即"资装素具，遇警即发，声东击西，举动由己"，这是他常用的奇袭战法。

颁布公文后，王阳明还向朝廷上疏，请求调整当地缴税比例，甚至撤销一些税关，为官府组建民兵队伍留出部分资金。

不久，王阳明训练的民兵，在剿匪战斗中频频取胜，为朝廷省下了调请狼兵的巨额经费。

养兵：应培元固本

精神信仰，是支撑将士行动的力量。

军事训练，是垒起胜战高台的砂石。

明朝中期，卫所军制逐渐失效，官军意志低沉、训练慵懒，战斗力江河日下，屡吃败仗。军队要在内忧外患的国家局势中有所作为，就必须从根源上整改。

正德十二年（1517年），王阳明完成军队编制革新不久，又颁布公文《预整操练》，对带兵训练进行了具体规范。其中提到：

> 恩义素行，自然兴父兄子弟之爱；居则有礼，动则有威，以是征诛，将无不可矣。①

王阳明强调，对士兵要讲恩情、道义，要与士兵建立父子般的亲密关系；军队平时要讲究礼法，战时要有威严，遇敌才能所向披靡。

这是王阳明在培养士兵方面倡导的"培元"原则。在王阳明看来，培养士兵应做到"培元""固本"，"培元"即注重塑造士兵知廉礼、明大义的品质，"固本"即注重军事训练打牢士兵战技基础。

"培元"旨在树立将士为民族、为国家而战的精神信仰。王阳明认为，这种精神信仰发源于人人均有的道德良知，只是我们的道德良知大多被私欲遮蔽了。

在民间乃至学术界流传着一个故事：

王阳明谪居贵州龙场不久，抓获了一个罪大恶极的强盗头目。这个人平时杀人越货，无恶不作，审讯时更是一副顽固不化的态度，声称：反正犯的是死罪，横竖都是死，要杀要剐随便，就别浪费时间审问了！

王阳明不急不躁，顺势而为，不审案情，转而与强盗头目聊天，看天气闷热便让他把外衣脱了。

强盗头目一直被捆着，本就难受，脱外衣还可以松松绑，爽快地脱了。

---

① 王守仁：《王阳明全集》（二），线装书局，2014年，第208页。

王阳明看强盗头目很是舒心，又直言天气确实太热，让他把内衣也脱了。

强盗头目平时光着膀子都是常事，没什么大不了的，也就脱了。

但王阳明并未作罢，接着要求强盗头目把内裤也脱了。膀子都光了，一丝不挂岂不更自在？

这时强盗头目开始紧张起来，连忙拒绝称不方便。

王阳明见机反问强盗头目，有何不方便？死都不怕，难道还在乎一条内裤吗？看来还是有廉耻之心，有道德良知的，并非一无是处。

强盗头目点头称是，有感良知而从实交代了罪行。

十恶不赦的强盗在危难时刻，也有"可杀不可辱"的士子气概。可见道德良知、礼义廉耻对人有很大的内力作用。这种作用的影响可以由自身扩大到家庭、民族、国家。培养士兵，更需要激发内心道德良知的内力，进而塑造将士"杀身成仁""舍生取义""安国保民"的坚定信念，使将士找到打仗杀敌的精神支撑。

大情怀往往衍生于小礼节。王阳明主张"教之以礼"，以礼励兵。他注重将儒家提倡的礼仪道德、廉洁耻辱等灌输给官兵，让他们懂得讲礼节、守廉耻、护正义，为官兵塑造积极价值观树立导向。他还强调以"礼"待兵，构建和谐的官兵内部关系，加强军队团结。他要求将领爱护士卒，要"诚抚其疮痍，问其疾苦，恤其孤寡，振其空乏，其死者皆无怨尤，则生者自宜感动"①。当官兵感受到了上级和朝廷给予的恩情和厚爱，便可进一步激发自身以精武为荣、以胜战为荣的信念。

有心还得有力量来支撑。具备了杀敌的动力，更要夯实打仗的技能基础。王阳明强调"固本"，就是要"教戒为先"，把训练作为提升部队战斗力的重要基石。他曾说：

> 兵之用奇，全自教习中来。若平居教习不素，一旦有急，驱之赴敌，有闻金鼓而色变，睹旌旗而目眩者矣，安望出死力而决胜乎？②

① 王守仁：《王阳明全集》（二），线装书局，2014年，第6页。
② 王守仁：《王阳明全集》（四），线装书局，2014年，第272页。

在王阳明看来，用兵能出奇制胜，全靠平时对将士的训练，如果平时训练不严，一旦发生紧急情况，出兵迎敌，有的士兵可能听到进攻的鼓声就慌了，有的可能看到敌人的旗帜就头晕目眩，这样根本不能指望他们奋力杀敌、获取胜利。

对于将士的训练，王阳明有着科学的思维与方法，反对蛮干、盲干，他赞同古人"教得其道，则士乐为用；教不得法，虽朝督暮责，无益于事矣"的说法。王阳明因材施教，他提出区分士兵素质，分门别类，分等教授，让士兵的特长得以有效发挥。开展训练，王阳明要求内容上，从简单到复杂，从技术到战术；对象上，从卒到伍，从伍逐渐到整个部队，循序渐进、步步为实。训练实打实、对抗硬碰硬，王阳明讲究实用，不脱离实际、不搞花架子，完完全全练兵"实战化"。就当时的作战条件而言，弓箭具有很高的战斗效能，王阳明便重点抓士兵的弓箭训练。

行军：必明法令信赏罚

周亚夫细柳营拒天子于军门外，诸葛亮军中挥泪斩马谡，曹操"马惊麦田，割发代首"，皆古人严明军纪之典范。

军纪不明、法令不清，一旦出征，军队必将溃而逃之。王阳明熟读兵法，深知军纪严明对行军作战的重要，故而每战必明法在前。

正德十二年（1517年），王阳明兵分十路，围剿横水谢志珊，这期间下达了一道甚为详备的军令。

其主要内容为：

失误军机者斩。临阵退缩者斩。违犯号令者斩。经过宿歇去处，敢有搅扰居民，及取人一草一木者斩。扎营起队，取火作食，后时迟慢者照军法治；因而误事者斩。安营住队，常如对敌，不许私相往来，及辄去衣甲器仗，违者照军法治；因而误事者斩。凡安营讫，非给有各队信牌，及非营门而辄出入者皆斩。守门人不举告者同罪。其出营樵牧汲水方便，而擅过营门外者杖一百。军中呼号奔走惊众者斩。虽遇贼乘暗攻营，将士辄呼动者斩。军中卒遇火起，除奉军令救火人外，敢有喧呼，及擅离本队者斩。军中守夜巡夜之人每夜各有号色，号色不应者，即便收缚。军中不许私议军机，及妄言祸福休咎，惑乱众心，违者皆斩。凡入贼境哨探，可往而畏难不往，托故推调，及回报不实者斩。军行遇敌人往冲，及有埋伏在傍者，不许辄动，即便整队向贼牢把，相机杀剿，违者斩。军行遇贼众乞降，恐有奸谋，即要驻军严备，一面飞禀中军，令其远退，自缚来投，不许辄与相近；遇有自称官吏，及地方里老来迎接者，亦不许辄与相近，即便驻军严备，一面飞禀中军，审实发落，违者皆斩。贼使入营，及来降之人，将士敢与私语，及问贼中事宜，凡漏泄军情者斩。凡临阵对敌，一队失，全伍皆斩。邻队不救，邻队皆斩。贼败追奔，不得太远，一听号令：闻鼓方进，闻金即止，违者斩。贼巢财物，并听杀贼已毕，差官勘验给赏，敢有临阵擅取者斩。乘胜逐贼，不许争取首级；路有遗下金银宝物，不许低头拾取，违者皆斩。①

谨小慎微，"斩"字当头。军令指出凡有"失误军机""临阵退缩""违反号令"者皆斩，提出了官兵在行军打仗时不得扰民、不得擅自扎营做饭、不得随意脱弃盔甲、不得随意进出营门、不能泄露军情、不能随意拾取金银钱财等十五条具体禁令。王阳明严格按令行事，违者皆斩，官兵自然令行禁止、勇往直前。

"斩"字无情，令中藏情，禁令背后也有温情之处。王阳明要求，在战争中，如果一队阵亡，那么这个队所在的整个伍都得斩首；如果有队伍陷入险境，邻队不去救援，也要被斩首。这样的规定让士兵敢于将后背交给队友，彼此之间感情和信任增值，进而振奋士气、增强整体战斗力。

严明军纪并非一劳永逸，需三令五申、因时而明。王阳明的每份作战命令既是对作战任务的部署，又是对行军纪律的申明。如《剿捕漳寇方略牌》中写道：

> 仍戒当先之士，惟在摧锋破阵，不许斩取首级；后继重兵，止许另分五六十骑，沿途收斩；其余亦不得辄乱行次，违者就便以军法斩首。②

《行吉安府知会纪功御史牌》中写道：

> 官兵人等，但有骚扰所过地方，及军前逗留观望，畏避退缩者，就行照依本院钦奉敕谕事理，治以军法。③

《督责知府伍文定等同心剿贼牌》中写道：

> 敢有仍前人怀一心，互有异同，以致误事，定行罪坐所由，断依军法斩首，的不食言。④

这些都是王阳明在围剿匪寇前所发行军牌再三强调的内容。

在王阳明看来，军队的法纪建设、将士的守纪意识是征战沙场的取胜之本，而将士纪律意识，不能仅靠颁布军令，还需要"赏罚分明"，以严格执

① 王守仁：《王阳明全集》（二），线装书局，2014年，第213页。
② 同上书，第200页。
③ 王守仁：《王阳明全集》（三），线装书局，2014年，第358页。
④ 同上。

行来固化。

明朝中期卫所官军纪律松弛，畏敌而不畏将，赏罚不明是造成这一现象的重要原因。身为南赣巡抚，王阳明对此心知肚明。

正德十二年（1517年）五月初八，王阳明上奏了《申明赏罚以励人心疏》，希望朝廷能严明赏罚，扭转官军内部不良风气。

奏折开篇写道：

> 伏睹《大明律》内该载"失误军事"条："领兵官已承调遣，不依期进兵策应，若承差告报军期而违限，因而失误军机者，并斩。""从军违期"条："若军临敌境，托故违期三日不至者，斩。""主将不固守"条："官军临阵先退，及围困敌城而逃者，斩。"此皆罚典也。及查得原拟直隶、山东、江西等处征剿流贼升赏事例，一人并二人为首，就阵擒斩以次剧贼一名者，五两；二名者，十两；三名者，赏实授一级，不愿者，赏十两；阵亡者升一级，俱世袭，不愿者，赏十两。擒斩从贼六名以上至九名者止，升实授二级，余功加赏；不及六名，除升一级之外，扣算赏银；三人四人五人以上共擒斩以次剧贼一名者，赏银十两均分；从贼一名者，赏五两均分。领军把总等官自斩贼级，不准升赏；部下获功七十名以上者，升署一级；五百名者，升实授一级；不及数者，量赏；一人捕获从贼一名者，赏银四两；二名者，赏八两；三名者，升一级；以次剧贼一名者，升署一级。俱不准世袭，不愿者，赏五两。此皆赏格也。赏罚如此，宜乎人心激劝，功无不立；然而有未能者，盖以赏罚之典虽备，然罚典止行于参提之后，而不行于临阵对敌之时；赏格止行于大军征剿之日，而不行于寻常用兵之际故也。且以岭北一道言之，四省连络，盗贼渊薮。
>
> 近年以来，如贼首谢志珊、高快马、黄秀魁、池大鬓之属，不时攻城掠乡，动辄数千余徒。每每督兵追剿，不过遥为声势，俟其解围退散，卒不能取决一战者，以无赏罚为之激劝耳。合无申明赏罚之典，今后但遇前项贼情，领兵官不拘军卫有司，所领兵众有退缩不用命者，许

领兵官军前以军法从事；领兵官不用命者，许总统兵官军前以军法从事。所统兵众，有能对敌擒斩功次，或赴敌阵亡，从实开报，覆勘是实，转达奏闻，一体升赏。至若生擒贼徒，鞫问明白，即时押赴市曹，斩首示众。庶使人知警畏，亦与见行事例决不待时，无相悖戾。如此，则赏罚既明，人心激励，盗贼生发，得以即时扑灭。粮饷可省，事功可见矣。[①]

王阳明指出，《大明律》一直以来就有赏罚分明的典范。但当前军队的赏罚并不合理，罚多用在被参劾而罢免官职，却不用在临阵怯敌之时；赏多用在军队出征或凯旋的日子，却不用在平时行军打仗之际。这种赏罚模糊，赏罚不及时，容易造成将士的愤恨，导致官军表面遵守纪律，实际行事犹豫、散漫，并不全力打击盗匪。

提振军心，势必重申赏罚之法，王阳明在奏疏中提出了自己的看法：

> 今朝廷赏罚之典固未尝不具，但未申明而举行耳。古者赏不逾时，罚不后事。过时而赏，与无赏同；后事而罚，与不罚同。况过时而不赏，后事而不罚，其亦何以齐一人心而作兴士气？[②]

王阳明的言下之意是，申明赏罚，主张"赏不逾时，罚不后事"，也就是将官兵平时表现和战时功过分开对待，及时公正地实施奖罚，激励忠义之气，打击谗嫉之心。

在兵部尚书王琼的支持下，朝廷采纳了王阳明的建议，将部分赏罚权赋予了领兵统帅。

有了朝廷的认可，正德十二年（1517年），平定漳南战役中，王阳明接连发布两道公文，先是《奖励福建守巡漳南道广东守巡岭东道领兵官》对劳绩突出的人请旨奖赏：

> 即便动支商税银两，买办彩缎银花羊酒，委官分投领赏，备用鼓乐，迎送各官处，用旌勤劳，以明奖励之典。[③]

---

① 王守仁：《王阳明全集》（二），线装书局，2014年，第19~20页。
② 同上书，第21页。
③ 同上书，第204页。

后是《钦奉敕谕切责失机官员通行各属》严词斥责处罚失机误事的指挥高伟，参政陈策、艾洪，副使唐泽，佥事胡琏，都指挥李胤等人："各令住俸，戴罪杀贼；并降敕切责，令尔立效赎罪。"①

公文一前一后，一赏一罚，对比鲜明，是非善恶官兵一看便明，士气大振，官军在随后剿匪战斗中表现更为英勇。

---

① 王守仁：《王阳明全集》（二），线装书局，2014年，第205页。

第九章
讲求以变谋胜的战术理念——
他以"诚"为核，以"诡"为形

儒家重视"仁诚"，兵家常用"诡诈"，在一些人眼里"诚"与"诡"水火不相容，诚者不诡，诡者不诚。对此，王阳明却在作战行动中实现了"诚"与"诡"的统一。他既吸取儒家"仁诚"之精义，以诚为本，感化敌人，十二分真心换人心；又领会兵家"诡诈"之实用，以间反间，因势多变，三十六妙计擒苍龙。旌旗飞扬，战马飞奔，情报战、心理战、运动战，一出出好戏在王阳明的"导演"下变幻莫测、精彩纷呈。

知己知彼："间为我用"的情报战

王阳明批注《孙子兵法·用间篇》写道：

> 　　用间与乘间不同，乘间必间自人生，用间则间为我用。知此一法，
> 任敌之坚壁完垒，而无不可破，横行直撞，直游刃有余了。[①]

王阳明提出了"乘间"的说法，他认为"用间"和"乘间"不同，"乘间"因人而生、有所凭借，"用间"则是"间为我用"。熟练掌握"用间"和"乘间"的艺术，无论敌人多么坚强，筑起的壁垒多么牢固，都能找到突破口。而这两种艺术，目的都是为了"索其情"，套取敌情。

深刻的认识化为坚决的行动，作战中，王阳明十分重视情报工作，力求"先知"，尤其善于以"诚"培养间谍，"诈"取所需敌情，进而因势制敌。

一出"反间计"助力剿匪首胜

正德十一年（1516年），王阳明来到南赣，开始平乱剿匪，他的任务并不轻松。据《明史》记载：

> 　　当是时，南中盗贼蜂起。谢志山（珊）据横水、左溪、桶冈，池仲容据浰头，皆称王，与大庾陈曰能、乐昌高快马、郴州龚福全等攻劫府县。而福建大帽山贼詹师富等又起。前巡抚文森托疾避去。志山合乐昌贼掠大庾，攻南康、赣州，赣县主簿吴玭战死。[②]

盗贼成群，处处称王，攻府占县，官军畏避。越是形势逼人，越要王阳明先做好调查，摸准情况。山川地理要看，道路险夷要查，风俗民情要懂，盗贼据点分布要知，敌我实力对比要清，军饷粮食要筹，军事设施以及队伍建设等与作战有关的各类情况都得心中有数。

顺藤摸瓜，王阳明找到了突破口。调查发现，官军清剿盗匪时，往往官

---

① 王守仁：《王阳明全集》（四），线装书局，2014年，第271页。
② 章培恒、喻遂生主编：《明史》，汉语大词典出版社，2004年，第3872页。

军还没出动，盗匪就已藏匿山林，官军一走，盗匪又出来活动，其中必有内奸。

经过一番排查，王阳明锁定了军中一名年老的隶卒：

> 军门一老隶奸尤甚。先生侦知之，呼入卧室，使之自择生死。隶乃输情吐实。[1]

生还是死，一道选择题攻破了"老隶"的心理防线。

王阳明清楚"老隶"并非十恶不赦之徒，只是迫于生存才成了匪寇的间谍。以诚动人，王阳明给了"老隶"改过自新之路；感恩戴德，"老隶"立功赎罪！将计就计，王阳明让"老隶"做起了双面间谍，一边给盗匪传递假消息，一边帮官兵获取新情报。

落一子而活全局，通过这出"反间计"，官军逐渐扭转态势，变以往的官军在明、盗贼在暗为现在的官军在暗、盗贼在明，形成了战略上的优势。摸到盗贼命门的王阳明，果断出击，速战速决，仅仅三个月就取得了剿匪首场胜利，狠狠地打击了南赣盗匪的嚣张气焰。

一场"苦情戏"成功诱杀顽匪

正德十三年（1518年）三月，王阳明奉命征剿广东浰头贼匪。

当时，浰头的匪首除了池仲容外，还有池仲宁、池仲安、高允贤、李全等，他们盘踞一方，自封王号，自设官职。数十年来，这帮匪寇多次进攻广东翁源、龙川、始兴，江西龙南、信丰、安远、会昌等地，杀害官军、抢掠村寨、屠杀百姓，致使民众居无宁日、苦不堪言。朝廷曾多次调集狼军进行围剿，却始终未能彻底平定匪患。

王阳明到后，采取了一系列安抚政策，不少贼匪感念诚心，纷纷归顺，而匪首池仲容却无动于衷。他说：

> 我等为贼非一年，官府来招非一次，告谕何足凭？待金巢等无事，

---

① 王守仁：《王阳明全集》（四），线装书局，2014年，第19~20页。

降未晚也。①

池仲容生性狡诈，绝非一般盗贼可比，他准备与官军周旋斗争。

为了麻痹官军，池仲容让弟弟池仲安先率两百老弱残兵假意归降王阳明，协助官兵剿匪，以探听官军情报虚实，寻机里应外合，一举消灭王阳明的官军。

障眼之法，王阳明尽知心中，他视若无事，将计就计。

王阳明一边"真情"欢迎池仲安，一边派人慰问池仲容，私下却买通池仲容亲信，让他们成为官军间谍，时刻掌握池仲容的想法和动向。这期间，池仲容以防备龙川新民贼匪卢珂、郑志高为由，大力加强防备。其实防卢珂、郑志高是假，防王阳明官军是真。而王阳明接了这招，与卢珂、郑志高演了一场"苦情戏"。

王阳明给龙川地区下发公文，表示对卢珂、郑志高的恶劣罪行十分愤怒，要求查实卢珂、郑志高罪行，开道讨伐。明面上声势浩大，暗地里王阳明与卢珂、郑志高早已密通。一切安排妥当后，王阳明将卢珂、郑志高抓到官府，杖打三十，收押大牢，并将其部属全部抓起来准备问斩，而实际上卢珂弟弟正收拢部众准备进攻浰头。真真假假，池仲容却以为自己略施小计，卢珂、郑志高便落得如此惨状，甚至连王阳明也任由摆布，心中不由大喜，信以为真。

王阳明见时机成熟，派出指挥余恩、赍历前往浰头犒劳，并让随从黄表、雷济等人趁机对池仲容说："官府如今待你们如此宽厚，为何不亲自前往表示谢意呢？而且卢珂等人日夜控诉你们，想让官府拘捕你们。如果官府要拘捕你们，你们不愿去，说明罪状属实。现在要是主动前往官衙与卢、郑等人当面对质，官府必定相信你们，将造谣的卢珂等人杀了。"这时池仲容身边已被王阳明收买的亲信随声附和，极力赞成此事。

远有亲弟弟的情报，近有身边亲信的赞成，池仲容动了心，他决定率领四十余人前往赣州。

---

① 王守仁：《王阳明全集》（四），线装书局，2014年，第28~29页。

在赣州，王阳明早已设下"鸿门宴"，坐等池仲容入瓮。失了大山的屏障，少了兵马的保护，池仲容在赣州就如老虎入笼，无处施展。王阳明本想给池仲容以活路，但"审其贪残终不可化，而士民咸诉于道曰：'此养寇贻害。'"①最终不得不下定决心处死池仲容。

情报制胜，信息制胜。注重收集情报是王阳明军事实践的一大特色。他的情报收集工作并不局限于战争开始前，而是贯穿整个战争始末。每个时刻王阳明都注意观察战争动态，收集实时情报，并作为下一步行动决策的依据。打入敌人内部的间谍成了王阳明因势而变的"反馈器"，也促成他在战场上知己知彼，百战不殆。

---

① 王守仁：《王阳明全集》（四），线装书局，2014年，第29页。

拔旗易帜："此心不动"的心理战

对于王阳明来说，打仗就是打心理战。

弟子钱德洪曾问王阳明："用兵有术否？"

王阳明回答说：

> 用兵何术，但学问纯笃，养得此心不动，乃术尔。凡人智能相去不甚远，胜负之决不待卜诸临阵，只在此心动与不动之间。[①]

在王阳明看来，如果非要说用兵有技巧，那就是此心不动，战场的胜负往往取决于用兵者心动与不动。王阳明的回答正体现他在实战中所强调的"攻心为上"原则。在战场上，王阳明充分把握心的特质，巧妙运用不同手段对敌方实施心理攻击，使其精神崩溃，斗志丧失，进而高效解决战争。

"攻心"的基础：先固己心

王阳明认为，只有自身内心强大，不受干扰，才能集中精力洞察他人所想，悟出他人所忧，击垮敌人心理防线，在战争中掌握主动权。所以，"攻心"，首先要固强本心。

"固心"的关键在除私欲去杂念，恢复"心"的本真状态。

王阳明提出"事上磨炼"，在动中省察克己，扫除私欲，塑强内心。他说：

> 是徒知静养而不用克己工夫也。如此，临事便要倾倒。人须在事上磨，方能立得住，方能"静亦定，动亦定"。[②]

王阳明认为，修心不能只靠"静坐"，要通过具体的事，尤其在逆境、困境中磨砺。静心修身体会的都是虚设的情境，不能保证遇事仍能做到处之泰然。譬如，很多年轻的士兵没有经过实战的考验，心中一腔热血，誓要杀

---

① 王守仁：《王阳明全集》（四），线装书局，2014年，第222页。
② 王守仁：《王阳明全集》（一），线装书局，2014年，第40~41页。

敌报国，但真到了战场，剑拔弩张、枪林弹雨，又有几人能镇定自若？

王阳明要求军队加强胆气训练，磨炼士兵心理素质。尤其是在用将方面，王阳明主张"御将不中制"。在战场上，王阳明主动下放权力，让手下将领拥有更大的自主决策空间，倒逼他们临机处置各种突发情况，增强应急能力和心理素质，做到独当一面。

作为统帅，王阳明早年在苦难中练就了强大内心。被贬贵州龙场，王阳明名誉官职俱损，衣食住行艰苦，但就是在磨难中，他悟出"圣人之道，吾性自足，向之求理于事物者误也""心即理，心即道，心外无物，心外无理，心外无事""万物森然于方寸之间，万事万物之理不外于吾心"，成就了坚强的内心，正如他自己所言：

> 某之居此，盖瘴疠蛊毒之与处，魑魅魍魉之与游，日有三死焉。然而居之泰然，未尝以动其中者，诚知生死之有命。不以一朝之患而忘其终身之忧也。[1]

此时的王阳明，即使是万钧之势难为心动，他内心勇猛、无惧，能经受住外界所有挫折、诱惑、羞辱、赞美，在战场自然就能攻心有术，运用自如。

"攻心"的战法：灵活多变

人心难猜，攻心难成，但心学大师王阳明，对于攻心他妙招不断、奇思无穷，宣传、威慑、欺骗、诱惑都成为他的制敌良策。

宣传，营造舆论压垮敌人

正德十四年（1519年），王阳明率领几千官兵，准备抗击宁王六万余叛军，如何取胜？

王阳明在造势。他这样做：

---

[1] 王守仁：《王阳明全集》（三），线装书局，2014年，第114页。

多写告示及招降旗号，开谕逆顺祸福，及写木牌等项，动以千计，分遣雷济、萧禹、龙光、王佐等分役经行贼垒，潜地将告示黏（粘）贴，及旗号木牌四路标插。[①]

王阳明通过写告示、插旗牌路标，大肆宣扬自己平叛的正义性，一方面提升己方士气，另一方面促使敌军在心理上产生挫败感、愧疚感、畏惧感，从而赢得心理优势。

对宁王大本营南昌发起总攻前两天，王阳明特意向南昌城内发出《告示在城官兵》，声明打击的目标是发动叛乱的首恶，其他人员一概无罪。

告示特别注明：总攻当天，王族应闭门不出，百姓可正常生活，官兵需缴械归顺，其余相关人员也应向官军投诚。这篇告示无异于一份作战政策宣传，不仅可安抚民心，还能分化敌人，避免出现全城皆反的局面。

随后在鄱阳湖的决战中，王阳明又制造数十万免死牌，投放江中，顺流而下。

时贼兵既闻省城已破，胁从之众俱欲逃窜无路，见水浮木牌，一时争取，散去不计其数。[②]

在兵法里既讲"围城必阙"，又说"置之死地而后生"，从不同方向阐述了军心的重要性，而王阳明的免死牌无异于在敌军心理上打开了缺口。免死牌告诉叛军放弃抵抗便可保全性命，瞬间引发了叛军强烈的求生欲望，击垮了落败叛军以死相抗的最后一道心理防线。

宣传并不局限于敌军，周边百姓也是重要对象。在征剿南赣匪患时，一般发动较大规模的战争行动，王阳明都会在军营和周边村寨发布贼寇罪行，并附以证据，说明官军行动的正义性和积极性。这样一来既可以激励官军士气，又可以得到周边村民的支持和拥护，陷盗贼于人民战争的汪洋大海中。

---

① 王守仁：《王阳明全集》（四），线装书局，2014年，第221页。
② 同上书，第222页。

威慑，借力造势震住敌人

流寇来袭，手无一兵一卒，王阳明靠气场退兵。

正德十二年（1517年），王阳明前往赣州赴任，途经江西万安时，碰上流寇抢劫商船，一行人恐惧万分。

目之所及，商船数十，王阳明有了主意，他将所有商船集中起来，连接成阵，同时擂鼓呐喊，佯作官船，气势逼人。

数百饥饿流寇，本只想劫掠钱财解困，不料遇到官船，见此形势，立即俯首参拜王阳明，并希望王阳明能救济他们。王阳明派人登岸传命："至赣后，即差官抚插。各安生理，毋作非为，自取戮灭。"①众人听后均深感敬服，随即散去。

商船变"官船"，人没有变，船没有变，王阳明将整体的气势气场一变，就对流寇形成巨大心理震慑，化险为夷。

威慑不仅可以应急，王阳明还用来智取地图。

正德十二年（1517年），王阳明率军抵达南康，听闻义官李正岩和医官刘福泰通敌。便将二人叫于帐前审问，但二人拒不承认。

王阳明倒不急，对他们说，就算真有此事，他也会赦免李、刘的罪，并要求他们留在军中戴罪立功。王阳明话中暗含威慑：李正岩和刘福泰只要在军中，他们的命就掌握在王阳明手中。

果不其然，当天晚上李、刘二人告知王阳明，桶冈、横水匪巢地势险要、道路狭隘、易守难攻。但有一泥瓦工名叫张保，参与过匪巢修筑，对地形十分熟悉，可找此人获得地图。

一环扣一环，张保进入了王阳明的视线。提来张保，王阳明声色俱厉，对他说，听闻你曾帮助贼匪修造山寨，此乃死罪。

张保本是老实人，一听死罪便两腿发软，忙解释，他也是因生计所迫，贼寇知他贪生怕死便要挟他。

王阳明一脸严肃，刚中带柔，对他说道：我暂不治你罪，你长期身居

---

① 王守仁：《王阳明全集》（四），线装书局，2014年，第19页。

匪巢，必知其中要害，现命你速速将山寨周边布局、兵力部署等情况如实告知。待我官军一举荡平匪巢，不仅免你死罪，还有重赏。

死与生，一瞬之间，张保心里乐开了花，立即要来笔墨纸砚，现场画图。随后官军根据张保画的地图，顺利进军，大破贼巢。

隐真，以虚虚实实迷惑敌人

正德十四年（1519年），宁王朱宸濠起兵造反，扬言要立刻攻打南京，再取北京。事发突然，朝廷仓促间难以应敌，任由宁王朱宸濠由江西直抵安庆，南京危在旦夕。

兵在哪里？人在哪里？王阳明需要时间。

为争取时间，王阳明制造了官军即将大举围攻南昌的假象，凭空"生"出了几十万大军，惊得宁王朱宸濠不敢妄动。

王阳明首先拟造了一份总督两广总制军务的都御史杨旦发出的紧急公文，公文大意是：奉兵部尚书王琼和都察院右副都御史颜颐寿之命，率领狼达土兵四十八万前往江西省府，命令沿途各军衙准备好粮草，支援行军，倘有违抗者，立即以军法论斩，等等。假造的公文由部下雷济找人带往南昌，并故意让其落入宁王手中。拿到这封伪造公文后，朱宸濠将信将疑，心中不免疑惧。

同时，王阳明大肆散布官军出动的各种消息，并与雷济伪造了回复兵部的手抄文书。这份文书先是编造了"许泰和郤永率地方军、刘晖和桂勇率京师周边部队各四万，分别从凤阳、徐州、淮水水陆并进，王阳明率兵两万，杨旦等人率兵八万，秦金等人率兵六万，从四面夹击南昌"的调兵命令，文后还附上王阳明的建议，大致意思是：与其把朱宸濠围困南昌，一时难以消灭叛军，不如各军缓慢进军，待朱宸濠进军南京时，在路上设伏消灭，还能生擒朱宸濠。文书写好后，王阳明再次派人前往南昌，故意使文书落入朱宸濠之手。

两份文书不足以完全迷惑宁王，还得从他身边人突破。王阳明派遣随员龙光前往吉安府安福县，设宴邀请当时已归顺宁王的刘养正的妻女，故意透露了两份文书的内容，借她们之口传达给刘养正。王阳明又派心腹到宁王部下李士实家中拜访，迷惑其家人说，王阳明只是奉旨行事，征集士卒只是走个形式，并非要与宁王作对。

几个动作一气呵成，哪个是真，哪个是假，宁王仍旧将信将疑。继续往东直取南京，还是回师南昌保住老巢，宁王眼前看到的是一层迷雾。他在十几天的犹豫中无所作为。这十几天却成了王阳明集聚军队的黄金时间，最终起兵仅四十余天，宁王就在回师南昌的途中被王阳明生擒。

在这之前，王阳明的部属曾对他制造假象的效果提出质疑，认为宁王不一定会上当。王阳明说："但得渠一疑，事济矣。"[1]

在王阳明看来，只要宁王一疑，事便成了。心疑则是心动，便有可乘之机，进而以假乱真，引导敌人按照自己的想法行动，最终实现战略意图，取得胜利。

诱惑，利益驱动拉拢敌人

据《王阳明全集》记载，王阳明曾向被他活捉的大匪首谢志珊请教招人之法：

先生问曰："汝何得党类之众若此？"

志珊曰："亦不容易。"

曰："何？"

曰："平生见世上好汉，断不轻易放过，多方钩致之，或纵其酒，或助其急，待其相德，与之吐实，无不应矣。"[2]

王阳明问谢志珊，你不过一介草民，如何能招募如此多的匪众？

谢志珊回答，这并不容易，每当他发现英武、神勇之士，就不会轻易错过。他会通过各种手段诱惑这些英勇之士，比如请喝酒或提供生活资助，直到这些

---

① 王守仁：《王阳明全集》（四），线装书局，2014年，第46页。
② 同上书，第27页。

人对他感恩戴德，他再将自己的真实想法告之，结果没有不响应跟随的。

谢志珊所用的这些手段便是收买人心的实质性举动。王阳明深谙其中道理，遂告诫自己的弟子：

吾儒一生求朋友之益，岂异是哉？[1]

王阳明指出，我们读书人一生想要广交朋友，和谢志珊的做法又有什么本质区别？

战场上，王阳明灵活运用"诱惑和收买"，解救胁从，化解战争。王阳明的"诱惑和收买"往往以"仁诚"买人心，效果奇佳。在征剿浰头匪患时，他先将牛马、酒肉、钱粮、布匹等物赠予贼匪，并发布告示《告谕浰头巢贼》劝其归降。告谕内容更是语重心长、感人至深。众多贼人被王阳明的举动和诚心感动，纷纷表示愿意归降朝廷。

"盖用兵之法，伐谋为先；处夷之道，攻心为上。"宣传、威慑、欺瞒……这些手段并非独立而行，往往根据实际情况综合运用。王阳明对这些手段拿捏得恰到好处，有效攻破敌人内心防线，以最快速度、最小代价取得战争胜利，可谓心理战的大师。

---

[1] 王守仁：《王阳明全集》（四），线装书局，2014年，第27页。

攻其不备："阳背阴袭"的运动战

正德十三年（1518年），王阳明向朝廷上报《三省夹剿捷音疏》，回顾南赣剿匪历程，提到他曾制定的一项临敌原则：

> 若贼势难为，兵力不逮，或先散离其党与，或阴诱致其腹心；声东击西，阳背阴袭，勿拒一议，惟求万全。①

王阳明要求官军，如果遇上比自己力量强大的贼匪，要么先分散贼匪的势力，要么把贼匪引入埋伏的中心，采取阳背阴袭、避实就虚的"突袭式"运动战，进而保全自己力量。

王阳明一生参与的剿匪、平叛战斗，大多以弱对强、以少对多，要取胜必须避开敌人主力，分散敌人，各个击破，"阳背阴袭"的运动战成了王阳明制敌不可或缺的战术手段。

用突袭实现逆转

正德十二年（1517年），王阳明刚到赣州巡抚衙门赴任，便听到前线传来战报：官军在福建、广东的围剿失利了。

听到这个消息，王阳明并不震惊，早在赴任途中他就了解了当地匪患情况及官军作战的策略部署。贼匪占据天然的地理优势，又熟悉官军作战习惯，而官军作战地形不熟、协同失调，胜败早已分晓。

走马上任，剿匪大任即将落于己身，一路上，王阳明都在思忖剿匪良策。王阳明分析，漳南一带的匪寇詹师富团伙刚刚战胜了官军，必定信心大增甚至有几分骄傲。王阳明心生一计，决定用行动"承认"这群匪寇的厉害，让匪寇得意忘形起来，再伺机歼灭。

大计已定，王阳明一上任便公开扬言：贼匪进山了，盘踞天险，一夫

---

① 王守仁：《王阳明全集》（二），线装书局，2014年，第73页。

当关万夫莫开，官军打不了，现在正值农耕，官兵都解散回家种地。他一边犒赏官兵，并撤出大帽山的官兵，一边放出风声，说是先围剿桶冈、横水之匪，秋后再进攻漳南。

詹师富团伙看王阳明这般举动，十分符合以往官军一失败就撤退的做派。于是开始杀猪宰牛，开怀痛饮，欢庆胜利。相反，桶冈、横水之匪听到消息，却加强防备，不敢轻举妄动。

但王阳明"知难而退"是假，麻痹敌人是真，这背后他做了周密安排。

军队解散时，他将士兵们散置在离漳南不远的地方，同时下了一道密令，明确：坚决剿匪，所有解散官军都要坚定剿匪决心，听从号令，随时准备出动；积极备战，暗中派出探子、间谍深入匪巢腹地探听收集各方情报，并要求解散的士兵三五成群暗中开展训练；明确分工，一旦战争打响，前面冲锋的士兵负责破敌，后面的重兵负责擒斩贼匪。

几天后，詹师富等人还沉浸在大胜的喜悦中，王阳明认为进攻时机已成熟。王阳明以护送地方官员之名，选派一千余精兵同行，而他自己则带了四千余重兵尾随其后。当官军行至象湖山附近时，突然对山寨中的贼匪发起猛烈攻击，贼匪猝不及防，四处逃窜。战役从辰时一直打到午时，贼匪一路退至象湖山中，詹师富收拾残兵决定固守于此。

连续强击，王阳明并没有给贼匪喘息的机会，官军兵分三路围攻象湖山。王阳明命令一路官军集中兵力猛攻防守较为薄弱的隘口，其余两路从侧后方进攻。很快官兵便从薄弱隘口突破了贼匪的防守，此时贼匪被正面进攻的官军所吸引，却忽视了从山寨背面突袭的官军。在前后夹击下，贼匪腹背受敌，死伤无数，落败而逃。詹师富弃阵逃往可塘洞，王阳明又下令围攻可塘洞，连续清剿了詹师富的四十余座山寨，直到彻底剿灭。

此次战役，王阳明主动出击，却又假装失败、麻痹敌人，看似放弃进攻，实则一直在积极备战，以退为进。

用精兵夜袭贼巢

漳南战役后，王阳明将剿匪重心转向南赣，准备先剿桶冈、横水、左溪之匪。刚打完胜战的官军士气大振，各省纷纷进言要"趁热打铁"，一举拿下南赣地区所有匪患。

湖广巡抚都御史陈金题建议王阳明，联合湖广、广东、江西三省官军夹击匪寇。王阳明找来三省官军指挥商议对策。开始各方自有意向，一番争论之后，三方一致同意依湖广之言先攻匪寇"咽喉"桶冈，只等王阳明这位统帅点头。王阳明冷静分析形势：

> 以湖广言之，则桶冈为贼之咽喉，而横水、左溪为之腹心。以江西言之，则横水、左溪为之腹心，而桶冈为之羽翼。今议者不去腹心，而欲与湖广夹攻桶冈，进兵两寇之间，腹背受敌，势必不利。今议进兵横水、左溪，克期在十一月朔。贼见我兵未集，师期尚远，必以为先事桶冈，观望未备。乘此急击之，可以得志。由是移兵临桶冈，破竹之势成矣。[1]

衡量利弊，王阳明认为，桶冈虽为"咽喉"，但官军进兵途经横水、桶冈的中间地带，处于两寇之间，易腹背受敌，此乃兵家大忌；而进攻横水、左溪，贼匪见官军近期未集大军，必然以为先攻桶冈而放松警惕，处于观望状态。

商议之后，王阳明让湖广官军大张旗鼓向桶冈方向进兵，自己则秘密率军前往横水、桶冈方向。横水、左溪匪寇见官军进军桶冈，防备之心大大降低。

出其不意，当湖广军队逼近桶冈时，王阳明的大军也出现在了横水地区。横水的谢志珊匪众听闻官军来剿，大吃一惊，纷纷鸣锣示警，迅速来到险要隘口修筑工事，抵御官军。

王阳明将大军分为十路，围攻横水谢志珊的匪巢。他亲率中路军进攻

---

① 王守仁：《王阳明全集》（四），线装书局，2014年，第26页。

十八面隘。

横水地区地势险要，贼巢隘口多在绝壁之上，攻破实为不易。老虎也有打盹之时，王阳明决定在夜间展开进攻。他先组织大军安营扎寨，命令士兵大量伐木、挖壕沟、造栅栏等，故意摆出一副长期驻扎的态势。

夜幕降临，王阳明让雷济、萧庚分别带领擅于攀爬的精兵和樵夫，携带武器、铁钩、套索等从悬崖峭壁间攀爬而上，潜至附近山顶匪巢外。王阳明让这些人在山顶提前堆好数千堆茅草，等第二天官军举兵之时，燃火策应。

第二天清晨，天还未亮，官军进攻十八面隘，贼匪据险迎敌，但听到远近山头炮火猛烈、烟焰四起，官军又喊声震天，贼匪以为官军已经攻入其巢穴，纷纷弃险退走，四处逃窜，十八面隘很快就被王阳明攻下。

顺利攻破十八面隘后，王阳明继续率官军夺取其他险要隘口，尽剿各隘口匪寇。谢志珊、萧贵模等人看王阳明连横水这天险都能轻易攻破，不禁惊慌失措，在各隘口贼匪被击溃后，匆匆向桶冈方向逃走。最终，官军攻破贼匪最后一处匪巢长河洞，顺利平定横水一带匪患。

这次战斗，王阳明"声东击西，阳背阴袭，后发先至"，成功实施突袭。前期，王阳明表面命令官军夹击桶冈，桶冈各山寨的贼匪也都做好了决一死战的准备，暗地却进军横水，让横水、左溪的贼匪猝不及防。当发现横水、左溪地势险要时，王阳明再次佯装停止进攻，却于当晚趁夜以精兵突袭。真真假假、虚虚实实，贼匪完全不知官军在何处，又会何时出现，而这正是王阳明攻其不备的运动战威力所在。

第十章
着眼人文化成的战后建设主张——
他以"教"为首，以"惩"为次

四十余天擒宁王，三个月荡平数十年匪患，战场上，王阳明速战速决。但王阳明的战争"期限"又出奇的长，因为他不仅要在战场决胜，还要在战后"化"人。

"破山中贼易，破心中贼难"，王阳明深刻认识到，只要"心中贼"不灭，就会生出无数"山中贼"，此起彼伏，平而复反，永无宁日。如此棘手，王阳明的目光向战后延伸，他要抢夺的制高点是人心，他要擘画的蓝图是万世太平。

从战场到战后，从人到人心，王阳明在摸索中形成了以"教"为首、以"惩"为次的战后建设主张。他每平定一处，往往教育先兴，乡约先立，社学先办，开化民智，启迪民心，改善民风。春风化雨，以文化人，人心向善了，民风淳朴了，秩序规范了，王道大行，百姓归心。

成德成圣的教育理念

按部就班从来就不是王阳明的作风。朱子学说风靡天下之时，他直指朱学弊端开创心学；时代教育固化僵化之际，他大胆突破"不泥于古"，形成了独具特色的教育理念。

教学方法：因地制宜

谪居龙场期间，王阳明曾写下《诸生来》《诸生夜坐》两首五言诗，描述他与龙场诸生一起探讨学术的快乐情景。

诸 生 来

简滞动罹咎，废幽得幸免。

夷居虽异俗，野朴意所眷。

思亲独疚心，疾忧庸自遣。

门生颇群集，樽罍亦时展。

讲习性所乐，记问复怀觍。

林行或沿涧，洞游还陟巘。

月榭坐鸣琴，云窗卧披卷。

淡泊生道真，旷达匪荒宴。

岂必鹿门栖，自得乃高践。

诸 生 夜 坐

谪居澹虚寂，眇然怀同游。

日入山气夕，孤亭俯平畴。

草际见数骑，取径如相求；

渐近识颜面，隔树停鸣驺；

投辖雁鹜进，携榼各有羞；

分席夜堂坐，绛蜡清樽浮；

鸣琴复散帙，壶矢交觥筹。

夜弄溪上月，晓陟林间丘。

村翁或招饮，洞客偕探幽。

讲习有真乐，谈笑无俗流。

缅怀风沂兴，千载相为谋。

随诗入境，王阳明与诸生在山林间一边游玩一边讨论学术，在草丛里席地而坐，或饮酒弹琴、或看书学习，十分轻松愉悦。王阳明寓教于乐，于生活中传道授业解惑，学生亦是乐在其中，兴趣浓厚，学有所得。

王阳明因地制宜、灵活教授的教学打破了以往过于模式化、固定化的课堂教学。他认为，高明的老师教学生，不会拘泥于以前固化的方法，重要的是懂得灵活教学使学生更好地吸收知识。

教学核心：其要皆所以明人伦

一生传道授业，王阳明的教育理念在实践中不断完善成熟。尤其是踏上征途后，历经战火硝烟，王阳明看尽人间百态沧桑，知尽人性善恶真伪，他希望发扬儒家德治传统，通过教育理论与实践的革新，拯救明王朝政治与道德危机。

王阳明的教育思想体系以儒家传统道德思想为最高参照，但不赞成传统教育把知识作为人格衡量的标准，他认为人要先"成德"。王阳明非常看重"德化"的力量。他在教授学生教化百姓时，通常讲的都是人伦道德，他说：

然三代之学，其要皆所以明人伦。①

---

① 王守仁：《王阳明全集》（一），线装书局，2014年，第77页。

> 非若后儒所谓充广其知识之谓也。[1]

在王阳明看来，儒家诞生之初，夏商周三代的学问，核心是讲明人伦道德，并非后辈儒生所强调的不断扩充学识。

王阳明在《象祠记》一文中也提到：

> 君子之修德，及其至也，虽若象之不仁，而犹可以化之也。[2]

王阳明认为，君子修养自己的德行，即使别人跟舜的异母弟弟象一样残暴，也能被感化。

山间野寇、彪悍乡民不会比象残暴，加以教化自然可弃恶从善。战后建设中，王阳明大力推崇"教以人伦"，不论市井百姓、不论老者幼童，受众十分广泛。如他所言：

> 今教童子，惟当以孝、弟（悌）、忠、信、礼、义、廉、耻为专务。[3]

教授年幼的孩童，更应该从最基本的孝顺、忠诚、诚信、礼仪、正义、廉耻等做人的品德开始。

教化盛行，王阳明平定地区的民风民俗得到极大改善。

教学目标：人人皆成德成圣

王阳明的教育思想阐发于他的心学思想，他教育的内容框架平行于他心学的体系结构。王阳明认为，世人首先要知晓并认可"心即理"学说，也就是坚持一切理皆由心生；再诚意正心地去做事、格物，落实"知行合一"的理念及要求，也就是懂得以诚意向心内求理；最后努力克服内心的私欲蒙蔽，实现成德业、致良知的目的。

循序渐进、由表及里。王阳明系统的教学就是其心学体系的构建过程，

① 王守仁：《王阳明全集》（三），线装书局，2014年，第228页。
② 同上书，第165页。
③ 王守仁：《王阳明全集》（一），线装书局，2014年，第105页。

而最终都将围绕"心"的修炼展开。他认为，做学问旨在成为圣人，每个人"本心"都是纯洁向善的，只是受到私欲、牵绊的蒙蔽而不一样，努力克服磨炼，任何人都可以成德成圣。

战后，王阳明教化乡民，就是引导他们加强自身修养，从内心感受道德良知，努力成为一个亦德亦圣之人。

敦风化俗的乡馆社学

正德十三年（1518年），南赣地区，百姓穿衣打扮得体，街头巷尾歌声欢快，人人坦诚相待、礼让谦恭，一派和睦繁荣的景象，替代了过去村民出门袒胸露背、行事鲁莽冲动，山野匪寇四处抢掠的混乱局面。

这一重大改变要归功于王阳明在南赣大力推行社学。据《王阳明全集》记载：

> 先生谓民风不善，由于教化未明。今幸盗贼稍平，民困渐息，一应移风易俗之事，虽未能尽举，姑且就其浅近易行者，开导训诲。即行告谕，发南、赣所属各县父老子弟，互相戒勉，兴立社学，延师教子，歌诗习礼。出入街衢，官长至，俱叉手拱立。先生或赞赏训诱之。久之，市民亦知冠服，朝夕歌声，达于委巷，雍雍然渐成礼让之俗矣。[①]

王阳明认为南赣地区民风彪悍的主要原因是民智未开、教化不行。于是兴办社学，教授诗歌礼仪之道，敦促民众消除心中的愚昧、怨气、邪恶。

兴办社学并非王阳明首创。社学是古代地方官府设立的启蒙学校，最早出现于唐代，兴盛于元代。从"乡间社学，以广教化，子弟读书，务在明理，非必令农民子弟人人考取科第也"等古人著作之言看出，社学一般不以科举入仕为目标，也不以学术宣讲为目的，主要负责民间子弟的启蒙教育，让他们掌握日常知识、伦理规范、行为习惯及法律常识等。

元明两代，社学的官立属性得到加强，创办社学必须获得政府批准方可。朝廷也在一些政策法令中明确规定了社学的办学方向以及部分教育内容。作为古代特殊的初等教育机构，社学逐渐成为统治阶级推行教化的重要形式。

王阳明看到了社学的这种特殊性，在战后建设中大量设立乡馆教学，发挥其敦风化俗的职能作用，以确保平定地区长治久安。中晚年时期，王阳明先后发布了十余道牌谕，推广社学。

南赣是王阳明最早平定的地区，也是他推行社学的起点。在南安、赣州

---

① 王守仁：《王阳明全集》（四），线装书局，2014年，第31页。

两府，王阳明曾颁发《兴举社学牌》《颁行社学教条》和《行雩都县建立社学牌》三块牌谕，大兴社学之风。

《兴举社学牌》是王阳明颁发的第一份兴办社学牌谕。正德十三年（1518年）四月，王阳明顺利剿灭浰头贼匪返回赣州，当即着手创办社学，下发《兴举社学牌》。牌谕内容为：

> 看得赣州社学乡馆，教读贤否，尚多淆杂；是以诗礼之教，久已施行；而淳厚之俗，未见兴起。为此牌仰岭北道督同府县官吏，即将各馆教读，通行访择；务学术明正，行止端方者，乃与兹选；官府仍籍记姓名，量行支给薪米，以资勤苦；优其礼待，以示崇劝。以各童生之家，亦各通行戒饬，务在隆师重道，教训子弟，毋得因仍旧染，习为偷薄，自取愆咎。①

《阳明先生文录》书影，明隆庆六年（1572年）刻本

---

① 王守仁：《王阳明全集》（二），线装书局，2014年，第255页。

王阳明认为当时赣州的社学存在"教读"队伍不够优良、百姓尊师重教的风尚没有形成、官府对社学乡馆管理扶持不力等问题，社学没有发挥应有作用，未能改善民风。

针对问题，王阳明大力整顿。精选师资抓队伍，他要求当地官员必须选派优秀的"教读"，并给予"教读"优厚的待遇；联合家长抓培养，要求社学子弟的家长要尊师重教，配合"教读"，共同完成好对"童生"的教育；官府出资抓保障，教舍建设、"教读"待遇以及部分"困难"学生补助费用均由官府出资。

在教学上，王阳明专门写了一篇《训蒙大意示教读刘伯颂等》告诫老师，要教授孩童伦理道德，而不是简单地背诵文章；要以诗歌陶冶情操，激发孩童智慧灵感；要顺应孩童天性，灵活运用教学方法；要多鼓励多表扬孩童的好品质，耐心教育，纠正其不良习惯。

《兴举社学牌》颁发后不久，王阳明为进一步解决"教读"的实际困难，规范社学的教育内容，颁布了第二块牌谕——《颁行社学教条》：

> 先该本院据岭北道选送教读刘伯颂等，颇已得人；但多系客寓，日给为难，今欲望以开导训诲，亦须量资勤苦，已经案仰该道通加礼貌优待，给薪米纸笔之资。各官仍要不时劝励敦勉，令各教读务遵本院原定教条尽心训导，视童蒙如己子，以启迪为家事，不但训饬其子弟，亦复化喻其父兄；不但勤劳于诗礼章句之间，尤在致力于德行心术之本；务使礼让日新，风俗日美，庶不负有司作兴之意，与士民趋向之心，而凡教授于兹土者，亦永有光矣。仍行该县备写案验事理，揭置各学，永远遵照去后。今照前项教条，因本院出巡忙迫，失于颁给，合就查发，为此牌仰本道府即将发去教条，每学教读给与二张，揭置座右，每日务要遵照训诲诸生。该道该府官员亦要不时亲临激励稽考，毋得苟应文具，遂令日就废弛。[①]

王阳明首先对"教读"客寄乡馆、日用为难的辛劳表示肯定，再次要求

---

① 王守仁：《王阳明全集》（二），线装书局，2014年，第259~260页。

官府着力解决"教读"的待遇薪资问题；随后着重对"教读""为人师表"的教育职责和社学教授内容做了规范，他强调"教读"要将社学子弟视为自己的子女，悉心教导，尤其是对其道德品质更要加强塑造。

正德十六年（1521年）十二月，王阳明特地颁布《行雩都县建立社学牌》，在雩都创办社学。牌谕内容为：

> 照得本院近于赣州府城设立社学乡馆，教育民间子弟，风俗颇渐移易。牌仰雩都县掌印官，即于该县起立社学，选取民间俊秀子弟，备用礼币，敦请学行之士，延为师长；查照本院原定学规，尽心教导；务使人知礼让，户习《诗》、《书》，丕变偷薄之风，以成淳厚之俗。毋得违延忽视，及虚文搪塞取咎。①

《行雩都县建立社学牌》是王阳明开始在县邑级别推行社学的标志。正德十五年（1520年），王阳明曾在雩都罗田岩和当地的一批弟子相聚，其中好几位后来都成为王阳明的得力谋士和学生，如何廷仁、黄宏纲等，包括稍后相识的袁庆麟也是被王阳明看重的雩都籍学者。袁庆麟曾接受江西督学邵宝曾的邀请，主持白鹿洞书院，赣州知府吴珏也曾请他为郡学施教，可谓小有名气。王阳明深感当时的雩都县文学之风盛行，文化学者颇多，具备了开展社学的优质资源。

经强力推行，社学风靡一时，尤其是南赣地区几乎每个县邑都在人口分布集中的地方建立社学。据清同治版《赣州府志》记载，当时的赣县出现了章水乡社学、长兴乡社学、大由乡社学、爱敬乡社学；兴国县也有了城南隅孝行坊社学、城北隅新安坊社学；长宁县建立了黄乡司故城社学；南康县创办了顺化乡社学、南良村社学；崇义县兴办了养正社学、志通社学、徙义社学、广业社学等。

短短几年，社学兴起，民风民俗有了极大的改善，出现了"市民亦知冠服，朝夕歌声，达于委巷，雍雍然渐成礼让之俗矣"的景象，足慰人心。

---

① 王守仁：《王阳明全集》（三），线装书局，2014年，第383页。

同心一德的乡约自治

正德十三年（1518年）十月，作为平定南赣数股匪患的最大功臣，王阳明却公然向民众检讨自己失职。

王阳明把南赣地区长期滋生盗匪、恶乱四起归结为自己和官府的责任。他认为，自己作为一方的管理者治理无道，教化无方，导致不少百姓沾染"绿林好汉"的匪气，背弃宗族上山为寇，四处作乱为害民众。

知责思进，检讨之后当有所作为，为改变这种长期养成的彪悍蛮横的民风，预防那些暂时屈于武力的贼匪再次作乱，王阳明决定在南赣地区订立乡约，加强教化管理。所谓乡约，即乡里公约，是中国古代农村基层的一种自治制度，由乡民自动、自发制定规矩约定，处理众人生活中面临的治安、经济、社会、教育等各方面的问题。一般认为，我国最早的成文乡约是北宋陕西蓝田吕大均制定的《吕氏乡约》。

王阳明在研究我国最早的成文乡约《吕氏乡约》的基础上，推出《南赣乡约》。约文大体分为两个部分，前半部分解释实行乡约制度的原因及益处：

> 咨尔民，昔人有言："蓬生麻中，不扶而直；白沙在泥，不染而黑。"民俗之善恶，岂不由于积习使然哉！往者新民盖常弃其宗族，畔其乡里，四出而为暴，岂独其性之异，其人之罪哉？亦由我有司治之无道，教之无方。尔父老子弟所以训诲戒饬于家庭者不早，薰陶渐染于里闬者无素，诱掖奖劝之不行，连属叶和之无具，又或愤怨相激，狡伪相残，故遂使之靡然日流于恶，则我有司与尔父老子弟皆宜分受其责。呜呼！往者不可及，来者犹可追。故今特为乡约，以协和尔民，自今凡尔同约之民，皆宜孝尔父母，敬尔兄长，教训尔子孙，和顺尔乡里，死丧相助，患难相恤，善相劝勉，恶相告戒，息讼罢争，讲信修睦，务为良善之民，共成仁厚之俗。呜呼！人虽至愚，责人则明；虽有聪明，责己则昏。尔等父老子弟毋念新民之旧恶而不与其善，彼一念而善，即善人矣；毋自恃为良民而不修其身，尔一念而恶，即恶人矣；人之善恶，由

于一念之间，尔等慎思吾言，毋忽！①

王阳明在约文开篇，主动承担造成南赣地区民俗趋恶的责任，接着指出父老乡亲家庭教育欠缺、氛围熏陶不够、奖惩导向疲软也是风俗日恶的原因，乡民对此也有一定的责任和义务。

移风易俗，人人有责。王阳明倡导在乡民之间订立仁厚的乡俗约定，明确善恶、公正奖罚，教化民众自觉孝敬父母、尊重师长、善待他人，形成和谐风气。

《南赣乡约》的后半部分是十六条详细的乡约乡规：

一，同约中推年高有德为众所敬服者一人为约长，二人为约副，又推公直果断者四人为约正，通达明察者四人为约史，精健廉干者四人为知约，礼仪习熟者二人为约赞。置文簿三扇：其一扇备写同约姓名，及日逐出入所为，知约司之；其二扇一书彰善，一书纠过，约长司之。

一，同约之人每一会，人出银三分，送知约，具饮食，毋大奢，取免饥渴而已。

一，会期以月之望，若有疾病事故不及赴者，许先期遣人告知约；无故不赴者，以过恶书，仍罚银一两公用。

一，立约所于道里均平之处，择寺观宽大者为之。

一，彰善者，其辞显而决，纠过者，其辞隐而婉；亦忠厚之道也。如有人不弟（悌），毋直曰不弟（悌），但云闻某于事兄敬长之礼，颇有未尽；某未敢以为信，姑案之以俟；凡纠过恶皆例此。若有难改之恶，且勿纠，使无所容，或激而遂肆其恶矣。约长副等，须先期阴与之言，使当自首，众共诱掖奖劝之，以兴其善念，姑使书之，使其可改；若不能改，然后纠而书之；又不能改，然后白之官；又不能改，同约之人执送之官，明正其罪；势不能执，戮力协谋官府请兵灭之。

一，通约之人，凡有危疑难处之事，皆须约长会同约之人与之裁处区画，必当于理济于事而后已；不得坐视推托，陷入于恶，罪坐约长约正诸人。

①　王守仁：《王阳明全集》（二），线装书局，2014年，第251~252页。

一，寄庄人户，多于纳粮当差之时躲回原籍，往往负累同甲；今后约长等劝令及期完纳应承，如蹈前弊，告官惩治，削去寄庄。

一，本地大户，异境客商，放债收息，合依常例，毋得磊算；或有贫难不能偿者，亦宜以理量宽；有等不仁之徒，辄便捉锁磊取，挟写田地，致令穷民无告，去而为之盗。今后有此告，诸约长等与之明白，偿不及数者，劝令宽舍；取已过数者，力与追还；如或恃强不听，率同约之人鸣之官司。

一，亲族乡邻，往往有因小忿投贼复雠（仇），残害良善，酿成大患；今后一应斗殴不平之事，鸣之约长等公论是非；或约长闻之，即与晓谕解释；敢有仍前妄为者，率诸同约呈官诛殄。

一，军民人等若有阳为良善，阴通贼情，贩买牛马，走传消息，归利一已，殃及万民者，约长等率同约诸人指实劝戒，不悛，呈官究治。

一，吏书、义民、总甲、里老、百长、弓兵、机快人等若揽差下乡，索求赏发者，约长率同呈官追究。

一，各寨居民，昔被新民之害，诚不忍言；但今既许其自新，所占田产，已令退还，毋得再怀前雠（仇），致扰地方，约长等常宜晓谕，令各守本分，有不听者，呈官治罪。

一，投招新民，因尔一念之善，贷尔之罪；当痛自克责，改过自新，勤耕勤织，平买平卖，思同良民，无以前日名目，甘心下流，自取灭绝；约长等各宜时时提撕晓谕，如蹈前非者，呈官征治。

一，男女长成，各宜及时嫁娶；往往女家责聘礼不充，男家责嫁妆不丰，遂致愆期；约长等其各省谕诸人，自今其称家之有无，随时婚嫁。

一，父母丧葬，衣衾棺椁，但尽诚孝，称家有无而行；此外或大作佛事，或盛设宴乐，倾家费财，俱于死者无益；约长等其各省谕约内之人，一遵礼制；有仍蹈前非者，即与纠恶簿内书以不孝。

一，当会前一日，知约预于约所洒扫张具于堂，设告谕牌及香案南向。当会日，同约毕至，约赞鸣鼓三，众皆诣香案前序立，北面跪听约正读告谕毕；约长合众扬言曰："自今以后，凡我同约之人，祗奉戒谕，齐心合德，同归于善；若有二三其心，阳善阴恶者，神明诛殛。"众皆曰："若有二三其心，阳善阴恶者，神明诛殛。"皆再拜……乃出席，以次东西序立，交拜，兴，遂退。①

第一条约定，明确了乡约体系的职务设置。从最高级别的约长依次往下为约副、约正、约史、知约、约赞。乡约设有三本记录文簿，"置文簿三扇：其一扇备写同约姓名，及日逐出入所为，知约司之；其二扇一书彰善，一书纠过，约长司之"，知约负责一本，登记同约人名册，约长负责两本，一本表彰善行，一本罚纠恶行。

第二、三、四条约定，要求同约人会议每月召开一次，不能无故缺席，召开地点应选择宽敞的寺观，会议期间的食物饮品由大家凑钱准备。

第五条约定，规范了"彰善纠过"的具体原则，"彰善"要明显而坚决，"纠过"需注意场合、言辞委婉。

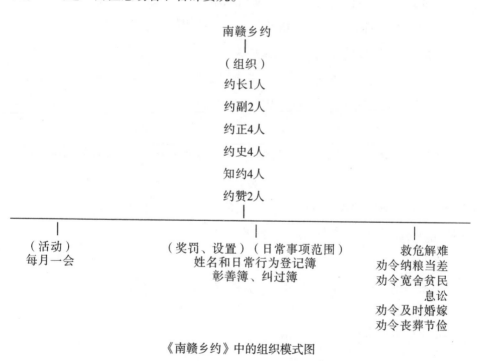

《南赣乡约》中的组织模式图

---

① 王守仁：《王阳明全集》（二），线装书局，2014年，第252~254页。

约定第六至十五条，从政治、道德教育、军事训练、生活事务处理等多方面对不同身份的乡民提出了具体要求。

最后一条约定，对第一次立约会议及日常需召开的彰善纠过会议的组织流程、约长至普通约民的发言做了全面细致的规范。

《南赣乡约》正式推行后，南赣地区的社会秩序逐渐走向正规。据嘉靖《瑞金县志》记载：近被政教，甄陶稍识，礼度趋正，休风惟日有渐矣。习俗之变存乎其人也。

乡约的推行让民众懂得讲礼节识风度，民风习俗得到很大改善。

能取得如此效果，既有乡约本身的科学性，更有王阳明因地制宜、"运筹帷幄"之功。

推行乡约过程中，王阳明结合当地乡民的血缘和地缘关系等环境条件，让乡民自主推荐"年高有德为众所敬服者""公直果断者""通达明察者""精健廉干者""礼仪习熟者"担任乡约组织的各级负责人，搭建了一个过硬的管理班子，从而强化了乡约组织的约束力、公信力和执行力。

对于乡约组织的工作运转，王阳明没有因为是官府倡导而过多干涉，反而给予乡约组织较大的独立自主空间。如约长、约副、约正、约史、知约和约赞等人均由乡民自主推选产生，日常事务处理也由约长集合同约人共同商议决定。

王阳明在推行乡约时也有霸道的一面。在倡导乡民互相尊敬、加强团结的同时，王阳明在乡约中强制性规定乡民不能无故缺席乡会，要求每一个乡民参与乡约组织的所有事务，每个乡民的意见都可以在集会中表达，以保证在处理事务时能取得相对公正且一致的结果。

乡约制度，是王阳明关于战后建设的创新，是对乡村自治的早期探索，百姓在相互监督中感悟"良知"、去恶存善，极大降低了"民乱"产生概率。《南赣乡约》推行后，王阳明又结合实际进行了补充完善，加之其弟子的宣扬，乡约制度逐渐受到重视。

明代中后期，乡约制度逐渐从南赣地区扩展至全国，影响越来越大，成了维护社会稳定的重要机制。

第四部分
王阳明"儒兵合一"囚在哪

　　"儒兵合一"不是王阳明独创，也不是王阳明所处明朝独有趋势。"儒兵合一"，是时代的产物，是历史长河里多因素综合作用的结果；王阳明"儒兵合一"，既有历史的传承，也有时代的需要，还有个人的努力。

　　从历史渊源看，儒家和兵家自春秋战国立说成家，诸子先贤即在"尊王攘夷"的稳定环境中，在百家争鸣的大舞台上，相互借鉴，成人之美，各美其美，美美与共；从发展过程看，既有政治集团的不懈努力，也有思想文化的潜移默化，还有军事技术的发展突破，综合作用下，"儒兵合一"渊远而流长；从明代危机看，是时代给了王阳明携笔从戎的机会，是时代给了王阳明践行"儒兵合一"的岗位平台；从个人成长看，深受儒学熏陶、具有文治武功、践行"知行合一"的王阳明，通过自己主观努力，使"儒兵合一"历经二千年后，深深打下了王阳明的烙印，奏出了最强的乐章。

　　本部分旨在以大历史观的视角，透过历史烟云，立足所处时代，剖析个人特质，揭示王阳明"儒兵合一"的必然性，对王阳明"儒兵合一"形成原因进行全息投影，全面分析。

第十一章
从春秋战国看"儒兵合一"的历史渊源

　　转过历史的拐角，儒家和兵家回眸相遇，恰如性格迥异的夫妻，阴与阳，内敛与刚毅，含蓄与张扬，终在相知互补中走向融合。

　　儒家主张施行仁政达到国家富强，超越了残酷现实的羁绊，但在实力为王、弱肉强食的生存环境中缺乏有效手段。

　　兵家奉行实利主义，主张通过"霸道"争取国家利益，是平世之法但非治世之道。

　　天下之大，儒家和兵家都无法涵盖所有方面，独自撑起历史使命。而春秋战国时期稳定统一的环境、百家平等的交流、诸子先贤的引领，为"儒兵合一"的发展提供了活水源头。

"尊王攘夷"撑起了稳定发展之伞

历史的巧合总能为文明发展带来惊喜，儒家和兵家都在春秋战国应运而生，共沐风雨，相伴前行。

儒家的根在哪里？

据《汉书·艺文志》记载：

> 儒家者流，盖出于司徒之官，助人君顺阴阳明教化者也。游文于六经之中，留意于仁义之际，祖述尧舜，宪章文武，宗师仲尼，以重其言，于道最为高。[1]

这段文字道出了儒家出自"司徒之官"，以及孔子儒家宗师的地位。孔子的地位，哲学家冯友兰曾在《中国哲学简史》中讲道：

> 至于孔子，的确是这一家（儒家）的领袖人物，说他是它的创建人也是正确的。[2]

在孔子的探索下，儒家在春秋战国开始立说成派。

兵家之"兵"，有武备、战争的意味，兵家的发展似乎远早于儒家，实则不然，虽然军事实践可远溯至原始社会，但有兵事而无兵学，"家"的称号还需理论作支撑。

春秋战国时期，孙子、吴起、白起、孙膑等带兵将领，他们一边征战沙场，一边著书立说。《汉书·艺文志》中记录的兵书就有五十三家七百九十篇。在这一时期，既有兵事又有兵学，意味着兵家在儒家出现之时亦顺势而生。

春秋战国是儒家和兵家孕育的关键时期，若有差池极易"流产"，而它们也确非在"温室"中沐浴春光，幸得"尊王攘夷"为它们撑起了稳定融合的保护伞。

---

[1]　班固：《汉书》，中华书局，1962年，第1728页。

[2]　冯友兰：《中国哲学简史》，北京大学出版社，1985年，第40页。

公元前770年，周平王将国都东迁洛邑，史称东周，从此诸侯逐渐崛起，周朝威望一落千丈，失去了号召天下、统领诸侯的实力。各诸侯国或为扩张、或为生存，刀剑相向、你争我夺，中原大地战火纷飞、生灵涂炭。

屋漏偏逢连夜雨，乱象之下偏引来外族①觊觎，他们时常袭扰边境，大有入侵中原之势，华夏民族的上空乌云滚滚，中华文明面临着严峻的考验。

灾难当前，齐桓公②首先站出来，拿出了解决方案——"尊王攘夷"。

齐桓公三十五年（前651年），齐桓公请来周朝使者，会同天下诸侯，在葵丘主持召开盟约大会，提出"尊王攘夷"的号召，即"尊周室，攘夷狄，禁篡弑，禁兼并"，意思是必须尊崇周朝和天子权威，共同抵抗外族骚扰，禁止篡逆弑君，禁止兼并其他国家，简单说就是重新确立周天子地位，建立共同抵御外敌的民族统一战线。一呼百应，一诺千金，在"尊王攘夷"旗帜下，齐国率领各国联军组成对外作战的军事联盟。实际上，早在定盟之前齐国已频频采取军事行动，率领联军打击外族内侵。

据《史记·齐太公世家》记载，公元前663年，山戎攻击燕国，燕国向齐国求救，齐桓公率领军队直奔燕国，打击山戎。

据《左传·闵公元年》记载，公元前661年，外族攻打邢国，在管仲的劝说下，齐桓公出兵邢国，驱赶外族内侵。

据《史记·齐太公世家》记载，公元前660年，外族作乱，卫文公请求支援，齐国在赶走外族后还为卫国新建都城。

这些军事行动有力打击了外族的袭扰，对华夏文明的发展具有深远的历史意义。

孔子曾高度评价管仲③及"尊王攘夷"。

---

① 外族，多指来自中原以外地方的部族，主要是指长城以北的游牧民族和楚国及其南部的部族等，随着炼铁技术的提升，外族战斗力难与中原各诸侯国抗衡，到战国末期其影响日渐减弱。

② 齐桓公（？—前643年），春秋五霸之首，春秋时代齐国第十五位国君，姜姓，名小白。齐桓公在位期间，任用管仲为相，推行改革，实行军政合一、兵民合一的制度，齐国逐渐强盛。

③ 管仲（？—前645），名夷吾，辅佐齐桓公九合诸侯，"尊王攘夷"就是他的重要主张。

子贡曰："管仲非仁者与？桓公杀公子纠，不能死，又相之。"子曰："管仲相桓公，霸诸侯，一匡天下，民到于今受其赐。微管仲，吾其被发左衽矣。岂若匹夫匹妇之为谅也，自经于沟渎而莫之知也。"①

孔子把管仲推至崇高的地位，他认为如果没有管仲力推"尊王攘夷"，以至"一匡天下"，就难以组织强大的军事力量来对抗外族入侵等，大家可能陷于"被发左衽"的状态，沦为外族的奴隶。

在外族入侵的现实压力下，"尊王攘夷"所形成的统一战线，成为各国共识，内化为使命担当，有力抵抗了袭扰。相对稳定的内部环境，避免了华夏文明因外族的冲击而中断，儒家和兵家得以在稳定的环境中创建发展。

从长远来看，"尊王攘夷"为天下统一提供了思想启迪和发展模式。在"尊王攘夷"号召下，各国以军事联盟形式构建了别于周朝的新体系，联盟中的"诸侯长"代替周天子成为新权威，天下一统的观念逐渐深入人心。

四百三十年后（前221年），齐国君主田建入秦投降，标志着中国首次实现大一统。从此儒家和兵家活跃于统一的国家里，面临相同形势，破解相同问题，融合更加集中，碰撞更加直接，"儒兵合一"进入新时代。

---

① 陈明主编，韩成才、李军政注：《论语 孟子》，新星出版社，2016年，第175页。

百家争鸣搭建了交流交锋之台

百家争鸣是一场思想文化的盛宴，在历史波涛的淘漉下，惊艳开局。这是一个争锋的舞台，诸子百家争相登台，你方唱罢我方上，抑或同台辩高低；这是一个交流的舞台，学术至上，真理至上，既主张鲜明又谦逊好学，在论战中诸子百家借鉴他人自我"进化"，百家交锋逐渐走向交流交融。作为百家中两大重要学派，儒家和兵家也在思想大融合的氛围中相互关注、借鉴补充。

这里有平等交流的宽松环境

历史发展有着时代的背景和动力，百家争鸣的出现离不开各国变法图强的助推。

在今天的河北定兴县北章乡，平原之上仍然突兀着一座土山，轮廓清晰，那便是两千多年前的黄金台。风雨洗刷，断垣残壁，那个时代求贤若渴的急切心态在岁月沧桑中摹刻。

《定兴县志》康熙十二年（1673年）记载：

> 黄金台燕昭王筑，礼郭隗以致士。乐毅剧辛先后至。故址在县西三十里北章村。

燕昭王[①]，中兴之君，"于破燕之后即位"。昭王本是燕国公子，不曾想燕国发生内乱，齐国乘乱谋利，攻打燕国。国破城陷，国恨家仇，在屈辱下即位的昭王励志图强，广招人才，他曾对谋士郭隗表露内心：

> 孤极知燕小力少，不足以报。然诚得贤士以共国，以雪先王之耻，孤之愿也。[②]

只要能富国强兵，报仇雪恨，不管是谁，昭王连江山都愿意与之共享。

---

① 燕昭王（？—前279），本名姬职，春秋战国时期燕国第三十九任君主，史称燕昭襄王。
② 司马迁：《史记》，中华书局，1959年，第1558页。

精诚所至，金石为开。被打动的郭隗，给昭王出了个主意。郭隗要昭王拜他为师，让天下人都看到以郭隗之才即可在燕国立足扬名。如此待遇，学富五车、才高八斗的贤士，必然视燕国为实现人生价值的重要舞台。

昭王当即修筑黄金台①，设坛拜师，正如郭隗所预计的那样，乐毅、剧辛等名士纷纷来到燕国。人才集聚，思想裂变，燕国进入改革变法时代，国力日渐强盛。

君子报仇，十年不晚。有了强大的国力，昭王等来了复仇机会，最终派出乐毅率领联军直奔齐国，连下七十二城，一雪前耻。

燕昭王的变法图强是那个时代的一声呐喊，是历史洪流撞击礁石激起的巨浪。春秋战国时期，各国都想在大变局中率先站稳，急切地进行变法图强，先后有魏国李悝变法、楚国吴起变法、秦国商鞅变法、韩国申不害变法、赵国胡服骑射等。

物与时移，变法成为时代强音，人才成为各国争夺的战略资源，人才的地位也在悄然中发生变化。《孔丛子》记载了孔子之孙孔伋分析这种变化时说的一段话：

> 时移世异，各有宜也。当吾先君，周制虽毁，君臣固位，上下相持若一体然。夫欲行其道，不执礼以求之，则不能入也。今天下诸侯方欲力争，竞招英雄以自辅翼，此乃得士则昌，失士则亡之秋也。②

孔伋，处于春秋战国之交，时代剧变，风云起伏，他看到了人才的地位大幅度提升，他认为"得士则昌，失士则亡"的时代已经到来。在此背景下，各国为招纳贤士开出了优厚条件，为各学派发展提供了相对宽松的学术环境，用我则留、不用则去成为各派的通常做法和自由权利，学术在流动中日渐融合。

---

① 黄金台，亦名招贤台，燕昭王为郭隗所筑。据史料考证，筑台时间起于公元前310年，当时只言筑台，并无"黄金"二字，自南朝宋文学家鲍照《放歌行》"岂伊白璧赐，将起黄金台"后，黄金台之名开始沿用。

② 王钧林、周海生译注：《孔丛子》，中华书局，2009年，第94页。

这里有"学在四夷"的相互补充

孔子被尊为圣人，供奉文庙，但他追求知识，谦虚好学，历史上一直流传着"孔子师郯子"的典故。《左传》有载：

秋，郯子来朝，公与之宴。

昭子①问焉，曰："少皞氏鸟名官，何故也？"

郯子曰："吾祖也，我知之。昔者黄帝氏以云纪，故为云师而云名；炎帝氏以火纪，故为火师而火名；共工氏以水纪，故为水师而水名；大皞氏以龙纪，故为龙师而龙名。我高祖少皞挚之立也，凤鸟适至，故纪于鸟，为鸟师而鸟名：凤鸟氏，历正也……自颛顼以来，不能纪远，乃纪于近，为民师而命以民事，则不能故也。"

仲尼闻之，见于郯子而学之。既而告人曰："吾闻：'天子失官，学在四夷'，犹信。"②

鲁昭公十七年（前525年），郯子在鲁国受到昭公热情招待。席间，叔孙昭子询问少皞氏以鸟命名官职的事。

郯子侃侃而谈，将黄帝以云、炎帝以火、共工氏以水、大皞氏以龙和少皞氏以鸟命名官职的缘由娓娓道来，满座皆惊，无不叹服。散席后，被郯子渊博学识打动的孔子登门请教。

受教归来后，孔子难以平复心中的激动，认为以前听说的"天子失官，学在四夷"一点也不假。

孔子的感叹蕴含着一个时代的色彩。

清代学者章学诚在《文史通义·史释》里对周朝官学制度有过生动的描述：

三代盛时，天下之学，无不以吏为师。《周官》三百六十，天人之学备矣。其守官举职而不坠天工者，皆天下之师资也。③

在周朝，所有文化学术资料均在官府，官府就是学校，而官员成了特殊

---

① 昭子（？—前517年），即叔孙昭子，春秋时代鲁国政治家、外交家。

② 左丘明：《左传》，中华书局，2012年，第1845~1846页。

③ 章学诚：《文史通义》，上海古籍出版社，2008年，第70页。

的学生，且官员多为世袭，普通百姓几乎没有学习的机会。

随着周朝统治地位的下降，内部政治斗争不断，一股出走潮在周官中悄然兴起。如《左传》中记载，周景王死后，王子朝争夺王位失败，率领众人带着典籍出走楚国：

> 召伯盈逐王子朝。王子朝及召氏之族、毛伯得、尹氏固、南宫嚣奉周之典籍以奔楚。[1]

浪潮里的他们，或为贵族，或为史官，或为乐师，带着"典籍"出走四方，学术逐渐下移到"四夷"，扩散到民间。官学普及，私学兴起，以不同的官学为基础发展出了不同的学术流派。

据《汉书》记载：

> 儒家者流，盖出于司徒之官，助人君顺阴阳明教化者也。
>
> 道家者流，盖出于史官，历记成败存亡祸福古今之道，然后知秉要执本，清虚以自守，卑弱以自持，此君人南面之术也。
>
> 法家者流，盖出于理官，信赏必罚，以辅礼制。
>
> 墨家者流，盖出于清庙之守。[2]

儒家来自司徒之官，道家出自史官，法家源于理官，墨家本是清庙之守，百官衍化成了百家。

由百官而生众流派，在源头上就决定了其局限性。百官各司其职，分工配合，构建了一套相对完备、高效的国家运转系统，但若各官独立单干则其功能相对有限，甚至失效瘫痪。同样，以官学为基础拓展而来的学术流派，本身就有着官学功能延伸的意味，这就决定各学派之间在保持各自特色不断发展完善的同时，始终无法完全替代整套官学所涵盖的功能，无法解决遇到的所有问题。

在百家争鸣的浪潮中，各学派的不足成为他人攻击的软肋和不得不补的短板，诸子先贤开始在思想争锋中审视自身、完善学说。

---

① 左丘明：《左传》，中华书局，2012年，第2000页。
② 班固：《汉书》，中华书局，1962年，第1728、1732、1736、1738页。

正如《汉书》所言：

　　若能修六艺之术，而观此九家之言，舍短取长，则可以通万方之略矣。[①]

各家之言均有所长，只有综合各家所长，实现最优组合，才能达到"通万方之略"的目标，这句话揭示了百家互学的必然性、百家争鸣走向大融合的必然性。在融合的浓烈氛围中，各家刀口向内，革癣除疮，主动从其他学术思想中汲取智慧、弥补不足，尤其是儒家和兵家，在学术互补和现实发展的推动下，融合更加广泛和深刻，与其他学派共同探索出了"儒兵合一"的早期雏形。

---

① 班固：《汉书》，中华书局，1962年，第1746页。

诸子先贤引领了求知探索之路

在百家争鸣的大背景下，诸子先贤如孔子、孟子、荀子、孙子、墨子、韩非子等，他们有的来自儒家，有的来自兵家，有的来自墨家，有的来自法家，虽有流派之别，但他们共同的求知探索成为"儒兵合一"初期发展的重要推力，也为后学推动和践行"儒兵合一"起到了示范引领的作用。

孔子：既守"仁""礼"，又重"武备"

孔子（前551—前479），名丘，字仲尼，春秋末期鲁国陬邑（今山东曲阜）人，著名的思想家、教育家、哲学家，儒家学派创始人。

孔子学说的核心是"仁"，要求统治者施行"仁政"，以德治国，强调礼乐秩序，同时他还是兴办私学的先驱，提出了"有教无类""因材施教"等诸多教学理念。但《史记》刻画了他的另一面。

> 其明年，冉有为季氏将师，与齐战于郎，克之。季康子曰："子之于军旅，学之乎？性之乎？"冉有曰："学之于孔子。"[1]

孔子弟子冉有为鲁国权臣季氏统率军队，在郎邑与齐国作战，大败齐军。

胜利归来，季康子惊叹冉有的军事才能，就问："你的军事才能如此突出，是从谁身上学习来的呢？还是天生的呢？"

冉有提到了老师孔子，满是感激地说："这些都是从老师孔子那里学的。"冉有的回答揭示了孔子不仅是坚守"仁""礼"的不屈斗士，还是重视军事的有识之士。

作为儒家创立者，孔子的伟大之处在于创立儒家的同时还以开放包容的态度，吸纳其他学派思想，尤其对兵家的关注开启了"儒兵合一"的先期探索。

----

[1] 司马迁：《史记》，中华书局，1959年，第1934页。

据《史记》记载，孔子曾说：

> 有文事者必有武备，有武事者必有文备。①

进行文事需要有军事上的准备，进行军事活动需要政治上的准备，"文事"和"武备"作为战略互补，相互支撑，这是孔子对"儒兵合一"较为原始的表述。

孔子还以战争权为尺度来衡量天下是否有"道"。他认为：

> 天下有道，则礼乐征伐自天子出；天下无道，则礼乐征伐自诸侯出。②

孔子认为只有天子才能发动战争讨伐他人，诸侯没有征伐的权力，因此"征伐自天子出"是"有道"，"征伐自诸侯出"则是"无道"的表现。所谓"道"，显然是"仁"和"礼"之道，所以孔子战争观的突出特点是遵循周礼，维护周天子尊严，带有明显的政治倾向。

同时，孔子还十分注重军队的重要性，曾在回答子贡问题时进行了阐述。

> 子贡问政。
>
> 子曰："足食，足兵，民信之矣。"③

孔子的回答阐述了保持强大军事力量是治国理政重要基础的道理，他认为保持强大的军事存在有着不可替代的作用，不容忽视。

孔子还对战备工作提出了自己的看法。

> 子曰："善人教民七年，亦可以即戎矣。"
>
> 子曰："以不教民战，是谓弃之。"④

经过"七年"训练，即使是普通民众也可以成为军人，参加战斗，如若"不教民战"则是白白牺牲他们。孔子将训练人民作战视为国家所要完成的基本任务，他认为这是对人民负责的表现，也是儒家强调人文关怀的现实要求。

作为儒家先师，孔子在坚持儒家理想的同时，理性地看到了军事力量的

---

① 司马迁：《史记》，中华书局，1959年，第1915页。
② 陈明主编，韩成才、李军政注：《论语　孟子》，新星出版社，2016年，第206页。
③ 同上书，第145页。
④ 同上书，第166页。

重要性，他对军事的关注，为后世儒家弟子发展"儒兵合一"树起了标杆。

孟子：用儒家视角评判兵家战争

孟子（前372—前289），名轲，字子舆，邹（今山东邹城）人。他是孔子之孙孔伋的再传弟子，战国时期伟大的思想家、教育家，与孔子并称"孔孟"。

在学说上，他主张法先王、行仁政，提出"民贵君轻"等思想，将儒家"仁"扩展到"义"，被后世尊称为"亚圣"。战争本是兵家"主业"，但儒家"亚圣"孟子却主动给战争分了类，划出一条"红线"。

从历史经验看，战争权往往掌握在君主手中，战争也成为他们实现个人目的的重要手段。战国时期，各国为了人口、土地等剑拔弩张，生死相决，战争胜似家常便饭。

可孟子站出来说，这些战争不合道义，不能出兵，不得任性。

孟子首先对发动战争的权限进行了规定。

> 春秋无义战。彼善于此，则有之矣。征者，上伐下也，敌国不相征也。[①]

孟子的标准是"以上伐下"，只能是上级讨伐下级，只能是天子讨伐诸侯，诸侯之间不能相互攻击，诸侯更不能讨伐天子，这是对孔子"征伐自天子出"思想的继承，给战争套上了"紧箍咒"。

接着，孟子将战争分为正义和非正义两大类。

他认为诸侯为个人利益而发动的战争毫无正义可言。他说：

> 争地以战，杀人盈野，争城以战，杀人盈城，此所谓率土地而食人肉，罪不容于死。

> 故善战者服上刑。[②]

对于这些为个人"争城""争地"利益而发动战争的诸侯，其结果就是

---

① 陈明主编，韩成才、李军政注：《论语 孟子》，新星出版社，2016年，第441页。

② 同上书，第347页。

杀人盈城，血流成河。孟子把这看成变相的"食人肉"，行为可耻，非人所为，"罪不容于死"，应该服"上刑"。

相反，对于解救人民于水深火热，维护社会安全稳定，保家卫国的战争，属于正义之举，值得一战。孟子说：

> 地方百里而可以王。王如施仁政于民，省刑罚，薄税敛，深耕易耨。壮者以暇日修其孝悌忠信，入以事其父兄，出以事其长上，可使制梃以挞秦楚之坚甲利兵矣。彼夺其民时，使不得耕耨以养其父母，父母冻饿，兄弟妻子离散。彼陷溺其民，王往而征之，夫谁与王敌？故曰："仁者无敌。"王请勿疑！①

孟子先提出了"仁政"标准，要求减轻刑罚、减少税赋等，如果国家实行这些"仁政"，其子民就足以打败秦楚等强国的军队。然后孟子又反向分析了不爱惜人民的情况，对于"彼陷溺其民"的国家，他给出的答案是"王往而征之"，出兵讨伐，并对作战结果进行了预测，那就是仁者无敌，所向披靡，必将成功。

慷慨激昂，一番言辞正是孟子借助兵家力量来践行儒家理想的行动宣言和政治号召。

孟子还强调"道"对战争的决定性作用，阐述了政治因素对战争的影响。他说：

> 天时不如地利，地利不如人和。三里之城，七里之郭，环而攻之而不胜。夫环而攻之，必有得天时者矣，然而不胜者，是天时不如地利也。城非不高也，池非不深也，兵革非不坚利也，米粟非不多也，委而去之，是地利不如人和也。故曰：域民不以封疆之界，固国不以山溪之险，威天下不以兵革之利。得道者多助，失道者寡助。寡助之至，亲戚畔之；多助之至，天下顺之。以天下之所顺，攻亲戚之所畔，故君子有不战，战必胜矣。②

---

① 陈明主编，韩成才、李军政注：《论语 孟子》，新星出版社，2016年，第258~259页。
② 同上书，第299页。

孟子分析，占据有利天时条件还不能取胜，那是因为地利条件更为重要；占据有利地形还不能取胜，那是因为没有得到人心。层层比较，孟子揪出了决定战争胜负的核心因素——人和，即人心向背。要想得人心就得行"王道"施"仁政"，才能"以天下之所顺，攻亲戚之所畔"，才能"战必胜"。孟子的阐述强调了儒家和兵家调和的必要性，深刻揭示了"儒兵合一"的必然趋势和重要作用。

荀子："禁暴除害"方为"仁人之兵"

荀子（约前313—前238），名况，号卿，战国末期赵国（今河北邯郸）人，著名思想家、文学家、教育家、政治家，儒家杰出代表。

荀子在儒家"仁"和"义"的基础上进一步强调"礼"的作用。他说：

> 人无礼则不生，事无礼则不成，国家无礼则不宁。[①]

荀子认为礼是万物运行的根本大法，人没有礼就不能生活，事情不按礼的规矩就不能成功，国家不尊崇礼法就不会安宁。

荀子始终还是反对迷信和天命的先驱。他说：

> 天行有常，不为尧存，不为桀亡。应之以治则吉，应之以乱则凶。[②]

荀子认为天道运行自有常理，并不因为尧、桀等个人因素而存在或消亡。

荀子还强调人的主观能动性。他说：

> 强本而节用，则天不能贫；养备而动时，则天不能病；修道而不贰，则天不能祸。故水旱不能使之饥渴，寒暑不能使之疾，祅怪不能使之凶。[③]

在荀子的世界里，人只要"强本而节用"，就能突破限制，即使是上天也不能使之贫穷。

荀子这些思想，促使他清醒地看到儒家思想的不足，客观地从兵家寻找

---

① 叁壹、冯蕾编著：《荀子》，太白文艺出版社，2009年，第8页。
② 同上书，第118页。
③ 同上。

助力，形成了具有儒家特色的军事思想。

对于战争，荀子有着自己的见解。他说：

> 凡用兵攻战之本在乎壹民。[1]

> 彼兵者，所以禁暴除害也，非争夺也。故仁人之兵，所存者神，所过者化，若时雨之降，莫不说喜。[2]

用兵作战的根本，在于使人民齐心协力，而用兵的目的是"禁暴除害"，并非争夺人、财、物等，这样才是"仁人之兵"。

这样的"仁人之兵"需要用礼来治理。荀子说：

> 故招近募选，隆势诈，尚功利，是渐之也；礼义教化，是齐之也。……故兵大齐则制天下，小齐则治邻敌，若夫招近募选，隆势诈，尚功利之兵，则胜不胜无常，代翕代张，代存代亡，相为雌雄耳矣。夫是之谓盗兵，君子不由也。[3]

只有用礼义教育军队，才能齐心合力，才能使之步调一致，进而"制天下"，成为"仁人之兵"。只追求功利，崇尚诡诈，"则胜不胜无常"，成为"盗兵"。

在荀子的军事思想里，无论"仁人之兵"，还是"王者之道"都必须以民为本，善于依附人民才能称为善用兵者。他说：

> 故善附民者，是乃善用兵者也。[4]

思想流传，本色不变。一千八百年后，王阳明在编练军队时，始终以"弭盗安民"阐释军队的作用，正合荀子"仁人之兵"的初衷，正是"儒兵合一"的千年传承。

---

[1] 叁壹、冯蕾编著：《荀子》，太白文艺出版社，2009年，第100页。
[2] 同上书，第106页。
[3] 同上书，第102页。
[4] 同上书，第100页。

孙子：兵家也讲仁义

孙子，孙武的尊称，字长卿，出生于齐国乐安（今山东广饶），春秋时期著名的军事家、政治家。

约前549年[1]的一个夜晚，一声婴儿的啼哭，似划破夜空的星火，长啸而过，冲着兵家的王国坠落，而这名婴儿最终登上了"兵圣"的宝座，他就是孙子。

出生军人世家的孙子，从小就喜读兵书，操练武艺，研究问题，年纪轻轻即已才能出众。

公元前532年，齐国发生"四姓之乱"[2]，孙子离开齐国，南下吴国。在伍子胥的引荐下，他受到吴王赏识，开始领兵作战，成就了辉煌战绩。《史记》记载：

> 西破强楚，入郢，北威齐晋，显名诸侯，孙子与有力焉。[3]

无论是攻破强楚，还是向齐、晋展现国威，都少不了孙子的一份功劳。其中"柏举之战"，孙子以三万兵力，深入楚境，击败二十万楚国大军，攻破楚国都城，堪称经典。历史学家范文澜评价其为"东周时期第一个大战争"，一场战役即已青史留名。

功成名就之后，孙子选择了归隐著书，以一部《孙子兵法》流传千古，这本书被誉为"兵学圣典"，置于《武经七书》之首，还被译为英文、法文、德文、日文等，具有深远的国际影响力。

作为名震列国的军事家，孙子给人以大杀四方的感觉，但他的威严中饱含着温情。他在《孙子兵法》中说：

> 怒可以复喜，愠可以复悦，亡国不可以复存，死者不可以复生。[4]

喜怒哀乐可以反复变化，但是国灭不能复存，人死不能复活。孙子用心

---

① 据吴名岗《孙武生平考证》：孙子出生于公元前549年。

② 四姓之乱，公元前532年，陈无宇联合鲍牟，乘栾施、高强醉酒之时发动袭击，最终栾氏、高氏逃亡。

③ 司马迁：《史记》，中华书局，1959年，第2162页。

④ 孙武著，刘智译注：《孙子兵法》，古林美术出版社，2015年，第251页。

良苦的劝说散发着浓烈的儒家气息，他的"慎战"理念可见一斑。

孙子善战但不好战。

> 兵者，国之大事，死生之地，存亡之道，不可不察也。[1]

《孙子兵法》开宗明义，开门见山，战争不是儿戏，关乎百姓死生，关乎国家存亡，反对轻易发动战争。孙子还从战略层面进行阐述，他认为：

> 凡用兵之法：全国为上，破国次之；全军为上，破军次之；全旅为上，破旅次之；全卒为上，破卒次之；全伍为上，破伍次之。是故百战百胜，非善之善者也；不战而屈人之兵，善之善者也。[2]

在孙子看来，"全国"比"破国"好，"全军"比"破军"好，"全旅"比"破旅"好，"全卒"比"破卒"好，"全伍"比"破伍"好，"百战百胜"并非最好的结果，不需要刀枪相对、血流成河就能解决问题，"不战而屈人之兵"才是上上之策。"全"优于"破"，既是战略考量，又符合儒家"仁"的要求。

孙子对战争的考虑并不仅仅停留在军事上的胜败，还从国家全局权衡利弊，他曾就战争花销算了一笔"儒家账"：

> 凡用兵之法，驰车千驷，革车千乘，带甲十万，千里馈粮。则内外之费，宾客之用，胶漆之材，车甲之奉，日费千金，然后十万之师举矣。[3]

> 凡兴师十万，出征千里，百姓之费，公家之奉，日费千金；内外骚动，怠于道路，不得操事者七十万家。[4]

孙子看到战争的破坏性以及对百姓的干扰，"兴师十万"就要"日费千金"，"七十万家"不能进行正常生产生活，战争苦，百姓泪，这笔账算出了儒家"仁"的特色。

孙子不仅会算账，还能预测。他曾从富民、爱民的视角出发，在晋国分裂之前就对各家族的未来进行分析。据银雀山汉墓竹简《孙子兵法》记载：

---

[1] 孙武著，刘智译注：《孙子兵法》，吉林美术出版社，2015年，第1页。
[2] 同上书，第33页。
[3] 同上书，第18页。
[4] 同上书，第253页。

吴王问孙子曰："六将军分守晋国之地，孰先亡？孰固成？"

孙子曰："笵（范）、中行是（氏）先亡。"

"孰为之次？"

"智是（氏）为次。"

"孰为之次？"

"韩、巍（魏）为次。赵毋失其故法，晋国归焉。"

吴王曰："其说可得闻乎？"

孙子曰："可。笵（范）、中行是（氏）制田，以八十步为婉（畹），以百六十步为吻（亩），而伍税之。其□田陕（狭），置士多，伍税之，公家富。公家富，置士多。主乔（骄）臣奢，冀功数战，故曰先〔亡〕。……公家富，置士多，主乔（骄）臣奢，冀功数战，故为笵、中行是（氏）次。韩、巍（魏）制田，以百步为婉（畹），以二百步为吻（亩），而伍税〔之〕。其□田陕（狭），其置士多，伍税之，公家富。公家富，置士多，主乔（骄）臣奢，冀功数战，故为智是（氏）次。赵是（氏）制田，以百廿步为婉（畹），以二百卅步为吻（亩），公无税焉。公家贫，其置士少，主金臣收，以御富民，故曰固国。晋国归焉。"

吴王曰："善。王者之道，□□厚爱其民者也。"[1]

吴王询问晋国六卿灭亡顺序，孙子大胆预测，他认为范、中行、智氏先灭，而后是韩、魏，最后是赵氏建成大业。孙子判断的依据主要是各国实行的税率、亩制，他推断对百姓越苛刻、收取税率越高就越先灭亡，认为想要"固国"，就要裁减养士，缩小开支，君臣节俭，藏富于民。吴王听了孙子分析后，十分赞同，感慨道："王者之道，就是厚待百姓，爱惜民力。"

孙子的预测和分析是其思想的反映，他赞赏赵氏减轻负担、厚爱其民、争取民心的做法，实际是对儒家仁德之政的向往，也肯定了儒家哲学的战略地位。

头雁领飞，兵家鼻祖孙子不仅谋求军事胜利，而且重视政治效益，从全

---

[1]　银雀山汉墓竹简整理小组编：《孙子兵法》，文物出版社，1976年，第94~95页。

局看战争，将人民看作影响战争的重要因素，将儒家思想融入军事实践，开辟了兵家主动融合儒家的道路。

两千年来，兵家著作汗牛充栋，但王阳明给了《孙子兵法》特别的待遇，在烛光下或研读或批注或沉思，《孙子兵法》成了他批注最多、注解最全的兵书。探寻王阳明的军事实践，他知己知彼，他奇正并用，他既"仁"又"诡"，他，延续着孙子的传奇。

吴起：身着儒服的战将

吴起（？—前381），战国初期著名的政治改革家，卓越的军事家、改革家。

文有特质，武在胜力，唯有调和互用才能发挥最大功效。而吴起所强调的文带着儒家色彩，他主张文武兼备、军政合一，将儒的理念与兵的思想进行了融合。在《吴子兵法注释》中有记：

> 吴起儒服，以兵机见魏文侯。
>
> 文侯曰："寡人不好军旅之事。"
>
> 起曰："臣以见占隐，以往察来，主君何言与心违？今君四时，使斩离皮革，掩以朱漆，画以丹青，烁以犀象。冬日衣之则不温，夏日衣之则不凉。为长戟二丈四尺，短戟一丈二尺。革车奄户，缦轮笼毂，观之于目则不丽，乘之以田则不轻，不识主君安用此也？若以备进战退守，而不求能用者，譬犹伏鸡之搏狸，乳犬之犯虎，虽有斗心，随之死矣。昔承桑氏之君，修德废武，以灭其国。有扈氏之君，恃众好勇，以丧其社稷。明主鉴兹，必内修文德，外治武备。故当敌而不进，无逮于义矣。僵尸而哀之，无逮于仁矣。"[1]

吴起本是武将却以"儒服"相见，这本身即是重儒的体现。

---

[1] 吴起：《吴子兵法注释》，上海人民出版社，1977年，第1~2页。

魏文侯向吴起表达了对战争的厌恶，但吴起却摆出魏文侯下令分割皮革、涂抹红漆等备战的事实。吴起指出，魏文侯制作的衣服冬天不能御寒，夏天不够透凉，而那些战车既不秀丽，又不轻便，那么如果用于备战却不追求其实战功用，那不等于鸡禽与狐狸搏斗，小狗冒犯老虎一般，自寻死路？

历史为鉴，吴起接着举出了两个例子。承桑氏之君只修德而废弃了军事准备，结果国家灭亡，有扈氏的君主自恃国力强盛而喜好武斗，结果丧失社稷。殷鉴不远，吴起提出了"内修文德，外治武备"的主张，一方面对内要加强文治，另一方面对外要积极备战。吴起认为，只有胜战才是最大的仁义，而这实现的途径就是文武兼备。

武自然是军事斗争准备，那又何以修德？《吴子兵法注释》中有说法：

> 若行不合道，举不合义，而处大居贵，患必及之。是以圣人绥之以道，理之以义，动之以礼，抚之以仁。此四德者，修之则兴，废之则衰。故成汤讨桀而夏民喜悦，周武伐纣而殷人不非。举顺天人，故能然矣。[1]

吴起要修的圣人之德，是以"道"转化，以"义"说理，以"礼"制动，以"仁"安抚，此"四德"乃是儒家之德，体现的是儒家思维。

难能可贵，吴起还意识到了百姓的主体地位，看到了儒家仁政的政治效益，《吴子兵法注释》里记录了他的看法：

> 昔之图国家者，必先教百姓而亲万民。有四不和：不和于国，不可以出军；不和于军，不可以出陈；不和于陈，不可以进战；不和于战，不可以决胜。是以有道之主，将用其民，先和而造大事。不敢信其私谋，必告于祖庙，启于元龟，参之天时，吉乃后举。民知君之爱其命，惜其死，若此之至，而与之临难，则士以进死为荣，退生为辱矣。[2]

要想兴图大业，必须教戒百姓亲和万民。吴起还就"四不和"情况进行了归纳：国内不和，不能出征；军内不和，不能排兵布阵；阵内不和，不能发动进攻；整个进攻行动存在不和就不能实现决战决胜。不难发现，"和"

---

① 吴起：《吴子兵法注释》，上海人民出版社，1977年，第6页。
② 同上书，第4~5页。

即调和人心、统一行动，和的是民心、和的是军心，所有的一切均以得到百姓支持为基础。

探究历史，或许因为既是改革家又是军事家的特殊身份和视野，在吴起身上，"儒"和"兵"已经失去了明显界限，它们共同服务于富国强兵的宏伟目标，儒兵一体，在融合中共同发展。

韩非子：法家视野里的"儒兵合一"

韩非子（约前280—前233），战国哲学家，法家思想之集大成者。

两千多年前，在咸阳阴暗潮湿的监牢里，韩非子心已死，泪已干，唯独放不下积弱的故国，但真正让他青史留名的是他的学术思想以及一本被时间抛光后愈显价值的《韩非子》。

韩非子虽是法家集大成者，早年却拜在儒家门下，还兼采兵家思想，以第三者的身份为儒家和兵家融合开辟新领域。

在战争观上，韩非子既重战又慎战。据《韩非子》记载，他曾说：

> 由此观之，夫战者，万乘之存亡也。[1]

> 智伯兼范、中行而攻赵不已，韩、魏反之，军败晋阳，身死高梁之东，遂卒被分，漆其首以为溲器。故曰："祸莫大于不知足。"[2]

战争关系国家存亡，即使是万乘之国，好战必亡，就如智伯贪得无厌结果身死首漆。韩非子告诫君王不能为满足个人私欲而发动战争，从另一个角度解读了慎战观。

"民为兵本"的思想在韩非子的论述中时有体现。如在《亡征》中，他说：

> 公家虚而大臣实，正户贫而寄寓富，耕战之士困，末作之民利者，可亡也。[3]

---

① 韩非著，陈奇猷校注：《韩非子新校注》，上海古籍出版社，2000年，第8页。
② 同上书，第433页。
③ 同上书，第302页。

在《心度》中，他说：

能越力于地者富，能起力于敌者强。[①]

韩非子认为如果负责耕种和作战的人处于贫困之中，那么战争将失去广泛的基础，国家就将处于灭亡的危险境地。他进一步分析，能够集中力量在土地耕种上国家就会富裕，能够集中力量用于打击外敌国家就会强大。韩非子将重农与重战结合起来，阐述了耕战之士的重要性，体现了"民为兵本"的思想。重农，对于农业社会而言就是对百姓的爱护，是儒家"仁政"的重要表现，其与重兵结合起来，是"儒兵合一"的一次尝试。

墨子：墨家里的儒兵合流

墨子（约前468—前376），姓墨，名翟，战国初年学者、思想家、政治家、军事家、社会活动家和自然科学家，创立墨家学说，他主张"兼爱""非攻"，提出"尚贤""尚同"的政治理想，推崇正义，提倡相亲相爱，反对以强凌弱。

竹简淡然而斓，底色亦秀斑驳，《墨子》成章，跳跃于两千四百年前的文字，在岁月的颠簸里诉说着墨子的风风雨雨。

墨子，墨家巨子，学派创始人，却担起了儒家和兵家融合的使命。

千里游说只为和平

一场战争，在所难免；一场游说，远赴千里。

据《墨子》记载：

公输盘为楚造云梯之械，成，将以攻宋。子墨子闻之，起于齐，行十日十夜而至于郢，见公输盘。

公输盘曰："夫子何命焉为？"

---

① 韩非著，陈奇猷校注：《韩非子新校注》，上海古籍出版社，2000年，第1181页。

子墨子曰："北方有侮臣，愿藉子杀之。"

公输盘不说。

子墨子曰："请献十金。"

公输盘曰："吾义固不杀人。"

子墨子起，再拜曰："请说之。吾从北方闻子为梯，将以攻宋。宋何罪之有？荆国有余于地，而不足于民，杀所不足，而争所有余，不可谓智。宋无罪而攻之，不可谓仁。知而不争，不可谓忠。争而不得，不可谓强。义不杀少而杀众，不可谓知类。"

公输盘服。

子墨子曰："然，乎不已乎？"

公输盘曰："不可，吾既已言之王矣。"

子墨子曰："胡不见我于王？"

公输盘曰："诺。"

……

于是见公输盘，子墨子解带为城，以牒为械，公输盘九设攻城之机变，子墨子九距之，公输盘之攻械尽，子墨子之守圉有余。

公输盘诎，而曰："吾知所以距子矣，吾不言。"

子墨子亦曰："吾知子之所以距我，吾不言。"

楚王问其故，子墨子曰："公输子之意，不过欲杀臣。杀臣，宋莫能守，可攻也。然臣之弟子禽滑釐（厘）等三百人，已持臣守圉之器，在宋城上而待楚寇矣。虽杀臣，不能绝也。"

楚王曰："善哉！吾请无攻宋矣。"①

公元前440年，楚国为扩张领地，准备攻打宋国，并请来公输盘（即鲁班）制造攻城云梯。听到这个消息，墨子停止正在进行的讲学，立即派学生禽滑厘带领三百名精干弟子前往宋国助防，自己则从齐国前往楚国劝和。

十天十夜，跋山涉水，墨子找到公输盘。他为公输盘分析时局，形象生

---

① 墨子著，方勇译注：《墨子》，中华书局，2015年，第468~472页。

动地说明楚国攻打宋国是不聪明、不仁义、不忠厚、不强大、不知轻重主次的行为和表现。事实面前，公输盘心服口服，无奈造云梯攻打宋国的事情已经禀告楚王，公输盘只得带着墨子面见楚王。

以墨子之辩才，楚王很快被说服，但其自恃楚国军事实力且云梯已经在造，楚王心虽服而行不止。

为了彻底说服楚王，一场军事推演在大厅上演，墨子与公输盘现场模拟作战，公输盘被防得束手无策。

取胜无望，公输盘起了杀心。墨子了然于胸，只是淡然一笑，告诉楚王自己的三百弟子早已在宋国等候多时，个个精通防御之术。

没有胜算，无利可图，楚王不得不放弃攻宋行动。

深入险境劝说楚王，一场战争最终化解，这正是墨子追求和平、反对战争的体现，也是对墨家理想的坚守。

墨子主张博爱

墨子所处的时代，恰如"高岸为谷，深谷为陵"描绘的那般急剧动荡，战争频仍，人民处于水深火热之中，生活困苦。胸怀万民苍生的疾苦，墨子树立了拯救众生兼济天下的理想。据《墨子》记载，墨子曾表达自己的心愿：

> 饥者得食，寒者得衣，劳者得息，乱者得治。[1]

墨子希望饥饿之人能够吃饱，受寒之人能够穿暖，劳苦之人能够休息，正如唐朝诗人杜甫的感慨："安得广厦千万间，大庇天下寒士俱欢颜。"二者的心愿既是对社会的憧憬，也彰显了儒家之"仁"。

墨子还对儒家之"仁"进行了拓展。据《墨子》记载，他曾说：

> 今天下无大小国，皆天之邑也；人无幼长贵贱，皆天之臣也。[2]

> 视人之国若视其国，视人之家若视其家，视人之身若视其身。是故诸侯相爱则不野战，家主相爱则不相篡，人与人相爱则不相贼，君臣相

---

① 墨子著，方勇译注：《墨子》，中华书局，2015年，第303~304页。
② 同上书，第23页。

爱则惠忠，父子相爱则慈孝，兄弟相爱则和调。天下之人皆相爱，强不执弱，众不劫寡，富不侮贫，贵不敖贱，诈不欺愚。凡天下祸篡怨恨可使毋起者，以相爱生也，是以仁者誉之。①

墨子认为天下人人平等，无论国家大小，都是"天之邑"，无论"贵贱"都是"天之臣"，要视他国如己国，视他人如己身等，做到"天下之人皆相爱"，如此就能得到"仁者"的赞誉。墨子将儒家之"仁"升级为众生平等的"博爱"思想。

墨子主张止战、备战两手都要硬

战争影响百姓生产生活，所以要止战；没有充分的军事准备就不具备止战能力，所以要备战。止战与备战，都有对百姓的考虑，是实现儒家仁政的有力保证。

墨子所处的时代和他追求的理想迫使他关注军事。

墨子强调"非攻"，反对战争。他说：

> 春则废民耕稼树艺，秋则废民获敛。②
>
> 当若繁为攻伐，此实天下之巨害也。③

春天发生战争，大量劳力从田地里走向战场，荒废了耕种；如果发生在秋天，则会影响粮食收获，如此看来，频繁的战争实在是百姓的噩梦，天下的巨害。

止战的关键在备战。

在墨子的观念里，失去力量支撑的声明抗议都将是无人理会的鬼话，反对征伐，除了声讨还需实实在在的备战。他说：

> 国有七患。七患者何？城郭沟池不可守，而治宫室，一患也；边国至境，四邻莫救，二患也……君自以为圣智而不问事，自以为安强而无

---

① 墨子著，方勇译注：《墨子》，中华书局，2015年，第126页。
② 同上书，第157页。
③ 同上书，第179页。

守备，四邻谋之不知戒，五患也……以七患居国，必无社稷；以七患守城，敌至国倾。七患之所当，国必有殃。[①]

墨子认为，国有七患：城池不坚固而忙着修宫殿，邻国关系紧张而处理不好，身处险境而没有援兵，君主自以为圣明而不问国事，等等，不加纠治则"敌至国倾""国必有殃"。

当战争来临，墨子又十分注重实际行动，他主张"以战止战""以术止术""以器止器"。在说服楚王放弃攻打宋国的过程中，墨子和公输盘现场演示，以防守之术打败公输盘的进攻，并在游说之前派出弟子守城，做好"战"的准备，达到"止战"的目的。在《墨子·备城门》中，墨子还专门研究城池防守问题，为守城作战提供了不少思路和范本。

墨子以其特殊的经历和视角，既吸纳了儒家思想来构建墨家体系，又注重凭借军事力量实现蕴含儒家底色的理想抱负，探索了儒兵融合之道，为"儒兵合一"发展提供了模式和启示。

---

① 墨子著，方勇译注：《墨子》，中华书局，2015年，第26~27页。

第十二章

从秦朝以降文人地位变化
看"儒兵合一"的演进深化

历经春秋战国萌芽孕育,"儒兵合一"自秦朝以来继续吮吸着中华文明的养分,在交流碰撞中不断演绎新高度。

这其中,有政治利益的推动,汉朝独尊儒术,宋明文人地位更跃上新台阶,大批文人既能帐内出谋,又能马上征战,武将领兵空间越来越小;有思想文化的渗透,伴随地位提升,文人广泛参与军事,不断以儒家思想注解兵家理论,在军事领域遍插儒家之旗、广播儒家之声;有军事技术的发展,从大刀长矛到火药火器,从单纯角力到"力""智"并举,既催生全新作战模式,也牵引将领素质转型,一批批儒家化、智谋化的将领应运而生,"儒"与"兵"在历史的潮流中渐行渐近,在共同的追求中渗透共融。

政治分析：文人地位提升挤压武将领兵空间

文官与武将，如鸟之两翼、车之双轮，成为国家稳定发展的两大支柱，但自从文与武的界限逐渐明晰后，文与武的关系始终在政治的微光中沉浮、纠缠、翻新。秦末，不少儒生在等待着新时代，憧憬着在历史的拐角能够踏上潮流的浪峰赢得新的政治地位，他们开启了文人发展的新征程，影响千年。

汉　朝

汉朝是文人获得政治地位并得以巩固的关键期，其中有政治因素的推动，自然也少不了儒家自身的努力。

郦食其（？—前203），在儒生被鄙称为"竖儒"的时代，为了实现理想，他却主动出击会了刘邦。

据《史记》记载：

> 郦生食其者，陈留高阳人也。好读书，家贫落魄，无以为衣食业，为里监门吏。然县中贤豪不敢役，县中皆谓之狂生。
>
> 及陈胜、项梁等起，诸将徇地过高阳者数十人，郦生闻其将皆握齱好苛礼自用，不能听大度之言，郦生乃深自藏匿。后闻沛公将兵略地陈留郊，沛公麾下骑士适郦生里中子也，沛公时时问邑中贤士豪俊。骑士归，郦生见谓之曰："吾闻沛公慢而易人，多大略，此真吾所愿从游，莫为我先。若见沛公，谓曰'臣里中有郦生，年六十余，长八尺，人皆谓之狂生，生自谓我非狂生'。"骑士曰："沛公不好儒，诸客冠儒冠来者，沛公辄解其冠，溲溺其中。与人言，常大骂。未可以儒生说也。"郦生曰："弟言之。"骑士从容言如郦生所诫者。
>
> 沛公至高阳传舍，使人召郦生。郦生至，入谒，沛公方倨床使两女子洗足，而见郦生。郦生入，则长揖不拜，曰："足下欲助秦攻诸侯乎？且欲率诸侯破秦也？"沛公骂曰："竖儒！夫天下同苦秦久矣，故

诸侯相率而攻秦，何谓助秦攻诸侯乎？"郦生曰："必聚徒合义兵诛无道秦，不宜倨见长者。"于是沛公辍洗，起摄衣，延郦生上坐，谢之。①

陈留高阳的郦食其，家贫落魄，喜好读书，县里的豪杰却不敢聘用他，因为大家认为他狂，并称他为"狂生"。郦食其的狂因其有"狂志"，数十位经过陈留的将军，他一个都没看上，直到刘邦的到来，郦食其的态度发生了一百八十度的转变。

郦食其主动找到在刘邦帐下任职的骑士，请求引荐自己。骑士见他是儒生，好心告诉他刘邦讨厌的就是儒生，甚至将儒生的帽子取下来当尿壶。郦食其毫不在意，坚持引荐自己。

见面之日，果如骑士所言，刘邦对儒生并不重视，他在召见郦食其时竟让侍女给自己洗脚。

这样的轻视自然遭到"狂生"的反击，郦食其只以简单作揖代替行礼，并以言相激，提醒刘邦不要忘记推翻暴秦的理想抱负，进而劝谏刘邦尊敬长者贤士。

郦食其的话让刘邦醍醐灌顶，立即将郦食其奉为上宾，主动请教发展方略。

郦食其，一介儒生，明知刘邦并不喜好儒生，仍坚持引荐自己，最终受到刘邦礼遇，成为智囊集团成员。郦食其的坚持，代表儒家主动谋求发展的动向，也是当时儒生积极进取的一个缩影。

郦食其的坚持，实现了个人地位的跃升，而改变儒家整体境遇还需政治运作，最终董仲舒②担当重任，成为儒家的历史功臣。

在董仲舒的推动下，"罢黜百家、独尊儒术"成为现实，儒家思想占据主流地位，儒生逐渐成为智囊集团主力。

看似偶然的"罢黜百家、独尊儒术"，来得却不容易，儒生的"暖春"也曾经历"寒冬"。

西汉初年，国家初立，久经战乱，经济贫困，甚至出现"自天子不能

---

① 司马迁：《史记》，中华书局，1959年，第2691~2692页。
② 董仲舒（前179—前104），汉代思想家、哲学家、政治家、教育家。

具钩驷"的无奈局面，天子出行想找齐一样毛色的马匹都做不到。面对这样的情况，国家减轻税收，精简军队，鼓励生产，推崇黄老学说，主张无为而治、休养生息，儒家思想没有受到青睐，遭遇"寒流"。《史记》记录了儒家当时的窘境：

> 孝文时颇征用，然孝文帝本好刑名之言。及至孝景，不任儒者，而窦太后又好黄老之术，故诸博士具官待问，未有进者。[①]

没有得到皇权的认可，儒家地位自然不会提升。在汉景帝时期没有一个儒生得到升迁，统统坐上了"冷板凳"。

经历"文景之治"[②]，国力日渐强盛，汉朝面临着由富变强的时代课题，最终主动破题的是汉武帝刘彻（前156—前87）。汉武帝即位时，国家虽富，地域虽广，但中央对地方的控制却有限，加强中央集权成为维护统治的迫切需要，而儒家天下一统和维护集权的理论正合形势发展，成为照亮时代前行的思想之光。

元光元年（前134年），汉武帝下诏征求治国方略，董仲舒上奏《举贤良对策》，提出"天人感应""大一统"学说和"罢黜百家，表彰六经"[③]的主张，这些都利于加强中央集权，契合汉武帝的政治意图，最终上升为国家意志。

历史潮流，顺之则昌，逆之则亡。在汉武帝的推动下，"罢黜百家，独尊儒术"成为现实，儒家思想成为正统思想，儒生获得更大的发展空间，广泛参与国政。

随着儒家地位的提升，智囊集团日渐儒化。到东汉时期，智囊集团带着明显的儒家气息，连开国皇帝刘秀都曾是儒家弟子。

明清之际思想家王夫子曾高度评价刘秀，他说：

> 三代而下，取天下者，唯光武独焉。[④]

---

① 司马迁：《史记》，中华书局，1959年，第3117页。

② 文景之治，是指西汉汉文帝、汉景帝统治时期。汉初，社会经济衰弱，国家采取"与民生息""轻徭薄赋"政策，经过文帝、景帝的继续推行，百姓日渐富足，社会比较安定，国家积累了一定财力。

③ 六经，指《诗经》《尚书》《仪礼》《乐经》《易经》《春秋》，均为儒家经典。

④ 王夫之：《船山全书》，岳麓书社，2011年，第224页。

王夫子认为上古三代以后，皇帝刘秀最符合儒家标准和百姓期望。这与刘秀的太学经历不无关系。据《后汉书》记载：

> 王莽天凤年间，刘秀赴京城长安求学，师从中大夫庐江许子威，略通《尚书》大意。[1]

在长安太学学习期间，刘秀结识了大量儒生，其中大部分随着刘秀征战四方进入他的智囊集团，成为出谋划策、领兵打仗的骨干力量。

清代史学家赵翼在《廿二史札记》中对西汉和东汉功臣进行了对比：

> 西汉开国，功臣多出于亡命无赖，至东汉中兴，则诸将帅皆有儒者气象，亦一时风会不同也。[2]

西汉功臣多是亡命之徒，而东汉将帅多有儒者气象，这一变化有力佐证了儒化的巨大作用。领兵打仗成为文人发展新领域，学富五车的儒生成了各武装集团的座上宾。

隋　唐

自汉末以来，以儒生为代表的文人不断巩固自身的政治地位。随着科举制度的创立，文人获得了广阔发展空间，尤其在战乱年代儒生因其特殊价值和稀缺性成为统治者争相拉拢和优待的战略资源。

这一时期的典型例子就是唐太宗李世民，他曾专门为儒生建立文学宫，提供优厚待遇。据《新唐书》记载：

> 武德四年（621年），太宗为天策上将军，寇乱稍平，乃乡儒，宫城西作文学馆，收聘贤才，于是下教，以大行台司勋郎中杜如晦、记室考功郎中房玄龄及于志宁……号"十八学士"，藏之书府，以章礼贤之重。方是时，在选中者，天下所慕向，谓之"登瀛洲"。[3]

---

[1] 陈勇、庄和：《后汉书》，上海古籍出版社，1997年，第27页。
[2] 赵翼：《廿二史札记》，中华书局，2008年，第85页。
[3] 欧阳修、宋祁：《新唐书》，中华书局，1975年，第3976～3977页。

文学宫里的"十八学士"多为儒学大家，他们既是政府官员，更是李世民的智囊集团。他们中不少人参与军事实践，是李世民的得力谋士。名相房玄龄"独收人物致幕府，与诸将密相申结，人人愿尽死力"，是统领将领的能手；名相杜如晦"从征伐，常参帷幄机密"。

成为座上宾的儒生，在现实需要和个人理想的双重推动下，帐内出谋划策、指点江山，马上征战沙场、斩破楼兰。文人领兵从幕后走向前台，推动了"儒兵合一"大发展。

宋 明 时 期

这是儒生广泛涉足军事领域的时期，大量"儒将"走上历史舞台，"儒兵合一"日渐走向成熟，彰显出巨大的实践价值。

靖康二年（1127年），金兵南下，攻破开封，山河动摇，百姓遭殃。

当金兵攻入皇城，打开太庙大门时，一个尘封百年的秘密逐渐揭开面纱、照见阳光。

建隆三年（962年），宋太祖赵匡胤（927—976）秘密镌刻一块石碑立于太庙之中，只准许新君即位和四季祭祀时启封，且只让一名不识字的太监随皇帝入内，石碑上的内容成了大家心中的谜团。

红布落下，一个朝代的沧桑映照于几行石刻大字，清晰可见：

> 柴氏子孙有罪不得加刑，纵犯谋逆，止于狱中赐尽，不得市曹刑戮，亦不得连坐支属；一云不得杀士大夫，及上书言事人；一云子孙有渝此誓者，天必殛之。①

碑文对皇帝做了三条规定：柴氏子孙即使谋逆也不得连坐，不得杀士大夫和上书建言之人，子孙后代不得违背誓言。石碑上的内容被后世称为"勒石三

---

① 选自陆游的《避暑漫抄》，关于"勒石三戒"，王夫之《宋论》存有另一版本："太祖勒石，锁置殿中，使嗣君即位，入而跪读。其戒有三：一、保全柴氏子孙；二、不杀士大夫；三、不加农田之赋。呜呼！若此三者，不谓之盛德也不能。"

戒"，从侧面反映了宋朝对士大夫及文人的宽容，也是重文轻武的体现。

据《儒林公议》记载，北宋散文家尹洙曾对宋朝文武官员地位有过形象说明，他说：

> 状元登第，虽将兵数十万，恢复幽蓟，逐强虏于穷莫，凯歌劳还，献捷太庙，其荣亦不可及也。[1]

高中状元比起领兵十万收复失地还要光荣，这背后有着宋太祖"以儒立国"的政治考量。

做皇帝，无数人梦寐以求，但其中潜藏着无数危机与风险。

960年，宋太祖通过"陈桥兵变"建立宋朝。成为皇帝后的赵匡胤虽然坐龙椅、睡龙床，却整天忧心忡忡。《续资治通鉴长编》中有段深刻的君臣对话：

> （赵匡胤）召赵普[2]问曰："天下自唐季以来，数十年间，帝王凡易八姓，战斗不息，生民涂地，其故何也？吾欲息天下之兵，为国家长久计，其道何如？"
>
> 普曰："陛下之言及此，天下人神之福也。此非他故，方镇太重，君弱臣强而已。今所以治之，亦无他奇巧，惟稍夺其权，制其钱谷，收其精兵，则天下自安矣。"[3]

赵匡胤从唐末以来的历史看到，几十年间战乱不止，天下纷乱，皇帝换了八家，皇朝短命的怪圈一直没有破解。惶惶不安，赵匡胤向赵普请教国家长治久安之策。

一语惊醒梦中人，赵普点出问题要害：天下之所以动荡不安、更迭不断，主要在于边臣权力太大、割据一方，造成了"君弱臣强"的局面，要想破解这种局面，只需"稍夺其权，制其钱谷，收其精兵"，天下自然安定，这便是"杯酒释兵权"的政治分析。建隆二年（961年），宋太祖按照赵普的

---

① 《儒林公议》，中华书局，1985年，第3页。

② 赵普（922—992），五代至北宋初年著名政治家，北宋开国功臣，是宋太祖赵匡胤的重要智囊。

③ 李焘：《续资治通鉴长编》（第二册），中华书局，1979年，第49页。

建议取消殿前都检点①职位，逐渐解除了石守信、高怀德等高级将领的兵权。

宋朝采取了"以儒立国"的政策，解除兵权后，宋朝逐步构建了一套文官统兵、以文制武的官僚体制，武将地位下降，文官获得更大的发展空间。

获得领兵之权后，不少文官成为国家危机中的"救火队长"，在危难中逐渐磨砺成文可治国、武能安邦的"儒将"，显现出中流砥柱的作用。

宝元元年（1038年），党项族人李元昊②称帝，建立西夏，不断骚扰宋朝边境。康定元年（1040年），边情紧张，范仲淹③被任命为天章阁直学士，出知永兴军。来到西北的范仲淹建立基地、训练部队、加强守备、招纳西羌，西夏逐渐失去优势，处于被动。庆历三年（1043年），难以承受战争消耗的西夏主动请和。

由防守到进攻，变被动为主动，均是范仲淹之功，西夏人对范仲淹评价极高，据《宋名臣言行录》记载：

> 夏人闻之，相戒曰："无以延州为意，今'小范老子'腹中自有数万兵甲，不比'大范老子'可欺也。"④

大范老子指范雍，曾任西北最高军政长官；小范老子指范仲淹。范仲淹，文人身份，战功赫赫，既展现了"儒兵合一"的发展成果，又反映了"儒兵合一"的发展大势。

以儒立国、文人统兵政策是对武将独大割据一方问题的矫正，具有较强的现实意义，虽然后期造成了宋朝积弱，但这一政策的延续发展，对"儒兵合一"起到了重要推动作用。文人逐渐成为中央军事官员的主体，挤占了武将发展空间。

在张亭立先生《明代兵儒合流与〈陈忠裕公兵垣奏议〉》⑤里谈到了明朝文人任武职的情况，现根据相关数据制成下表：

---

① 殿前都检点，官名，统率皇城亲军，主要负责都城的军事防务，赵匡胤曾经担任此职位。

② 李元昊（1003—1048），拓跋氏，党项族，公元前1038年建立大夏国，经常骚扰宋朝。

③ 范仲淹（989—1052），字希文，苏州吴县（今苏州）人，北宋杰出的思想家、政治家、文学家。

④ 朱熹：《朱子全书》（第12册），上海古籍出版社、安徽教育出版社，2002年，第212页。

⑤ 该文发表于《青海师范大学学报》（哲学社会科学版），2007年第1期。

时间	职务	进士出身人数	总人数	比例
1368—1587 年	兵部尚书	63 人	95 人	63.17%
1437—1585 年	总督军务	29 人	34 人	85.12%
1424—1589 年	南京兵部尚书	73 人	75 人	97.13%

从数据看，明朝基本实现了高级武官的文人化，所以王阳明以文人身份统兵平乱在明朝实在是一件再正常不过的事。

在以儒立国政策影响下：

催生了大批"儒将"。大批文人统兵打仗，功勋卓著，成为典范，如范仲淹、辛弃疾、王阳明等。他们左手捧着儒家经典，奉为圭臬，右手又毫不犹豫地拿起兵家锐器，征战沙场，得益于"儒兵合一"，又发展了自己的"儒兵合一"。

儒家开始强制性关注军事。文人参政，关注军事是职责所在，必然涉及国防军队建设等，甚至在科举考试中出现了军事考题。

丰富了军事思想的发展。文人工于文字，长于著述，政治地位提高后，加强了对军事的关注，产生了大量的军事作品，儒家思想大量融入军事领域。根据刘庆在《"文人论兵"与宋代兵学的发展》[①]的数据，《汉书·艺文志》里著录的兵书是五十三家七百九十篇，图四十三卷；《隋书·经籍志》著录的兵书是一百三十三部五百一十二卷，而在《宋史·艺文志》著录的兵书达到了三百四十七部一千九百五十六卷。

确立了儒家在"儒兵合一"中的主导地位。儒家地位的不断提高，对兵家而言，逐渐在思想里渗透、政治上挤压、实践中主导，兵家在融合上已经失去了与儒家对等的地位。

王阳明在这样的背景下走上历史舞台，他肩负儒家使命，拿起兵家武器，践行"儒兵合一"，发展"儒兵合一"。

---

① 该文发表于《社会科学家》，1994年第5期。

思想分析：以儒入兵主导军事理论话语权

话语即权力，话语即地位，在以儒入兵的历史潮流中，军事理论中不乏儒家之声。

以儒入兵，既有以儒释兵，用儒家思想注解兵家理论，又有文人议兵，文人骚客畅谈军事话题。这既是直接接触，更是强力融合，军事理论成为儒家又一思想阵地和宣传阵地。

王阳明，一介书生，早年研读兵书，批注《武经七书》，在他任职不久即上《陈言边务疏》，系统阐述了自己关于边防建设的思想，这一切看起来顺理成章，实际表明文人研兵、议兵已成常态。

儒家思想在汉朝成为正统思想后，儒生政治地位得到提升，逐渐成为文官集团的主体，他们或因职责、或因理想，频频涉足军事。

据许保林编著的《中国兵书知见录》记载，宋元至明清时期的兵书总数为两千五百本，而明清时期的兵书总数为两千零五本，占据了整个封建时代兵书的较大份额。在这些兵书中不乏文人著作，这正是儒家获得政治地位后对兵家关注的结果。

以儒释兵：从《十一家注孙子》看儒家如何注解兵书

一花一世界，一叶一菩提。一本《十一家注孙子》（以下简称《注》）诠释着兵家著作的儒家式解读，讲述着以儒释兵的核心要义。

《注》由宋代吉天保①编辑，收录了曹操、梁孟氏、李筌、贾林、杜佑、杜牧、陈皞、梅尧臣、王晳、何氏与张预十一人对《孙子兵法》的注释。《孙子兵法》虽是兵家圣典，但《注》中多从儒家角度阐述问题，这本注书成了"儒兵合一"的时代结晶。

---

① 吉天保，南宋时人，根据《宋史·艺文志》记载，他编辑了《十家孙子会注》，目前学术界一般认为该书是《十一家注孙子》的原版。

《注》中导入了大量爱民思想，儒家以民为本理念得到充分体现。

如对"天者"的解读：

> 天者，阴阳、寒暑、时制也。[1]

孙子根据自然现象和规律解释了"天"的内涵，总结归纳了阴阳、寒暑和时节三个要素，而《注》中各家进行了儒家解读，曹操说"天"是：

> 顺天行诛，因阴阳四时之制。故《司马法》曰："冬夏不兴师，所以兼爱民也。"[2]

曹操认为作战要顺应天道，兼爱百姓，考虑百姓需要，其本质是儒家的仁爱思想。

兵家行兵道，儒家奉仁义，《注》中却用儒家之仁阐释了兵家之道。

孙子曰：

> 善用兵者，修道而保法，故能为胜败之政。[3]

善于用兵的人，要会修道保法，这"道"是制敌之道，战胜之道，所谓"保法"更多的也是倾向于严明法纪，固守制度，而在《注》中则出现了明显的转向。

> 李筌曰：以顺讨逆，不伐无罪之国；军至，无虏掠，不伐树木、污井灶；所过山川、城社、陵祠，必涤而除之，不习亡国之事，谓之道法也。
>
> 杜牧曰：道者，仁义也；法者，法制也。善用兵者，先修治仁义，保守法制，自为不可胜之政；伺敌有可败之隙，则攻能胜之。[4]

从李筌和杜牧的观点看，孙子战争上的制胜之道变成了儒家的仁义、礼让，所以善于用兵者就应该先行仁义。如对"军至，无虏掠"的解读，李筌认为有道就是军队抵达了一个地方后遵守法度不去劫掠，这与孙子的主张相差甚远。孙子提倡以战养战，因敌就食，不取食于敌又何以减轻本国军需压力，他在《孙子兵法》中曾说：

---

[1] 孙武著，刘智译注：《孙子兵法》，吉林美术出版社，2015年，第5页。

[2] 同上。

[3] 孙武：《十一家注孙子校理》，中华书局，1999年，第96页。

[4] 同上书，第96～97页。

善用兵者，役不再籍，粮不三载，取用于国，因粮于敌，故军食可足也。①

孙子认为，对外作战，敌国百姓是军需物资的重要来源，从敌人那里获取军需给养才是善于用兵的表现。

儒家对兵家理论的"改造"，还体现在对兵家实利主义的纠正上。儒家和兵家均以国家强盛为目的，但儒家强调以仁治国、以德服人，兵家主张实利主义、重视效益。在《孙子兵法》中，孙子说：

毁人之国而非久也。②

孙子认为毁灭敌国，并非长久占领。贾林顺着孙子的思路给出了"兵不可久，久则生变"的分析，但他马上又以儒家视野去看待这个问题，他说：

但毁灭其国，不伤残于人，若武王伐殷，殷人称为父母。③

即使攻破敌国，也不能伤害敌国之民，当年武王伐纣不伤殷民，殷民都视武王为再生父母。贾林将儒家之仁融入了攻城毁国中。

窥一斑而见全豹，观滴水可知沧海。《十一家注孙子》里的孙子语录注解，满是儒家思想的解读，承载着"儒"与"兵"的融合使命，成了"以儒释兵"的缩影，折射出时代发展的必然趋势。

文人论兵：军事领域的文人"论坛"

除了以儒释兵，文人议兵是以儒入兵更为广泛的表现形式，是思想文化更活跃的舞台。文人围绕军事主题畅谈古今、建言献策，自古便呈现出"言兵者不止兵家，论兵者不止兵书"的局面，随着时代的发展愈加丰富精彩。

诗言志，歌咏言，诗词歌咏一直是文人的主场，但却广涉军事话题。

唐代诗人杜甫有诗：

---

① 孙武：《孙子兵法》，吉林美术出版社，2015年，第21页。
② 同上书，第38页。
③ 同上。

前出塞九首·其六

挽弓当挽强，用箭当用长。

射人先射马，擒贼先擒王。

杀人亦有限，列国自有疆。

苟能制侵陵，岂在多杀伤？

诗中，杜甫既进行了战略战术分析又表达了真挚感情。"挽弓当挽强，用箭当用长。射人先射马，擒贼先擒王。"一针见血，干净果断。杜甫指出作战就要使用质量上乘的武器，就要有一招制敌的撒手锏；在战略上，要攻其关键，打掉核心，抓住主要矛盾，以破点带动破局。

后四句杜甫慷慨陈词，直抒胸臆："杀人亦有限，列国自有疆。苟能制侵陵，岂在多杀伤？"振聋发聩的呼声，爱民如子的情怀，跃然纸上。杜甫认为军队是守卫边疆、保护人民的特殊集体，而不是一群嗜杀成性的混世魔王。他还认为各国本就有一定的疆域，只要能够制止外敌入侵，就不必枉杀人命，体现了反对侵略、以战止战、限战保民的思想。

除了诗歌写意，文人议兵也在"儒兵合一"发展中扮演着重要角色。

1165年，南宋爱国诗人辛弃疾豪情满怀、奋笔疾书，就抗金救国、收复失地、加强国防写下论文10篇，称为《美芹十论》。《宋史》有载：

> 作九议并应问三篇、美芹十论献于朝，言逆顺之理，消长之势，技之长短，地之要害，甚备。[1]

辛弃疾在《美芹十论》中全面总结了宋、金斗争的经验教训，分析利弊得失，阐述了对金的战略战术，体系完备，堪称经典。

在辛弃疾之前，也有一位文人出身的军事战略家积极上疏建言，他就是北宋的张方平。张方平通过"举茂材"推荐而为校书郎，逐渐磨砺成国家大臣。

张方平亦处多事之秋，雄踞西部的李元昊割据一方，对抗宋朝。天下兴亡，匹夫有责。面对与朝廷离心的李元昊，张方平建议选练精兵，检修武

---

① 脱脱等：《宋史》，中华书局，1977年，第12162页。

器，闭城待敌，以达到"以不可胜待之""以全制其后"的效果，但多数官员自恃国库充盈，不能姑息，必欲惩之而后快。

在这种情况下，张方平深入分析时局，提出屯兵河东，攻击元昊巢穴的方针，实现攻其必救、围点打援的目的，写成《平戎十策》进献朝廷，可惜当时宰相吕夷简"善其策而不果行"。

《平戎十策》切中要害，观点鲜明，结合实际，具有很强的战略思维，即使在今天仍有研究价值。

无论是杜甫的诗中有情，还是辛弃疾和张方平的论中有略，以他们为代表的文人涉足军事领域产生了大量作品，既将儒家思想融入军事领域，又丰富发展了军事思想。

在以儒入兵的潮流下，兵家逐渐被儒家"同化"，从此兵学理论无不都带着儒家色彩，兵家和儒家的界限渐近溶解，"儒兵合一"发展呈现新态势。

军事技术分析：武器现代化助推将领智谋化

科技是第一生产力，科技也是战争的间接推手。在科技发展的引领下，战争由简单的身体对抗，发展到刀光剑影，再到火药武器的使用，作战方式发生了革命性变化，文人统兵的体能要求不断降低，将领开始向专职化、智谋化转变，"儒兵合一"发展不断增速。

军事技术发展虽可追溯上古，但以冷、热兵器为两大主体，秦朝可以视为冷兵器发展的一个历史节点，所以本部分所涉及秦朝以前的资料可作为秦朝后军事技术发展的一个前探。

战争的发源可以远溯五千年前，甚至可以说是伴随着人类群居活动出现而开始的。《淮南子集释》有载：

> 兵之所由来者远矣！黄帝尝与炎帝战矣，颛顼尝与共工争矣。故黄帝战于涿鹿之野，尧战于丹水之浦，舜伐有苗，启攻有扈。自五帝而弗能偃也，又况衰世乎！[①]

从三皇五帝开始，战争就已成为部落之间解决问题的方式之一，这时战争限于武器装备的水平，主要以石头、棍棒等进行对抗，规模相对较小，多数情况下以部落首领为军事统帅。

即使在春秋战国早期，多数诸侯仍担任着军事统帅。据《史记》记载：

> 冬，十一月，襄公与楚成王战于泓。[②]

宋襄公不听大臣劝阻，亲率军队与楚国作战。可见，这一时期君主仍然履行军事统帅的职能。

《左传》记录了晋国大夫里克的话，他说：

> 夫帅师，专行谋，誓军旅，君与国政之所图也。[③]

率军作战，制订方案，实施部署，是君主和正卿的职责，武将主要负责冲锋陷阵。

---

① 何宁：《新编诸子集成·淮南子集释》，中华书局，1998年，第1044~1045页。
② 司马迁：《史记》，中华书局，1959年，第1626页。
③ 左丘明：《左传》，中华书局，2012年，第308页。

随着青铜、冶铁技术发展，武器装备大为改进，战争变了模样。据《国语》记载：

美金以铸剑戟，试诸狗马。①

冶炼出来的好铁首先运用于武器制造，极大加强了个人作战能力，丰富了作战样式，军队规模也进一步扩大，军事统帅逐渐从将领中产生，走向专职化。

专职化使得部分将领从冲锋陷阵中解脱出来，他们将更专注于搜集信息情报、研判敌情要素、定下战斗决心等脑力活动，推动了武将智谋化转变。

春秋战国时期，对智谋的要求日益凸显。在《孙子兵法》中，孙子曾说：

将者，智、信、仁、勇、严也。②

在五条标准中，孙子将"智"放在首位，强调将领要有足够的智慧实现作战意图，不仅要勇冠三军，还需智谋过人。对此，吴起在《吴子兵法注释》中做了更为详细的论述：

吴子曰："凡兵有四机：一曰气机，二曰地机，三曰事机，四曰力机。三军之众，百万之师，张设轻重，在于一人，是谓气机。路狭道险，名山大塞，十夫所守，千夫不过，是谓地机。善行间谍，轻兵往来，分散其众，使其君臣相怨，上下相咎，是谓事机。车坚管辖，舟利橹楫，士习战陈，马闲驰逐，是谓力机。知此四者，乃可为将。③

吴子认为要能凝聚士气，知晓地理，分化敌人，武艺精湛，"乃可为将"，为将不仅需体力对抗，还要脑力比拼。这种趋势，促使将领掌握更多知识来支撑作战，加速将领由体能型向技能型、智谋型转变。他们在向外扩充知识的过程中，尤其是汉朝儒家政治地位确立后，儒家思想必然被重点关注和借鉴，甚至有的将领用儒家思想来教育引导官兵等，主动进行儒家化改造。

唐朝末年，随着科技发展，火药开始运用于战争，作战方式受到了更为深刻的影响。

---

① 左丘明：《国语》，上海古籍出版社，1978年，第240页。

② 孙武著，刘智译注：《孙子兵法》，吉林美术出版社，2015年，第5页。

③ 吴起：《吴子兵法注释》，上海人民出版社，1977年，第30～31页。

据《九国志》记载，唐朝末年，杨行密围攻豫章，部将郑璠：

> 以所部发机飞火，烧龙沙门，率壮士突火先登入城，焦灼被体。①

这里所说的"飞火"，即"火炮""火箭"等火药武器，是初级的火药武器，主要用于纵火。

经过宋元时期的研究，火药技术得到长足发展，明朝时期已经比较完备，国家设立兵仗、军器两个机构专门负责生产火器，其种类之多、体系之全令人惊叹。《明史》有记：

> 明置兵仗、军器二局，分造火器。号将军者自大至五。又有夺门将军大小二样、神机炮、襄阳炮、盏口炮、碗口炮、旋风炮、流星炮、虎尾炮、石榴炮、龙虎炮、毒火飞炮、连珠佛郎机炮、信炮、神炮、炮里炮、十眼铜炮、三出连珠炮、百出先锋炮、铁捧雷飞炮、火兽布地雷炮、碗口铜铁铳、手把铜铁铳、神铳、斩马铳、一窝锋神机箭铳、大中小佛郎机铜铳、佛郎机铁铳、木厢铜铳、筋缴桦皮铁铳、无敌手铳、鸟嘴铳、七眼铜铳、千里铳、四眼铁枪、各号双头铁枪、夹把铁手枪、快枪，以及火车、火伞、九龙筒之属，凡数十种。②

> 是后，辽东巡抚魏学曾请设战车营，仿偏箱之制，上设佛郎机二，下置雷飞炮、快枪六，每车步卒二十五人。③

在戚继光《纪效新书》中记载，他编练的步兵营、车营、水兵营、辎重营、骑兵营均配备了较高比例的火药武器。

火药武器的运用实现了非接触杀伤，提升了部队战斗力，弱化了体能要求，降低了文人带兵打仗的门槛，文人可以更加直接参与到军事实践，提升了文人统兵的质量。

---

① 路振：《九国志》，江苏古籍出版社，1988年，第69～70页。
② 章培恒、喻遂生主编：《明史》，汉语大词典出版社，2004年，第1815页。
③ 同上书，第1818页。

第十三章
从明朝危机看王阳明 "儒兵合一" 的客观必然

"儒兵合一"是一种趋势，在历史大潮中滚滚向前，一刻也不会停止。而明朝，以不一样的发展土壤，迎接着"儒兵合一"。

明朝，有梦有歌，今天还有不少人在感叹它的时代风采；明朝，亦有痛有泪，从中期开始就矛盾交织、衰相丛生。历史的铁律，每一个朝代都会遇到自己的时代问题，但是明朝却很是不幸，边境线上有外族虎视眈眈，"庙堂之高"有宦官专权乱政，"江湖之远"有矛盾不可调和。

危机重重的明朝，政治的窘境呼唤着济世良方，生存的压力呼唤着解难高手。更为重要的是，危机的倒逼造就了文人领兵打仗的现实舞台。在这个舞台上，他们不再是以儒释兵、纸上谈兵，他们在这一直接实践平台，接受实战的检验，更好地践行"儒兵合一"，发展"儒兵合一"。明代的有志之士，特别是历经磨难后的王阳明，紧紧抓住了这一时代机遇，在统兵打仗中践行着"儒兵合一"，用七战七捷论证着"儒兵合一"。

外族入侵危机倒逼

明朝虽然推翻了元朝统治，但逃入北方的残余势力始终是明朝的隐患，洪武年间（1368—1398年）朱元璋多次对蒙古出兵。

洪武三年（1370年）正月，朱元璋派遣将领徐达、李文忠分别统领东西两路兵马扫除元朝残余势力。这次作战取得大胜，西路军徐达擒获官员一千八百六十五人、将校士卒八万四千五百余人，获马一万四千八百余匹[①]；东路军李文忠，因元顺帝已死，主要擒获皇室成员和宫人等。经此一战，元朝残余势力被迫北撤，减轻了明朝边防压力。

洪武二十年（1387年），朱元璋任命将领蓝玉为征虏大将军继续对蒙古用兵，擒获将相官校三千人，军士男女七万七千余人，获马四万七千余匹，牛羊十万头[②]。从此元朝残余势力日渐衰微，加上明朝对蒙古各部实施分化战略，不少蒙古部族前来归顺，基本稳定了北方局势。

明朝中期，国力下降，蒙古部族的鞑靼部、瓦剌部和兀良哈部等开始崛起。

正统初年，瓦剌部逐渐成为蒙古最强部族。恰逢此时明朝正对麓川用兵，且在宦官王振的把持下，朝政败坏，瓦剌部迎来了发展的黄金期，并于正统十四年（1449年）的"土木堡之变"中证明了自己的实力。

正统十四年（1449年）八月，在离怀来城仅二十里的土木堡发生了一场战役。

这场战役是明王朝由初期进入中期的转折点，这场战役明英宗朱祁镇当了俘虏，这场战役明朝五十万精锐死伤过半。

对手是谁？瓦剌，人数并不多。《否泰录》有载：

其实虏（瓦剌军队）众仅二万。[③]

五十万败于二万，如此荒唐，只因宦官王振[④]当道，蒙蔽皇帝，导致明军

---

① 数据来自南炳文、汤纲编著的《明史》。

② 数据来自《明史·鞑靼传》。

③ 薄音湖，王雄编辑、点校：《明代蒙古汉籍史料汇编》（第一辑），内蒙古大学出版社，2006年，第68页。

④ 王振（？—1449），山西蔚州（今河北蔚县）人，明英宗即位后，掌管司礼监，勾结内外官僚，形成专权。

处处陷于被动，困于土木堡，最终明英宗被俘，史称"土木堡之变"。

正统十四年（1449年）七月，瓦剌部在向明朝邀赏①不成的情况下，恼羞成怒，兵分四路大举内侵，实则是对明朝不宣而战。大同参将吴浩在作战中阵亡，瓦剌部势不可挡。当时，正值夏天，粮食还没成熟，对于明朝来说无异于青黄不接的困难时期。无知则无畏，在王振的强力鼓动下，明英宗朱祁镇不顾大臣劝阻，于七月十六日率五十万大军浩浩荡荡从北京出发，决定教训瓦剌。

军队抵达大同，王振接到心腹密报，瓦剌军队并非不堪一击，而是精悍异常，素未知兵的王振当场吓得目瞪口呆，一个"跑"字立马冒了出来。逃跑，少部分人尚可组织，五十万大军就不容易，况且王振只顾个人安危，不管部队，结果出现五十万人狂奔乱跑的景象。更为可笑的是，王振因怕大军从自家庄园经过造成破坏，专门绕开近路选择远路撤退，结果很快就被瓦剌军队追上，团团围住，终成大败。

皇帝被俘的消息很快就传到北京，天下震动，不知所措。据《明史》记载：

　　及驾陷土木，京师大震，众莫知所为。②

皇帝当俘虏，文人来救场。

在此危机之下，于谦③一介文人，登上了历史舞台。据《明史》记载：

　　当是时，上下皆倚重谦，谦亦毅然以社稷安危为己任。④

于谦成为上下倚重的大臣，他也毅然担起了拯救国家的重任，他稳定时局，请立新君，整备军务，保卫京师，明朝渡过劫难。

土木堡之变，在于谦力挽狂澜下实现了相对圆满的收局，明朝只是更立新君，瓦剌也并没有捞到多少好处。明朝暂时平静下来了，但也揭开了江山稳固的虚假面纱。

---

①　瓦剌向明朝进贡物品，明朝给予优厚的赏赐，后发展成为瓦剌赚取金钱的重要途径，经常发生冒领赏赐的事情，还主动向明朝索取赏赐。

②　章培恒、喻遂生主编：《明史》，汉语大词典出版社，2004年，第3312页。

③　于谦（1398—1457），字廷益，号节庵，浙江杭州府钱塘县（今杭州上城）人，明朝名臣、民族英雄。1449年，土木堡之变发生后他力排南迁之议，请立明代宗，稳定时局。公元1457年，英宗复辟，他在石亨等人的诬陷下被杀。

④　章培恒、喻遂生主编：《明史》，汉语大词典出版社，2004年，第3313页。

"土木堡之变"后，瓦剌内部矛盾开始激化，争权夺利导致部族人心相离，走向衰败，趁之而起的是鞑靼部。

游牧为生的鞑靼部，不断骚扰明朝边境，尤其是河套地区。成化元年（1465年），鞑靼部首领孛来率部进驻河套地区，将其作为前进基地。边关告急，明朝派出军事力量进行打击，但是游牧民族多是骑兵，机动能力强于明军，往往明军还没有到，鞑靼军已不知踪影，明军一撤鞑靼军又来了。即使是正面相遇作战，明军也多吃败仗。

《明史》中有不少关于他们内侵的记录。

弘治十四年（1501年）：

> 以十万骑从花马池、盐池入，散掠固原、宁夏境，三辅震动，戕杀惨酷。[1]

正德八年（1513年）：

> 以五万骑攻大同，趣朔州，掠马邑。[2]

鞑靼军来去自由，为恶多端；明朝疲于应付，边境难得安宁。不仅如此，来自北方的侵袭还构成了对北京的潜在威胁，明成祖朱棣称帝后迁都北京，有着"天子守国门"的气概，但若国防不强，军队不精，以骑兵为主的蒙古族则能在短时间内直抵北京城下，形成对国都的战略攻势。

危机激发了王阳明等人的报国之志。在国家危难之际，王阳明主动加强军事研究。据记载：

> 当时边报甚急，朝廷推举将才，莫不遑遽。先生念武举之设，仅得骑射搏击之士，而不能收韬略统驭之才。于是留情武事，凡兵家秘书，莫不精究。每遇宾宴，尝聚果核列阵势为戏。[3]

精研兵学，以致痴迷，这些经历成为王阳明军事思想的发端，为日后军事实践奠定了基础，成为他"儒兵合一"的初始积累。

---

[1] 章培恒、喻遂生主编：《明史》，汉语大词典出版社，2004年，第6843页。
[2] 同上书，第6844页。
[3] 王守仁：《王阳明全集》（四），线装书局，2014年，第6~7页。

宦官专权危机倒逼

历史是最好的镜子。朱元璋反思历朝败亡原因，深刻认识到宦官之危害，建立明朝后极力压制宦官。据《明史》记载：

> 有内侍事帝最久，微言及政事，立斥之，终其身不召。因定制，内侍毋许识字。洪武十七年，铸铁牌，文曰，"内臣不得干预政事，犯者斩"，置宫门中。又敕诸司毋得与内官监文移往来。[1]

在朱元璋看来，即使是侍奉自己多年的老太监，只要言及政事，立即斥退，永不再用，他还规定太监不得识文认字，各部门不得与太监有文书往来，专门立铁牌警戒。

朱元璋用心良苦，但较为讽刺的是，终明一朝，宦官始终是一颗毒瘤，蛮横一世、兴风作浪者如王振、刘瑾、魏忠贤等，而打开这一潘多拉魔盒的正是朱元璋的儿子朱棣。

朱棣通过靖难之役[2]取得政权，这期间太监为其提供诸多情报，甚至建有军功。据《明史》记载：

> 及燕师逼江北，内臣多逃入其军，漏朝廷虚实。文皇以为忠于己，而狗儿辈复以军功得幸，即位后遂多所委任。[3]

朱棣不仅宠幸他们，有些宦官还成为出使他国的大使和坐镇军队的监军。

> 永乐元年，内官监李兴奉敕往劳暹罗国王。三年，遣太监郑和帅舟师下西洋。八年，都督谭青营有内官王安等。又命马靖镇甘肃，马骐镇交阯。[4]

近水楼台先得月，日日相伴，朝夕相处，对皇帝生活习性了如指掌，不少宦官成为皇帝身边掌有权势的心腹人员。宦官凭借皇帝这一底牌逐渐进入帝国权力中心，到成化年间（1465—1487年），宦官形成专权势力，操控国

---

① 章培恒、喻遂生主编：《明史》，汉语大词典出版社，2004年，第1437页。

② 靖难之役，又称靖难之变，建文元年（1399年），燕王朱棣起兵反叛侄儿建文帝朱允炆，建文四年（1402年），朱棣攻下帝都应天（今江苏南京），登上帝位，是为明成祖。

③ 章培恒、喻遂生主编：《明史》，汉语大词典出版社，2004年，第6211页。

④ 同上。

政，危害严重。

他们干预朝政。在明朝，内阁大臣将处理奏章的意见呈报皇帝，皇帝审定后，由太监誊写。本只是抄抄写写的普通差事，后来由于皇帝懒于朝政，内阁大臣拟上来的意见多交由太监处理，简单几个字便会牵涉无数人和事，宦官似乎成了新的权力代理人。黄宗羲在《明夷待访录》中说：

> 吾以谓有宰相之实者，今之宫奴也。[1]

宦官也利用这一"特权"，大肆参与朝政，朱元璋当年所担心的事情终究还是顺着历史的缝隙钻了出来。

他们操纵官员任免。宦官利用与皇帝的特殊关系，往往凌驾于大臣之上，为维护个人地位和威严，结党营私，打击异己，构建自己的势力圈子。而实现这些的重要手段就是操纵官员任免。《明史》有载：

> 工部郎中王祐以善诣擢本部侍郎，兵部尚书徐晞等多至屈膝。其从子山、林至荫都督指挥。[2]

因为善于巴结宦官王振，王祐、徐晞等都得到升迁。

权力能成为伸张正义的法杖，亦可为宦官排除异己的工具。《明史》记载了王振滥用权力所犯下的累累罪行：

> 侍讲刘球因雷震上言陈得失，语刺振。振下球狱，使指挥马顺支解之。[3]

刘球因为上疏陈述朝廷得失，涉及宦官王振，结果被王振关进监狱，并将其肢解，残忍至极。

这样的政治生态势必挤压正直之士、贤能之人的生存空间，造成朝中难有正气、少有诤臣的局面。

他们掌控厂卫机构。东厂、锦衣卫等是皇帝设置来掌握情况的特务机构。《明史》记载：

> 十八年置东厂，令刺事。盖明世宦官出使、专征、监军、分镇、刺

---

① 沈善洪主编：《黄宗羲全集》（第1册），浙江古籍出版社，2005年，第9页。
② 章培恒，喻遂生主编：《明史》，汉语大词典出版社，2004年，第6218页。
③ 同上。

臣民隐事诸大权，皆自永乐间始。①

这些特务机构后来逐渐为宦官掌握操控，演变成行使私人特权的组织、排除异己的残酷工具，大量官员在厂卫迫害下成为冤屈之魂。

宦官还插手军队事务，担任镇守、守备等职，或到军队统兵、监军，对明朝文官和武官系统都进行了干预，整个政治生态受到影响。

在宦官的操控下，朝廷阿谀成风，空乏正气。《明史》记载：

> 振权日益积重，公侯勋戚呼曰翁父。畏祸者争附振免死，赇赂辏集。②

公侯勋戚竟然称一个太监为翁父，廉耻之心全无。

更为可笑的是，宦官不懂国政却"瞎指挥"，造成国家危机。王振就是一个鲜活的例子，《明史》记载：

> 十四年，其太师也先贡马，振减其直，使者恚而去。秋七月，也先大举入寇，振挟帝亲征。③

正是王振不知轻重，挟帝亲征，大败无归，成为千古罪人。

劣币驱逐良币，大量人才遭到排挤，离开中央流放地方，当国家面临危机时中央往往少有能堪大任者。

王阳明父子就是受宦官刘瑾迫害，各自流落。《王阳明全集》记载：

> 是时武宗初政，奄瑾窃柄。南京科道戴铣、薄彦徽等以谏忤旨，逮系诏狱。先生首抗疏救之……疏入，亦下诏狱。已而廷杖四十，既绝复苏。寻谪贵州龙场驿驿丞。④

顺境是人生之幸，逆境却是人生之力。刘瑾专权遮盖了正义之光，却给了王阳明自我思考、审视灵魂的机会。在龙场的王阳明迎来了人生转折点，悟出了"格物致知"之道，开始构建心学体系，也正是朝中人才流失的态势，王阳明即使远在地方，仍然被兵部尚书王琼推荐，获得领兵打仗的机会。

---

① 章培恒，喻遂生主编：《明史》，汉语大词典出版社，2004年，第6211~6212页。
② 同上书，第6218页。
③ 同上。
④ 王守仁：《王阳明全集》（四），线装书局，2014年，第9页。

内部矛盾危机倒逼

在明中期延续一百多年的时间里，农民起义连绵不断，不仅起义的次数多，涉及的地区广泛，几乎遍及全国各个省区，而且往往是一个高潮平息不久，又有新的高潮到来，高潮之间间隔也很短，其中以正统、成化、正德时期最为集中。

——白寿彝《中国通史》[1]

史学家白寿彝的论述再现了明朝中期如火如荼的农民起义热潮。

朱元璋凭借农民起义建立了明朝，但农民起义自明朝中期开始就一直伴随着明朝，成为甩不掉的国家危机。

明初，朱元璋关注百姓疾苦，实行惠民之政，尤其对欺压百姓的贪官污吏恨之入骨，大整吏治，缓和了社会矛盾。

据《明实录·明太祖实录》记载，洪武元年（1368年），皇帝登基，州府官员都来朝贺，朱元璋语重心长、谆谆告诫：天下初定，百姓财力俱困，譬犹初飞之鸟，不可拔其羽，新植之木不可摇其根，要在安养生息之。

国家刚立，百姓穷困，就像雏鸟一样，万不能做伤害生民这类拔羽去毛的事情。不仅如此，朱元璋还大义灭亲，他的女婿欧阳伦因贩卖茶叶出境，直接被处死。

随着朱元璋、朱棣等君主的远去，继任者逐渐失去勤政爱民的作风，国家机器也在超负荷运转中消耗元气，到明朝中期，社会矛盾开始集中显现。

剧烈的土地兼并使农民失去了赖以生存的基础。到明朝中期，商品经济的发展引发了土地买卖热潮，贵族和地主手中集中了大量土地。《明史》记载：

而为民厉者，莫如皇庄及诸王、勋戚、中官庄田为甚。太祖赐勋臣公侯丞相以下庄田，多者百顷，亲王庄田千顷。[2]

平民百姓无立锥之地，而有的皇家贵族的庄田却多达上千顷，如此一

---

[1] 白寿彝主编：《中国通史》，上海人民出版社，2004年，第275页。

[2] 章培恒、喻遂生分史主编：《明史》，汉语大词典出版社，2004年，第1492页。

来，不少失去生活来源的百姓被"逼上梁山"。

军屯和商屯制度的破坏加重了国家财政危机。明初为了解决军粮、军费问题制定了军屯和商屯①制度，节省了军费，减轻了财政压力，解决了边境军民的生存问题。《明史》记载：

> 屯粮者，明初，各镇皆有屯田，一军之田，足赡一军之用，卫所官吏俸粮皆取给焉。②

> 在镇数载，筑边垣万一千八百余丈，以花马池闲田二万顷给军屯垦，边人赖之。③

通过军屯基本能够解决边军粮食问题，这些田地也成为边人赖以生存的基础。到明中叶，这些制度遭到破坏，屯民流失，物价上涨，边储匮乏，失去生存基础的屯民多数加入流民序列，增加了社会动荡因子。

过重的赋税和剥削断绝了农民的生存希望。国家财政主要来自税收，其中一大部分来自土地赋税，但到明朝中期，躲避税赋隐藏田地的情况比较严重。从洪武初年到弘治年间，一百四十年左右，统计上来的土地减少一半④，不是划给王府贵胄不予登记，就是狡诈刁民隐瞒不报。田地减少而花销日增，最终还得由最底层的百姓来分摊，加之地方官吏层层加码，被逼上绝路的百姓只得选择与国家对抗，求取生存。

南炳文、汤纲合著的《明史》记载了明朝中期八次规模较大的农民起义，根据相关数据制成下表：

---

① 商屯，亦称盐屯，由盐商召集百姓在边疆屯田，以所产之谷物向政府换取盐引，以此缓解军队粮草、军费问题。

② 章培恒、喻遂生分史主编：《明史》，汉语大词典出版社，2004年，第1585页。

③ 同上书，第4038页。

④ 原文出自《明史·食货志》：自洪武迄弘治百四十年，天下额田已减强半，而湖广、河南、广东失额尤多。非拨给于王府，则欺隐于猾民。广东无藩府，非欺隐即委弃于寇贼矣。

明朝中期八次规模较大的农民起义列表

起义	时间	规模
浙江叶宗留领导的矿工起义	正统十年至景泰元年（1445—1450年），历时6年	起义军最多时达数万人，波及浙江、江西、福建等地
福建邓茂七起义	正统十三年至正统十四年（1448—1449年），历时2年	起义军发展到数万人，波及福建、浙江等地
广东黄萧养起义	正统十三年至景泰二年（1448—1451年），历时4年	起义军多达数万人，战舰千艘，集中于广东
大藤峡地区瑶、壮族人民的起义	永乐三年至嘉靖十八年（1405—1539年），历时近140年	起义队伍达万余人，集中在广西大藤峡地区
荆襄流民起义	成化元年至成化七年（1465—1471年），历时7年	流民多时达到150万人以上，波及湖广、河南、陕西、四川等地
四川农民起义	正德三年至正德九年（1508—1514年），历时7年	起义军壮大至十万人，带动四川多地发生武装暴动
河北刘六刘七起义	正德五年至正德七年（1510—1512年），历时3年	人数达十余万人，转战今河北、山东、北京、安徽、湖北、江苏、河南等地
江西农民起义	正德六年至正德十三年（1511—1518年），历时8年	多支起义军相互支持，达数千人，波及江西、福建、广东、浙江等地

从表可见，农民起义遍及长江以南地区和北方的河北，起义军的规模少则数千人，多则数万人甚至十余万人；短则几年，长则一百多年，且其中不少农民起义在抗争中逐渐演化为"民乱"，起义军转化为贼匪，不仅严重影响百姓生产生活，而且威胁国家安危。

农民起义冲击着明朝的统治，国家不得不调动大量军队平息事端，文人登上了统兵打仗的现实舞台。王阳明所处时代，大量民乱的出现，使怀揣儒家理想的他得以奔赴沙场，领兵作战，得以把自己的儒家情怀渗透到作战理念中，在打仗实践中实现"儒"与"兵"的辩证统一。

第十四章
从个人成长看王阳明"儒兵合一"的主观助推

　　王阳明所处时代，文人千千万，官员万万千，为何偏偏是他领兵打仗？为何偏偏是他领兵打胜仗？为何偏偏是他能在领兵打仗中运用"儒兵合一"、实现"儒兵合一"、发展"儒兵合一"？

　　探究根本，人始终是推动"儒兵合一"前进最活跃的因素。是他传承了儒学的家风，是他经受了炼狱的磨难，是他坚定了不改的初心，是他厚实了军事的素养，是他践行了"知行合一"的主张。于是，统兵打仗的他，在这些主观因素的助推下，让我们见到了一个完美演绎"儒兵合一"的王阳明。

儒学家风的基因赓续

家风影响一个人的内在涵养，家风锻造一个人的精神风骨，而在五百多年前的王家，演绎着儒学家风的传承，培塑了王阳明的人格之基、学术之风。

王家发端于琅琊郡。据《王阳明全集》记载：

> 其先出晋光禄大夫览之裔，本琅琊人，至曾孙右将军羲之，徙居山阴；又二十三世迪功郎寿，自达溪徙余姚；今遂为余姚人。①

先祖王羲之徙居会稽郡，其后代又举家迁往余姚，从此在这里扎根发展，逐渐沉淀了良好家风，成为培养王阳明仁爱孝悌、安贫乐道、读书守义、忠君报国品质的原始土壤。

仁爱孝悌：有责任不轻生

儒家重视"孝悌"，王家深受影响，无论处境如何，始终将"孝悌"作为基本信条。

六世祖王纲：一天，一位道人来到家中，和六世祖畅谈通宵，传授占卜的方法，还当场为六世祖占卜。道人看了占卜的结果后，对六世祖说，你的后代中应该会有闻达于世的人物，但是你却不一定能安享晚年，如果愿意就与我一道云游四海吧。听了道人的话，六世祖面露难色，因为家中尚有老母健在，不舍离去，道人只得作罢。②

"父母在，不远游，游必有方"，母亲健在，王纲选择了奉侍在家，正是行孝的实际行动。

祖父王伦：王母平时比较严肃，但对于失去依靠的弟妹十分怜爱照顾。

---

① 王守仁：《王阳明全集》（四），线装书局，2014年，第3页。
② 原文出自《王阳明全集·世德纪》：与语达旦，因授以筮法。且为性常（王纲字）筮之日："公后当有名世者矣。然公不克终牖下。今能从吾出游乎？"性常以母老，有难色。

在母亲的影响下，王伦每次接济亲戚衣服、食物唯恐不够周全，生怕漏了谁，而对于自己的妻儿则关照较少。等到儿子王华当官后，王华从俸禄中分出一部分钱赡养王伦，而王伦又将其中一半用于照顾家族兄弟。①

传承下来的孝悌观念深深扎根于王阳明心中。

曾遭到刘瑾派人追杀的王阳明，通过伪装跳河得以逃脱，本想从此避祸，结果被人好心提醒：你还有双亲在，万一刘瑾知道你逃掉而发怒，诬陷你不是逃到北方的蒙古族去了，就是逃往南方去了，把你的父亲抓起来，到时候你又将如何应对？王阳明听后，想到自己可能连累家人，立即返回。②

正德十六年（1521年），已经50岁的王阳明回到家乡，睹物思人，想起母亲的生育之恩，而自己没有陪在身边，不禁潸然泪下。③正所谓孝为本心，悲从中来。

安贫乐道：有坚守不慕名

在六世祖王纲引导下，不慕名利、淡然物外成了王家的家风。

六世祖王纲有一好友刘基，大明朝的开国元勋，堪称朱元璋的诸葛亮，但在他还是普通百姓的时候，王纲曾对他说：你是真正的王佐之才，但你的面相与雄心不相匹配，平时应要厚施薄受。我平时无心做官，等你飞黄腾达的时候，千万不要让我出来做官。④

既能预见刘基的未来，又提前拒绝他的邀请，不想为世俗所累，可谓真

---

① 原文出自《王阳明全集·世德纪》：母性素严重，而于外家诸孤弟妹，怜爱甚切至。先生每先意承志，解衣推食，惟恐弗及；而于妻孥之寒馁，弗遑恤焉……逮子华官翰林，请于朝，分禄以为先生养。先生复推其半以赡弟。

② 原文出自《王阳明全集·年谱》：其人曰："汝有亲在，万一瑾怒逮尔父，诬以北走胡，南走粤，何以应之？"因为蓍，得《明夷》，遂决策返。

③ 原文出自《王阳明全集·年谱》：先生归省祖茔，访瑞云楼，指藏胎衣地，收泪久之，盖痛母生不及养，祖母死不及殓也。

④ 原文出自《王阳明全集·世德纪》：性常（王纲字）谓之曰："子真王佐才，然貌微不称其心，宜厚施而薄受之。老夫性在丘壑，异时得志，幸勿以世缘见累，则善矣。

名士。

四世祖王杰也是深得遗风，一次考试，看到大家都散发开衣，毫无读书人之气象，心中忿然，从此罢考。[①]

家风的传承在王阳明身上更是完美呈现。面对弟子多次劝说，王阳明仍不慕虚名坚持"述而不作"；面对宁王的厚礼优待，王阳明仍不为心动，坚守正义；面对革除功名的风险，王阳明仍坚持三上奏疏为民请命。王阳明用自己的实际行动诠释了何为真风流，何为真名士。

读书守义：有风骨不谄媚

王家以读书为业，即使家徒四壁，也以读书为第一要务。

祖父王伦的父亲去世较早，家里什么也没有，只留下几箱子书。王伦每次打开箱子，心中无限感慨，流着泪说，这是我先辈所经营的产业，我再不好好地去看去管理，就将没落了。从此，他把大部分的时间都用在了读书上。[②]

读书成了王家人的使命，他们在读书中谈学术、修品性、悟道义。

成化十七年（1481年），王阳明的父亲王华高中状元。进入官场的王华，将读书人的气节坚持到底，纵使面对刘瑾这样的专权宦官，纵使刘瑾多次示好，仍然坚守道义、保持骨气。

> 明年改元，丙寅，瑾贼窃柄，士夫侧足立，争奔走其门，求免祸。公独不往。瑾衔之。时伯安为兵部主事，疏瑾罪恶。瑾矫诏执之，几毙廷杖，窜南荒以去。瑾复移怒于公。寻知为微时所闻名士，意稍解，冀公一见，且将柄用焉。公竟不往，瑾益怒。丁卯，迁南京吏部尚书，犹以旧故慰言，冀必往谢，公复不行。遂推寻礼部旧事与公本不相涉者，

---

① 原文出自《王阳明全集·世德纪》：比入试，众皆散发祖衣，先生叹曰："吾宁曳履衡门矣。"遂归，不复应试。

② 原文出自《王阳明全集·世德纪》：槐里先生蚤世，环堵萧然，所遗惟书史数箧。先生每启箧，辄挥涕曰："此吾先世之所殖也。我后人不殖，则将落矣。"乃穷年口诵心惟，于书无所不读，而尤好观《仪礼》、《左氏传》、司马迁《史》。

勒令致仕。①

自始至终，王华都没有向刘瑾示好，更没有为刘瑾打压所屈服，而王阳明又敢于主动上疏揭发刘瑾罪恶。可见，不阿权贵、坚守道义的品质已经沁入王家骨髓。

忠君报国：有担当不推诿

"忠"是儒家思想的重要内容，也是儒家价值体系对人们的基本要求。

洪武四年（1371年），年已七十的六世祖王纲，在刘伯温的一再举荐下，被皇帝召见，封为兵部侍郎。福祸相依，不久王纲被派往广东督运兵粮，回来途经增城时被盗贼截住。来到贼窝的王纲仍然劝说盗贼归顺，结果这些盗贼非得拜王纲为统领，王纲坚守忠义道德，又怎肯与盗贼为伍？劝归无望，王纲整天骂不绝口，迫于无奈，盗贼将其杀害，并为其忠义所感，放走了与王纲同行的儿子。②

王纲的精神感染后世，他亦成为子孙模范。多年后，王华在儿子王阳明平定宁王朱宸濠叛乱时，于笑谈间彰显忠国之心。

当时战火纷飞，情况不明，但王阳明遇害的消息却传到了王华耳中。大家都劝王华远遁避难，王华却笑着说，我儿子尚能弃家讨贼，我怎能先逃避呢？作为国家大臣，只恨自己年老不能上阵杀敌。③

王华空恨不能上阵杀敌，忠君报国之情溢于言表。

一代代的传承，熔铸了王阳明的爱国之情、报君之忠。

在平定思、田叛乱时，王阳明曾就流官制度的弊病上疏朝廷，批评那些明哲保身的官员。他说：

---

① 王守仁：《王阳明全集》（四），线装书局，2014年，第158页。

② 原文出自《王阳明全集·世德纪》：性常（六世祖王纲）谕以逆顺祸福，不从，则厉声叱骂之。遂共扶异之而去。贼为坛坐性常，日罗拜请不已。性常亦骂不绝声，遂遇害。

③ 原文出自《王阳明全集·世德纪》：公（王华）笑曰："吾儿能弃家讨贼，吾何可先去，以为民望。祖宗功泽在天下，贼行且自毙。吾为国大臣，恨老不能荷戈首敌。"

人臣之不忠也。苟利于国而庇于民，死且为之，而何物议之足计乎！[1]

为民请命，仗义执言，赤子之心，日月可鉴。

经历六世沉淀下来的家风，调配了王阳明最初的精神营养，为他学术上开宗创新、军事上建功立业奠定了基础。

---

[1]　王守仁：《王阳明全集》（四），线装书局，2014年，第86页。

求圣成贤的理想追求

人生征途，荆棘遍布，多有弯路，无论是踽踽独行，还是携众突围，王阳明始终不忘的是自己的初心，他的初心就是求圣成贤。

一次偶遇触发了"第一等事"的思考。

成化十八年（1482年）的一天，只有十一岁的王阳明和同学走在长安街上，突然一名道士打扮的人驻足跟前，一脸诧异，拉住了王阳明，对他说，我看你面相不凡，日后务必记住我的话。等你胡须长到衣领这时，就会进入圣境；等胡须长到丹台处时，就开始孕育圣学；等胡须长到丹田下部时，方能修得圣果，创立圣学。①

一番话，让尚且年幼的王阳明如坠云雾，却促使他静坐凝思、自我审视。据《王阳明全集》记载：

先生感其言，自后每对书辄静坐凝思。②

读书为何？人生为何？

对读书意义的探索引发了王阳明对圣贤志向的追问。王阳明与老师曾有过这样的对话：

尝问塾师曰："何为第一等事？"

塾师曰："惟读书登第耳。"

先生疑曰："登第恐未为第一等事，或读书学圣贤耳。"③

老师的回答道出了普通读书人的世俗追求，但王阳明有着更为崇高的理想，他把做圣贤当成人生第一等事，由此而萌发了求贤致圣的人生理想。

在现实感召下，王阳明的圣贤理想延伸到了儒、兵两个维度。

从儒学角度看，王阳明慕圣学而立圣人之志。

弘治二年（1489年），王阳明坐船经过广信，听闻儒学大师娄谅④居住于

---

① 原文出自《王阳明全集·年谱》：一日，与同学生走长安街，遇一相士。异之曰："吾为尔相，后须忆吾言：须拂领，其时入圣境；须至上丹台，其时结圣胎；须至下丹田，其时圣果圆。"

② 王守仁：《王阳明全集》（四），线装书局，2014年，第4页。

③ 同上。

④ 娄谅（1422—1491），明代著名理学家，字克贞，别号一斋，江西广信上饶人。

此，下船专程拜谒求教。晚辈与鸿儒，一室之内大话格物之学，其中娄谅"圣人必可学而至"的观点，既契合王阳明的本心，又坚定了他的求圣信念。

然而从理学入手的王阳明，并没有取得大的突破，在"格竹"失败后转而沉迷于辞章之学、佛老之道等"五溺"①。

十几度春去秋来，拨得云开雾散。弘治十八年（1505年），王阳明从"五溺"之中摆脱出来，重新追求圣学，开始讲学授业，与好友湛若水"共以倡明圣学为事"。更大的转折出现在三年后，王阳明来到贵州龙场，在这"万山丛棘"中他澄默静坐，自乐自得，悟得格物致知之旨，实现思想裂变，开始构建心学体系。

从军事理想看，王阳明胸怀雄兵奇谋，志在建功沙场。

只有十五岁的他，听闻盗贼作乱，竟想上疏朝廷建言献计。当边情紧张的消息传来，王阳明觉得自己应该有所准备，兵家著作莫不研究，遇到宾客宴会，就用果核摆兵布阵，对军事可以说达到了"痴"的程度。

早年的积淀为王阳明日后征战沙场奠定了基础，也正是军事和儒学两方面的共同成就，刷新了孔子、孟子、朱熹等人以儒学成就立起的圣贤标准，诠释了圣贤的新内涵。

燕然勒功，愿做大明朝的伏波将军，根植儒家的个人理想，内化为王阳明治国平天下的使命担当，他的圣贤理想在儒兵两个维度的延伸最终会合。平天下的使命为王阳明的军事梦提供了指向，他的军事才能又为平天下的理想提供支撑，相辅相成，须臾不离，"儒兵合一"成了实现个人求圣成贤理想的不二法门。

当国防日衰、贼匪成片、百姓困苦等现实问题成为时代痼疾，王阳明毅然决然，他左手拿着儒学经典，右手紧握杀敌利器，行走在贼窝匪区，指挥着千军万马，以儒学教化，用利器除恶，在"仁""诡"的辩证统一中杀敌救世，扶危救难。

---

① 湛若水在王阳明墓志铭中说他年轻时有五溺：初溺于任侠之习，再溺于骑射之习，三溺于辞章之习，四溺于神仙之习，五溺于佛释之习。

"知行合一"的理念主张

"知行合一"学说在王阳明领兵打仗之前即已构建。正德四年（1509年），王阳明应贵州提学副使席元山的邀请到贵州学院讲学，首次提出"知行合一"的观点，"是年先生始论知行合一。始席元山书提督学政，问朱陆同异之辨。先生不语朱陆之学，而告之以其所悟"[1]。王阳明认为"知"和"行"同为一体、本自合一，不可分为二事。他说，"知是行的主意，行是知的功夫；知是行之始，行是知之成"[2]，强调认知与实践相互作用、高度统一。

作为王阳明，要使自己提出的"知行合一"理论有说服力、感召力，就必须自己先去践行。"知行合一"提出后，王阳明无论在生活上还是仕途中，时时处处力求做到言行一致、知行合一。正德十一年（1516年），王阳明开始以文人身份奔赴战场，自然也时刻不忘践行他的"知行合一"理论。

"知行合一"作为一个理论指导，要求王阳明把以儒家思想为主体的"知"与以军事活动为代表的"行"合为一体，从而促推了王阳明"儒兵合一"。王阳明长期受到儒家思想的熏陶，并致力于研究儒家学术，他对世界的认知主要建立在儒家的世界观之上，他的"良知"体系及对善恶的判断与儒家的道德观相一致，所以王阳明的"知"以儒家思想为主体。王阳明开始领兵打仗后，其平乱的军事活动成为王阳明人生实践，也就是王阳明的"行"的重要组成部分。这一时期，王阳明要做到"知行合一"，就必须把自己以儒家思想为主体的"知"与以军事实践为代表的"行"合为一体，也就是王阳明在运用兵家武力的同时会兼顾儒家的仁义道德，融入更多的"仁"及对民众的爱；在倡导儒家思想扬善去恶的同时也会借助兵家诡诈制服顽恶之徒。如王阳明的战争观坚持以民为本、以武为辅，建军治军方略坚持以仁为体、以战为用。王阳明的儒家思想与军事实践相互融合作用，就是

---

[1] 王守仁：《王阳明全集》（四），线装书局，2014年，第11页。
[2] 王守仁：《王阳明全集》（一），线装书局，2014年，第34页。

王阳明的"儒兵合一"理念。

"知行合一"作为王阳明重大儒学成就之一，是王阳明"知"的重要组成部分，其生动运用于军事实践这个"行"之中，从而丰富了王阳明"儒兵合一"军事实践。王阳明强调把"知行合一"融入军队建设、作战指挥等方面。比如练兵用将，王阳明注重训练胆气，塑强内心，保证将士战时和平时一样，镇定自如、知行合一；他还主张"御将不中制"，在一定范围内扩大手下将领的权力，让其拥有自主决策的机会，接受各种磨难和历练，最终成为临危不惧、心不为动、知行一致的指挥员。再比如指挥作战，王阳明正反运用"知行合一"高效解决战斗，王阳明时刻注重收集情报，全面把握战争态势，因势制谋，精准行动，打击敌人；同时，王阳明大量使用攻心计，扰乱敌人心智，使其假知错行，破绽百出，逐渐丧失战斗能力。"知行合一"在王阳明军事实践中的运用其实是他把新儒学思想融入军事实践的具体表现，也就是王阳明"儒兵合一"的一种生动体现。

第五部分

王阳明"儒兵合一" 意 在哪

真正的灵魂在时间里永恒。

一介书生王阳明，处明朝衰败之时，临危受命。他扫荡积寇，救百姓于水火；他生擒宁王，扶大厦将倾；他善解边患，还政通人和；他躬身实践，显心学魅力；他照亮后人，为表率标杆。

扶危救乱，王阳明操持天下安宁，成国家之柱石；"战""学"并进，王阳明用军事实践检验心学理论，成心学之宗师。

青山遮不住，毕竟东流去。王阳明的思想没有在时间中黯淡，反而历久弥新，点亮戚继光、曾国藩等无数后人的心灯，直到今天，仍然有着很强的启示意义。

本部分旨在跨越时间界限、领域差别，阐述王阳明用"儒兵合一"思想指导军事造就的不世之功及其"儒兵合一"军事实践对心学理论发展的积极意义，并从部分后人身上探寻王阳明的深刻影响，再现"儒兵合一"王阳明的时代功绩、学术成就及后世影响。

第十五章
造就了他的时代功绩

　　铅华洗尽，回荡着时间的叩问，是岁月的魔性，风化了刻在石碑上的"功绩"，淡忘了"成功者"的赞歌，就连史书浓妆艳抹的"英雄"也会被毫不留情地撕下面具。

　　历史洪流，一浪高过一浪，时间是谁的宣言？秋雁点过，无声的回答，只见王阳明奔波在战场，以"儒"化人，以"兵"平贼，在"儒兵合一"中取得了辉煌战绩，救百姓于水火，扶大厦之将倾，成为国家功臣。

平定"民乱"——救百姓于水火

王阳明的领兵之路以平定"民乱"开场，足迹遍及南赣地区和广西思恩、田州等地，而在他出场之前官府又有着怎样的窘境，百姓又处在怎样的水火之中？

一切问题均需从贼匪的狡猾、顽固、残忍中找寻答案。

他们是官府眼里的泥鳅，抓不着。王阳明所面对的贼匪非可小觑，多数经过长期发展，为害地方多年，他们在与官兵的斗争中总结了丰富经验，十分狡猾。当官军进剿的时候，贼匪利用地形优势等游动作战，官军往往找不到、剿不尽，或者深入贼区的官军还为贼匪所败。剿而不力，官军不得不变换思路，决定讲和招安。招安的效果并不理想，这些贼匪见好就上、见利则收，而当出了风头、得了实惠又重归山林，重操旧业。如王阳明所诛杀的贼首池仲容，长期盘踞浰头与官军对抗，这期间虽有朝廷招抚，但往往见利而动，利尽又反，成为地方难以除去的毒瘤。

他们是池塘里的水葫芦，压不住。官府平定不力，贼盗肆无忌惮，迅速发展，各省接壤区成了贼巢重灾区，甚至"劫掠州县"，已经到了无法无天的地步。王阳明曾上疏说：

> 先是南、赣抚镇，屡用非人，山谷凶民初为攘窃，渐至劫掠州县，肆无忌惮，远近视效。凡在虔、楚、闽、广接壤山谷，无非贼巢。[1]

多地交界，管理薄弱，连山成片，沦为贼窝，这里成了盗贼发展的"金三角"。

在管治不力的情况下，贼匪发展迅速。王阳明在《申明赏罚以励人心疏》中指出：

> 卷查三省贼盗，二三年前，总计不过三千有余；今据各府州县兵备守备等官所报，已将数万，盖已不啻十倍于前。[2]

---

[1] 王守仁：《王阳明全集》（四），线装书局，2014年，第173页。
[2] 王守仁：《王阳明全集》（二），线装书局，2014年，第20页。

两三年间，三千人发展到数万人，贼匪增加十倍。如此形势，本已捉襟见肘的官军更显不足，国家根基承受着越来越大的冲击。

他们是百姓头上的瘟神，惹不起。贼匪成员中，不少人原是普通百姓，或为生计，或被胁迫，但上了贼船的他们却又泯灭本性，残害百姓。

正德十二年（1517年），王阳明曾在奏疏中记下了贼匪欠下的血泪账：

> 据南安府申大庾县报，正德十二年四月内，被峰贼四百余人前来打破下南等寨，续被上犹、横水等贼七百余徒截路打寨，劫杀居民。又据南康县报，峰贼一伙突来龙句保房劫居民；续被峰贼三百余徒突来坊民郭加琼等家，掳捉男妇八十余口，耕牛一百余头。又有峰贼一阵掳劫上长龙乡耕牛三百余头，男妇子女不知其数。①

这些盗贼打家劫舍，抢夺耕牛，掳掠人口，百姓生活苦不堪言、惨不忍睹。

再看多年的思恩、田州之乱造成的惨象：

> 照得思恩、田州连年兵火杀戮之余，官府民居悉已烧毁破荡，虽部屋寻丈之庐，亦遭翻窑发掘，曾无完土，荒村僻坞，不遗片瓦尺椽，伤心惨目，诚不忍见……②

连年兵火，百姓住无房屋，立无完土，一片荒凉，引发了王阳明"诚不忍见"之感。沧海横流，方显英雄本色，王阳明领兵出征，担当重任。

王阳明平定民乱情况简表

时间	事件
正德十一年（1516年）九月	巡抚南赣、汀、漳等处
正德十二年（1517年）二月	选民兵，历时三月，漳南数十年逋寇悉平
正德十二年（1517年）五月	奏设平和县
正德十二年（1517年）九月	改授提督南、赣、汀、漳等处军务
正德十二年（1517年）九月	抚谕贼巢，酋长黄金巢、卢珂等率众来降

---

① 王守仁：《王阳明全集》（二），线装书局，2014年，第22页。
② 同上书，第155页。

时间	事件
正德十二年（1517年）十月	平横水、左溪、桶冈诸寇
正德十二年（1517年）闰十二月	奏设崇义县
正德十三年（1518年）正月	征浰头
正德十三年（1518年）三月	袭平大帽、浰头诸寇
正德十三年（1518年）五月	奏设和平县
嘉靖六年（1527年）五月	命兼都察院左都御史，征思恩、田州
嘉靖七年（1528年）二月	思恩、田州平定
嘉靖七年（1528年）四月	袭八寨、断藤峡，破之，上疏增设隆安县

一张简表凝结了王阳明的卓著功勋。

他恢复生产，稳定环境。王阳明在平乱过程中从敌人阵营分化出大量贼匪和被胁迫的民众，如在平定思、田时：

> 诸夷感慕，旬日之间，自缚来归者一万七千。悉放之还农，两省以安。[1]

对这些回归的人员，王阳明给予一定的政策支持，让他们投入到农业生产中去，同时除贼剿匪为当地百姓恢复生产提供了稳定的环境。

他增设县治，加强管理。王阳明根据当地实际分别设置了崇义县、和平县、平和县等，这些县治成为扼守交界地区的要塞，加强了当地的管理和监督。王阳明在建立崇义县时上疏朝廷：

> ……以故为贼所据。今幸削平，必建立县治，以示控制。[2]

王阳明认为这些地方是贼匪以前的老窝，现在平定了，必须建立府县集中管理，实现长期控制，避免再次沦为贼窝。

他疏通盐法，促进经济。王阳明在平乱过程中关心百姓疾苦，为尽量减轻百姓负担，发展商业经济，先后上了《疏通盐法疏》《议南赣商税疏》和

---

[1]　王守仁：《王阳明全集》（四），线装书局，2014年，第88页。

[2]　同上书，第27页。

《再请疏通盐法疏》，旨在：

> 不加赋而财足，不扰民而事办。[①]

这些措施基本符合当地实际，利于经济发展，甚至达到了"朝廷从之，至今军民受其利"[②]的成效。

他加强教育，开化民智。王阳明平定民乱后兴办学校，移风易俗，在平定大帽山、浰头诸寇后，出现了这样的景象：

> 兴立社学，延师教子，歌诗习礼。出入街衢，官长至，俱叉手拱立。先生或赞赏训诱之。久之，市民亦知冠服，朝夕歌声，达于委巷，雍雍然渐成礼让之俗矣。[③]

老区换新颜，这些措施将"贼患区"变成了礼仪之乡。

王阳明还探索了边疆地区的管理模式。在平定广西思、田少数民族叛乱时，王阳明招抚土酋卢苏、王受，兵不血刃地解决了叛乱问题。虽然不费一兵一卒就大功告成，但王阳明敏锐地发现国家在边疆地区推行的"改土归流"政策操之过急，急则容易生乱生变。对此，王阳明提出"土流并用"的主张：

> 乃皆以为宜仍土官以顺其情，分土目以散其党，设流官以制其势。[④]

他主张暂缓"改土归流"，让了解民情的土官继续参与管理，将他们分散到各个地区去，避免形成相互勾结的地方势力，同时由中央委派官员居中调度，掌控整体局势。王阳明"土流并用"的方针便于地方管理，利于缓解明朝与边疆地区的矛盾，为明朝后期全面实施"改土归流"做了铺垫。

---

① 王守仁：《王阳明全集》（二），线装书局，2014年，第32页。
② 王守仁：《王阳明全集》（四），线装书局，2014年，第35页。
③ 同上书，第31页。
④ 王守仁：《王阳明全集》（二），线装书局，2014年，第157页。

平定宁王叛乱——扶大厦之将倾

自古以来，梦带有神秘色彩。一场梦可以让人意气风发、平添喜气；一场梦也能让人愁煞秋雨、欲语还休。

靖王朱奠培①就因一场梦，连孙子出生这样的喜事都蒙上了阴影。

据《明史》记载，成化十五年（1479年），靖王朱奠培的孙子出生，本是喜事，但他却闷闷不乐，这是为何？

一切源于晚上的梦。

混沌中进入梦境，朱奠培突然发现家里盘踞着一条巨蛇，面目狰狞，血口大张，逮着人就吃，惊得他半夜冷汗直冒。

巧的是第二天起来，朱奠培还听见猫头鹰在树梢上啼鸣②，种种迹象和预兆让他不得不联想到昨天刚出生的孙子，心中生起不祥之感。

就是这个孙子，给整个家族带来了灭顶之灾。他就是宁王朱宸濠。

宁王扭曲的皇帝梦

与他祖父之梦不一样的是，宁王朱宸濠有着自己的皇帝梦，也正是这个皇帝梦将他带往万劫不复的深渊。

在皇帝梦的驱使下，宁王朱宸濠的人生逐渐扭曲。据《明史·诸王传》记载：

> 术士李自然、李日芳妄言其有异表，又谓城东南有天子气。宸濠喜，时时调中朝事，闻谤言辄喜。或言帝明圣，朝廷治，即怒。③

术士之言，给了宁王朱宸濠莫大的快慰，沉迷其中的他产生了很强的心

---

① 朱奠培（1418—1491），宁献王朱权之孙，死后称宁靖王，属亲王。
② 原文出自《明史·诸王传》："始生，靖王梦蛇啖其室，且日鸱鸣，恶之。"古代常把猫头鹰当作不祥之鸟，称为报丧鸟、逐魂鸟等，代表着厄运和死亡。
③ 章培恒、喻遂生主编：《明史》，汉语大词典出版社，2004年，第2476页。

理暗示，以至于别人说不得当朝皇帝的好话。敏感的心理促使他将实现皇帝梦作为别人碰不得的人生信条。

虽有帝王之志，但宁王朱宸濠并没有广施仁德争取人心，而是勾结官宦，残害百姓，其在江西的罪行罄竹难书。

鱼肉百姓，胡作非为。宁王朱宸濠凭借个人势力，以强凌弱，掠夺百姓财产。《明史》记载：

> 尽夺诸附王府民庐，责民间子钱，强夺田宅子女，养群盗，劫财江、湖间，有司不敢问。[1]

朱宸濠抢占王府附近的民宅，又让百姓用钱赎回，强夺百姓田地和子女，当地官员却无力管治，百姓有苦无处诉，有冤无处申，生活难以为继。

擅杀官员，胆大妄为。如果说鱼肉百姓是以强凌弱，那么擅杀官员就有越权朝廷、无视中央的嫌疑。《明史》记载：

> 宸濠益恣，擅杀都指挥戴宣，逐布政使郑岳、御史范辂，幽知府郑巘、宋以方。[2]

在宁王朱宸濠看来，只要是他不满意的官员就想办法驱逐，甚至是杀害。他曾以疑杀人。据《明史》记载：

> 宸濠疑出承奉周仪，杀仪家及典仗查武等数百人。[3]

宁王朱宸濠仅仅因为怀疑官员周仪，就直接将其全家杀害，另外波及数百人，可谓残忍至极。

供养强盗，无所不为。宁王朱宸濠为聚敛财富，专门收罗强盗作为自己爪牙四出劫掠。具体有记：

> 屈致鼓众，株连富民，朘剥财产，纵大贼闵念四、凌十一等四出劫掠，以佐妄费。[4]

闵念四、凌十一本是无恶不作的江洋大盗，摇身一变成了宁王朱宸濠的

---

① 章培恒、喻遂生主编：《明史》，汉语大词典出版社，2004年，第2477页。
② 同上书，第2476~2677页。
③ 同上书，第2477页。
④ 王守仁：《王阳明全集》（四），线装书局，2014年，第40页。

帮手，专门负责抢劫掠夺财富来满足王府的开销花费，宁王朱宸濠俨然已经成为江西的头号强盗，完全失去藩王的风范。

苦难江西的解放之路

宁王朱宸濠的恶行终究引起了皇帝的不满，但皇帝并不打算严厉追究，只是让驸马带人削夺他的护卫，督促他归还侵占的民田①。结果宁王朱宸濠因消息不通，误闹乌龙，以为自己的"皇帝梦"已经败露。

正德十四年（1519年）六月十三日，驸马还没到江西，他就举兵反叛，震动天下。

历史总在不经意的巧合中开玩笑，而往往一个玩笑就足以让人生急速变向。宁王朱宸濠没有想到朝廷这么快就要问罪，而朝廷也没有想到宁王朱宸濠居然真的谋逆造反。

起兵当日，宁王朱宸濠以过生日为由宴请江西百官，不曾想这是一场鸿门宴，大量官员被抓被杀，江西行政体系几近瘫痪。分散在江西各地的官军群龙无首，难以组织有效抗击。始料未及的明朝，反应迟钝，朱宸濠却一路东进，情况岌岌可危。

这个时候，王阳明挺身而出。

> 十五日丙子，至丰城，闻宸濠反，遂返吉安，起义兵。②

当时，王阳明手中并无一兵一卒，而宁王朱宸濠统兵十余万人，势如破竹，似乎稳操胜券。据奏疏上报：

> 比其起事之日，从其护卫姻族，连其党与朋私，驱胁商旅军民，分遣其官属亲昵，使各募兵从行，多者数千，少者数百，帆樯蔽江，众号一十八万。其从之东下者，实亦不下八九万余。且又矫称密旨，以胁制

---

① 原文出自《明史·诸王传》：帝命驸马都尉崔元、都御史颜颐寿、太监赖义持谕往，收其护卫，令还所夺官民田。

② 王守仁：《王阳明全集》（四），线装书局，2014年，第39页。

远近；伪传檄谕，以摇惑人心。故其举兵倡乱一月有余，而四方震慑畏避，皆谓其大事已定，莫敢抗义出身，与之争衡从事。①

浩浩荡荡，十几万的叛军，无人能挡，四方畏避，更为可怕的是天下人心动摇，都认为大事已定，不少地方直接放弃了抵抗。

在此情况下，宁王朱宸濠一路东去，直奔南京，各县闻风丧胆。王阳明上报了当时的危急形势：

> 戊寅，袭南康，知府陈霖等遁。己卯，袭九江，兵备曹雷、知府汪颖、指挥刘勋等遁，属县闻风皆溃。濠初谋欲径袭南京，遂犯北京，故乘胜克期东下。②

叛军所到之处，官军望风而逃，按照形势发展，攻下南京指日可待，北京亦是克期可达。

但四十多天后，历史发生了逆转，宁王朱宸濠被王阳明生擒，成为阶下囚。

> 濠就擒，乘马入，望见远近街衢行伍整肃，笑曰："此我家事，何劳费心如此！"一见先生，辄诧曰："娄妃，贤妃也。自始事至今，苦谏未纳，适投水死，望遣葬之。"③

即使被擒，宁王朱宸濠仍然狂妄自大，直到见到王阳明才自我醒悟，恨不听娄妃之言，悔之晚矣。

平定宁王叛乱是王阳明所有军事活动中影响最大的一次行动，具有深远的历史意义：

维护了明朝的统治。宁王朱宸濠叛乱猛烈冲击了明朝的统治，若不能及时平定叛乱，就会引发连锁反应，其他地方势力和农民起义军势必联络策应，明朝将陷入一场浩大的战争旋涡。幸得王阳明快速平叛，稳定人心，避免了动荡局势的出现，巩固了明朝的统治。

---

① 王守仁：《王阳明全集》（二），线装书局，2014年，第96~97页。
② 王守仁：《王阳明全集》（四），线装书局，2014年，第42页。
③ 同上书，第47页。

促进了江西当地发展。王阳明平定宁王之乱，为江西去掉一颗毒瘤，创造了一个相对较好的生产生活环境。如果不是王阳明在这么短的时间内平定叛乱，必然耗费大量人力物力，给江西民众带来灾难。尤其是极力阻止明武宗亲征，促使明武宗提前返回北京，减少了对地方的干扰，减轻了百姓的负担。

第十六章
丰富了他的心学体系

在"儒兵合一"军事实践中，王阳明所向披靡、一路凯歌，不断取得成功。相辅相成，其军事实践又进一步丰富了心学理论。

战场即考场，他在实践中考验心学理论。"知行合一"如何论证？既有正面运用，又有反面教训，共同验证"知行合一"的实践威力。"人人皆可为圣人"，王阳明挖掘人性光辉，在劝善去恶中致贼匪之"良知"，挽救无数生民。

战场亦课堂，他在实践中感悟心学、提炼观点。面对顽匪，王阳明轻松解决，审视人心，他想到的是"破山中贼易，破心中贼难"；接受苦难，王阳明因功受过，他感受到的是"致良知"的真理魅力。

无论是考场还是课堂，活跃在两端的是心学理论与军事实践，王阳明既运用了心学理论，又验证了心学威力，更在"儒兵合一"军事实践中促进了心学理论的进一步发展。

他把战场当考场

铁马冰河，战争从不陪谁演戏，它能挤干一切水分和虚假，战场成了检验军队战斗力、检验将领指挥能力的最佳地点。而对于"儒兵合一"王阳明来说，战场不仅是他运筹帷幄展现帅才之地，更是检验其理论功效的现实考场。

"知行合一"是一场关乎标准的验证。

"知行合一"的理论特性决定了其实践的必然，无论是在生活中，还是在学术中，抑或在军事实践中，处处可见其身影。"知行合一"是理论概括，是经验总结。认知影响行动，自古即在人类实践中反复进行着"知""行"的结合。王阳明提出"知行合一"，既有道德范畴的界定，也有现实层面"认知"与"行动"的逻辑思考。"知是行之始，行是知之成"，"知""行"不分离。从道德范畴过渡到现实层面来看，是将"知"与"行"的同时性转变为"知"与"行"的一致性。值得注意的是，从现实层面看，王阳明"知行合一"有着自己的标准，只有真知与真行结合才能发挥真正的功效，实现"知""行"的完美对接、同频共振。

正反验证，王阳明的军事实践为"知行合一"设置了两份答卷。

真知真行，"知行合一"成就"知己知彼、百战不殆"。

真知，便是不断去伪存真，无限逼近实际。在作战中，王阳明非常重视情报工作。战前，都要详细了解作战环境、作战准备、敌我力量对比等；战中，王阳明实时研判敌人的战术战法、兵力变化等。一切的信息集合只为时刻保持对战争局势的清醒"认知"。真行，便是在战争中形成"知"的同时，王阳明尊重客观现实因势制谋，指挥官军快速的"行"，精准打击敌人，接连取得胜利。

如在进攻横水、桶冈匪寇时，各省官军进言先夹击桶冈，王阳明却结合地形、进军路线分析，形成了"夹击桶冈易腹背受敌，先取横水可趁贼不备"的"知"。真知真行，王阳明以"知"践"行"，表面令湖广官军大张旗鼓进兵桶冈，而自己则率军突袭横水。出其不意，横水匪寇措手不及，称霸山区的贼首谢志珊成了阶下囚，多年的贼患匪区一举荡平。

反亦能证，假知导致错行，"知行合一"并非万能。

假知错行，"知行合一"反让敌人错失战机、频频受挫。作战中，王阳明讲究攻心为上，善用欺骗手段，常以假情报误导敌人。此时，敌人掌握的"知"为王阳明虚假捏造，与实际情况相差甚远，他们得到了假知；"五行不定，输得干干净净"，在假知上进行行动决策，其"行"便成了虚拳，打不中要害，甚至背道而驰，进而失去有利战机，失败而归。

如平定宁王叛乱时，王阳明先用两封"假文书"，让本已计划出兵的宁王瞻前顾后、不敢出兵，尔后向宁王的亲信刘养正等人示好，离间宁王与刘的关系……整个过程，宁王在王阳明营造的战局假象中"知行合一"，使得宁王在朝廷未做出平叛举措、王阳明官军未集结完毕之时，做出了守城不出、存疑心腹刘养正的"行"，进而失去北上的最佳时机，为王阳明收集人员、排兵布阵争取了宝贵时间。

两份试卷，一份试卷王阳明自己作答，他追求真知，务力真行，在"儒兵合一"军事实践中实现了"合一"，发挥着理论的实践威力；一份试卷王阳明为对手出题，设置迷雾，对手以假知为"知"，因之而错行，从反面证明没有真正把握"知行合一"的标准就会陷入理论的黑洞、实践的误区。

在感化贼众中，考证"人人皆有良知"的本真魅力。

良知本来就有，只是世俗杂念的浸染使得本心埋藏深处。在王阳明看来，"人人皆有良知"，领兵打仗的军事舞台促使王阳明不仅追寻自己良知，还引领他人内察本心，回归人性之初。

不少人的良知在现实的打击下被"雪藏"。平淡生活、寻常百姓，袅袅炊烟而起，风过密林如涛，吠几声，正喜小孩顶荷归，轻开柴扉，黄滕酒香话桑麻。凡间之乐，亦是人生。巨石入水千层浪，平静的生活因为盗贼的聚集而成回不去的过去。炊烟连战火，烧杀抢掠成常态；良田荒芜，瓦砾焦土，百姓生活惨不忍睹，难以为继，甚至大量民众被胁迫为盗，强逼为寇，失了本性。

走上战场，兵戎相见，百姓已入山林为匪，王阳明却依然坚信人性之善，良知永不泯灭。他要劝善为先，给贼众改过自新的机会。每次清剿前，王阳明首先发布抚谕，明官府之失责，申贼盗之苦衷，劝他们去恶从善，早归田园，并为他们回归乡里提供必要的政策支持。

真情化人，真心得人，王阳明的抚谕感化了大量盗贼，不少人纷纷主动归降。正德十二年（1517年），王阳明进兵浰头，准备扫除南赣最后一处匪患。面对冥顽不灵的贼匪，王阳明特意写了一份《告谕浰头巢贼》劝诫浰头匪众。谕中诚意满满、正义济济。当时的酋长黄金巢、卢珂等备受感动，立即率贼从前来投降，表示愿意改恶从善，誓死效忠。南赣剿匪结束后，王阳明添设县治、建立社学，改善民风民俗，被"改造"的贼众已经洗心革面，真心向善，南赣地区又逐渐恢复了久违的太平景象。

向善，人之本性，亦是良知本真。贼众改邪归正、去恶从善，证明了良知本在心中，也让王阳明坚信，即使是恶人亦可找回良知。

他把战场当课堂

苦难是人生的财富，经历是成长的养分。"马作的卢飞快，弓如霹雳弦惊"，战场连着生死，战场连着百姓，战场连着政治。置身其中，王阳明的心志经受磨炼，逐渐成长成熟，他对事物的认识更加深入，对人心的研究更加透彻；他在战场这个课堂里深思切悟、感触本心，其心学观点得到不断提炼和完善。

盗贼难破，还是心贼难除，经历过战火洗礼的王阳明给出了答案——破山中贼易，破心中贼难。

正德十二年（1517年），身赴南赣剿匪的王阳明，积极准备，他选练民兵，推行十家牌法；战场制胜，他剿抚并用，妙计迭出。短短数月，几十年危害地方的"顽疾"被王阳明一举揭掉，漳南的詹师富，横水、桶冈的谢志珊、蓝天凤等多处贼窝悉数夷平。

对于王阳明而言，接连到来的胜利有力地证明剿匪并非难事。轻松平乱，但王阳明的内心并不轻松。回顾为官以来的经历，王阳明看到庙堂之上宦官、幸臣为了一己之私，祸乱朝政，迫害百官、压榨百姓的局面，王阳明感受到的是人性之恶。仔细回味，其实人的"心贼"比山中贼更多、更可怕、更难"剿"。

正德十三年（1518年），在进剿浰头贼匪前，王阳明希望顽匪放下心中邪念，主动投降，以免生灵涂炭。王阳明用心良苦发了一封感人肺腑的抚谕劝降。或许是感同身受，写完抚谕后，王阳明内心对心贼难除的体会似乎更加强烈，他在写给弟子薛侃的信中告诫要注重扫除心中的"贼寇"。王阳明在信中写道：

> 即日已抵龙南，明日入巢，四路皆如期并进，贼有必破之势矣。向在横水，尝寄书仕德云："破山中贼易，破心中贼难。"区区剪除鼠窃，何足为异？若诸贤扫荡心腹之寇，以收廓清平定之功，此诚大丈夫不世之伟绩。[1]

破贼，四路兵马并进，势如破竹，十足把握，但王阳明认为这只是区区

---

[1] 王守仁：《王阳明全集》（四），线装书局，2014年，第28页。

之功，只有"扫荡心腹之寇"才是"大丈夫不世之伟绩"。山中贼可见，是有形之敌人，刀剑可斩；而心中贼、心腹寇却是无影之物，是人之私欲、邪念等，藏于内心，攻于无形。如何清剿"心中贼"，既是棘手难题，更是人生永恒主题。

解铃还须系铃人。破山中贼，王阳明有妙法，破心中贼，王阳明也有参悟，他提出要省察克治，即对自己的思想和行为作自我体察，不断地扫除去掉内心的私欲邪念。他说：

> 须是平日好色、好利、好名等项一应私心，扫除荡涤，无复纤毫留滞，而此心全体廓然，纯是天理，方可谓之喜怒哀乐"未发之中"，方是天下之"大本"。[①]

王阳明认识到，必须把平素的好色、贪利、慕名之私欲统统清理干净，不得有纤毫遗留，使此心彻底纯洁空明，才可以叫作喜怒哀乐未发之中，才可成为天下万物的本源。

王阳明还清晰地认识到"心中贼"的顽固性，提出要时时清剿，他说：

> 无事时，将好色、好货、好名等私欲逐一追究搜寻出来，定要拔去病根，永不复起，方始为快。[②]

这段话表明"破心中贼"即使在"无事时"也不能中断，并且要彻底"拔去病根"，才能畅快。

"山中贼"来自现实战场，"心中贼"来自心学体系，"山中贼"是"心中贼"的现实参照，"心中贼"是"山中贼"的意识存在。正是战场这一特殊课堂，促进了王阳明心学与军事实践的深度融合，进一步发展了心学理论。

王阳明，因功受过，是委屈中的无奈，是磨难中的成长，却激发了哲学之光，促成了"致良知"心学宗旨的提出。

正德十六年（1521年），江西南昌，王阳明首次提出"致良知"说，这只是他学术生涯中的一个节点，但其中凝聚了人生的痛彻心扉、生死感悟。

---

① 王守仁：《王阳明全集》（一），线装书局，2014年，第50页。
② 同上书，第43~44页。

痛过后更清醒，王阳明在给弟子邹谦之的信中说：

> 近来信得"致良知"三字，真圣门正法眼藏。往年尚疑未尽，今自多事以来，只此良知无不具足。譬之操舟得舵，平澜浅濑，无不如意，虽遇颠风逆浪，舵柄在手，可免没溺之患矣。①

从信中可以看出"致良知"的提出与"今自多事以来"有着密切联系。而"今自多事以来"指的是，王阳明前面两年在平定宁王叛乱时所经历的种种困难坎坷。

正德十四年（1519年），王阳明以少胜多、生擒朱宸濠，成功平定叛乱，本应赏功。但明武宗朱厚照却昏庸无道，好大喜功，竟让王阳明在鄱阳湖上释放已收押的朱宸濠，并打算率军南征，亲自平叛。如此荒唐，不少大臣极力劝谏，无奈宦官为患，忠言逆耳，在宦官张忠、许泰和一些朝中幸臣的怂恿下，武宗决定将荒唐继续到底，坚决南征。

南征，是一人之乐，却是万民之苦。一边是皇威难犯，一边是江西万千生民，王阳明在夹缝中求全。面对重重矛盾，王阳明无力正面冲撞，只能避实就虚，尽力为民众化解灾难。将近两年时间，各种荒唐、倾轧、谗毁、陷害之事接踵而至，王阳明从功臣变为"反臣"，甚至险些成为刀下冤魂。煎熬、苦闷、忧虑，何以支撑？唯有"致良知"。王阳明认为，多事之秋，苦难之时，只要坚守良知，便能安稳度过。他作了比喻，良知恰如船之舵把，即使"颠风逆浪"，只要"舵柄在手"，便能平安无事。经历过平叛的艰辛加上战后的重大挫折和事变，内心的磨砺让王阳明更加坚信"良知真足以忘患难，出生死"②。

"致良知"的提出意味着阳明心学趋于完备。冯友兰曾说："他（王阳明）所讲的'知行合一'就是'致良知'"。（《中国哲学简史》）反过来说，王阳明晚年历经战火磨难后提出的"致良知"，本质是"知行合一"的发展升级。

---

① 王守仁：《王阳明全集》（四），线装书局，2014年，第57页。
② 同上书，第56~57页。

第十七章
照亮了后人前进征途

　　山一程，水一程，在黑夜中赶路的人总希望能看见一丝光亮，用脚步和目光共同丈量属于自己的长度。王阳明就是这样一盏明灯。他的哲学成就及其"儒兵合一"军事实践，不仅在当世影响深刻，还在后世划破夜空的孤寂，燃烧真理的火焰，照亮继续探索前行者的征途。

戚继光——"私淑阳明，大阐良知"

戚继光（1528—1588），字元敬，号南塘，山东蓬莱人，明朝抗倭名将，杰出的军事家、书法家、诗人，民族英雄。

知子莫若父，知父莫若子。

戚继光是家喻户晓的民族英雄，但真正了解他的人并不多，孤独的灵魂终在他人仰望的视线中模糊，而他的儿子戚祚国却曾"爆料"："私淑阳明，大阐良知，胸中澄澈如冰壶秋月，坐镇雅俗有儒者气象。"[①]一段尘封的历史逐渐揭开面纱。

戚继光的心学渊源

戚继光，嘉靖七年（1528年）出生，祖上世代为将。

王阳明，嘉靖八年（1529年）病逝于江西南安青龙浦舟中，集心学之大成。

戚继光与王阳明，两个素未谋面的历史过客，却因心学成就了一段穿越时空的师生情缘。

"君生我未生，我生君已老。"时间的交错让两个人恍如隔世，绝无联系，巧合的是唐顺之的出现，为他们搭起了思想传承之桥。

唐顺之（1507—1560），字应德，号荆川，武进（今江苏常州）人，明代儒学大师、军事家、散文家、数学家，抗倭英雄。一介文官，早年不得志，晚年领兵打仗，大败沿海倭寇，建有功勋，后因身体不济，五十岁便过世。但唐顺之一生所学甚多，成就惊人。据《明史》记载：

> 顺之于学无所不窥。自天文、乐律、地理、兵法、弧矢、勾股、壬奇、禽乙，莫不究极原委。尽取古今载籍，剖裂补缀，区分部居，为《左》《右》《文》《武》《儒》《稗》六《编》传于世，学者不能测

---

① 戚祚国汇纂，高扬文、陶琦主编：《戚少保年谱耆编》，中华书局，2003年，第2页。

其奥也。①

唐顺之不仅是难得的奇才全才，他还有另一个身份——王阳明第三代弟子。《明史》中写道：

> 又闻良知说于王畿，闭户兀坐，匝月忘寝，多所自得。②

在王畿的引导下，唐顺之研究心学，"多所自得"。遗憾的是，唐顺之身体每况愈下，他也自知天命不长，学富五车而又终归黄土，可恨可悲。如果能找到合适的继承人，对于唐顺之来说也是一种莫大的安慰，最终戚继光得到了他的认可。

《四库全书》收录了唐顺之的《六编》，据传唐顺之将其中的《武编》送给了戚继光，戚继光根据书中阵法雏形研究改编出了闻名天下的鸳鸯阵。

戚继光还曾向唐顺之请教枪法。据《纪效新书》记载：

> 巡抚荆川唐公于西兴江楼自持枪教余，继光请曰："每见他人用枪，圆串大可五尺，兵主独圈一尺者，何也？"荆翁曰："人身侧形只有七八寸，枪圈但拿开他枪一尺，即不及身膊可矣。圈拿既大，彼枪开远，亦与我无益，而我之力尽难复。"此说极得其精。余又问曰："如此一圈，其工何如？"荆翁曰："工夫十年矣。"时有龙溪王公、龙川徐公，皆叹服。一艺之精，其难如此！③

在场的还有龙溪王公、龙川徐公，龙溪王公就是王阳明高徒、王门七派中"浙中派"创始人王畿。由此看来，戚继光还融入了王门的弟子圈，在这个圈子的带动下，戚继光逐渐受到王学影响，直至后来成为王学的信奉者。

戚继光曾感叹"去外寇易，去心寇难"，这几乎是王阳明"破山中贼易，破心中贼难"的再现。在他的《纪效新书》《止止堂集》等著作中也留有大量心学痕迹。虽不是王阳明的正式弟子，但却有着实实在在的传承关系，也算是一名特殊弟子。

---

① 章培恒、喻遂生主编：《明史》，汉语大词典出版社，2004年，第4116页。
② 同上。
③ 戚继光撰，曹文明、吕颖慧校释：《纪效新书》（十八卷本），中华书局，2001年，第165~166页。

特殊弟子的特殊战功

作为王阳明的特殊弟子，戚继光有着不朽战功。与他人不同的是，戚继光的对手比较特殊，是来自日本的倭寇，他的战功具有抵御外敌的历史意义，也因此被推崇为民族英雄。

他先后进行了岑港之战、台州之战、福建之战、兴化之战、仙游之战等，每战必胜，基本解决了明朝中期的倭寇问题。

岑港之战：嘉靖三十六年（1557年），倭寇进犯乐清、瑞安、临海等地，戚继光因道路阻隔支援不力。而后海盗汪直余党在岑港作乱，戚继光与明代抗倭名将俞大猷一起合攻，久战之后倭寇抵挡不住准备逃走。为防止倭寇逃往海上，戚继光等将其船只击沉，结果倭寇残部逃往台州。这一战下来，戚继光深刻认识到官军战斗力低下，难以取胜，萌发了自己选兵建军的想法。

台州之战：嘉靖四十年（1561年），倭寇大举进攻桃渚、圻头等地，戚继光立即率军驻扎桃渚待敌，最终大破倭寇，一路追剿至雁门岭。趁倭寇遁走，台州空虚之机，戚继光还将台州倭寇余党全部歼灭，后圻头倭寇又侵犯台州，戚继光率军于仙居将其全歼。

福建之战：嘉靖四十一年（1562年），倭寇进犯福建，并联合福宁、连江等地倭寇，先后攻陷寿宁、政和、宁德等地，从广东南澳方面侵略的倭寇联合福清、长乐的倭寇攻陷玄钟所，并进犯龙岩、松溪、大田、古田、莆田等地。这样浩大的声势吓得明军不敢出击，最后胡宗宪传令戚继光助战才将倭寇歼灭，共斩首两千二百余级，随后不断扩大战果，捣毁倭寇据点六十余营，斩首无数。经过几番战斗，闽广一带的倭寇几乎被戚继光全部清剿。

兴化之战：嘉靖四十二年（1563年），倭寇欺骗守城人员，骗开城门，趁机攻陷兴化城。当时明军迫于倭寇军事实力不敢进攻，此战本与戚继光无关，他却因平倭有法被请来支援。戚继光到后，总指挥谭纶立刻以戚继光为先锋，发动总攻，战局立即翻转，首战就斩首两千余级，后戚继光等率兵追击，倭寇因道路不通，又被斩杀三千多人。

仙游之战：嘉靖四十三年（1564年）二月，倭寇余党纠合一万多人围攻仙游，三天三夜难有突破，恰值戚继光援兵到来，倭寇战败于仙游，又被追至王仓坪，后在漳浦蔡丕岭被击败。

同年戚继光还驱赶了潮州倭寇和海盗吴平，并于第二年与俞大猷水陆并进合剿吴平，吴平被迫孤身逃往凤凰山。

隆庆元年（1567年），在基本解决了东南沿海的倭寇问题后，戚继光被派往蓟门练兵。他继续发挥才能，多次击败北蛮小王子和董狐狸的进犯，同时加强战备，抢修工事，将蓟州打造成固若金汤的北方重镇。

继承中的发展

心学对戚继光产生了深刻影响，戚继光的军事思想不少都能从王阳明那里找到根源。

在战争观上，王阳明一直主张"慎战"，坚持"弭盗安民"的建军宗旨，戚继光认为军队的职责是保障生民，二者都融合了儒家思想。戚继光在《新任台金严请任事公移》中说：

> 今积承平二百年来，一旦被有倭患，其民社供馈军饷且如旧矣，而军伍不惟不能保障生民，无益内地，且每事急，又请民兵以为伊城守。是供军者民也；杀贼者又民也；保民者民也；保军者又民也。事体倒置如此，殊失祖宗建牙之意。[1]

军队就是为民而战，否则失去了存在的本来意义。虽没有直接点出"慎战"的观点，但却和王阳明的"慎战"观本意相通。

戚继光还将这种"慎战"态度落实到了自己的作战中，转化为降低作战伤亡的实际行动。他的作战堪称"零伤亡"，《戚继光兵法新说》对戚继光的部分战果进行了统计：南湾之战，斩敌281级，己方只伤4人，无一阵亡。

---

[1]　戚继光：《纪效新书》（十八卷本），中华书局，2001年，第9页。

花街之战，擒斩敌310人，亡3人；上峰岭战，歼敌2000余人，亡3人；横屿之战，歼敌千余，亡13人；牛田之战，歼敌698人，无一人亡；平海卫之战，斩倭2451人，亡16人；仙游之战，斩敌498人，亡24人；伤亡最大的一次是林墩之战，俘斩973人，伤亡仅69人。[1]

战损之低，世所罕见。

戚继光和王阳明一样，都想自己组建一支可靠的军队。王阳明在平定民乱时，深感兵员质量和军事训练的重要，自己亲自挑选兵员组建精锐之师。戚继光在经历岑港之战后，深刻认识到卫所制度下的部队已无多少战斗力[2]，决定组建新军。组建部队的过程中，戚继光强调精兵作战，从选兵开始严格把关。在《纪效新书》（十八卷本）中，他说：

> 会算既定，前后令各参将，协同兵备，将所辖各府州县新旧民快、义勇，严加拣选，务得膂力骁壮之人，但有老弱，尽行汰去。[3]

最终，戚继光以三千义乌矿工为主体组建了"戚家军"，就是这支骨干力量为他日后荡平倭寇立下了汗马功劳。

王阳明选将练兵将"胆气"放在突出位置，主张通过"事上磨炼"来实现，而戚继光也强调"胆气"的作用。他在《纪效新书》中说：

> 然有一等司选人之柄者，或专取于丰伟，或专取于武艺，或专取于力大，或专取于伶俐，此不可以为准。何则？丰大而胆不充，则缓急之际，脂重不能疾趋，反为肉累，此丰伟不可恃也。艺精而胆不充，则临事怕死，手足仓卒，至有倒执矢戈，尽乃失其故态，常先众而走，此艺精不可恃也。伶俐而胆不充，则未遇之先爱择便宜，未阵之际，预思自全之路，临事之际，除己欲先奔，犹之可也，又复以利害恐人，使作他辈，为己避罪之地，此伶俐不可恃也。力大而胆不充，则临时足软眼

---

[1] 数据来自范中义《戚继光兵法新说》，解放军出版社，2007年。

[2] 黄仁宇的《万历十五年》里对明军卫所制度有过描述：一个卫所的实际兵员往往远较规定的编制为少，在退化最严重的卫所中，竟仅为规定编制的百分之二或三。而且这些有限的士兵还常常被军官当作营造和运输的劳工，再不然就是留在家里充当仆役。

[3] 戚继光：《纪效新书》（十八卷本），中华书局，2001年，第5~6页。

花，呼之不闻，推之不动，是力大不可恃也。兴言至此，则吾人选士之术荒矣。夫然则废四者而别图之，亦不可也。盖四者不可废，而但不可必耳。谚曰"艺高人胆大"，是艺高止可添壮有胆之人，非懦弱胆小之人苟熟一技而即胆大也。惟素负有胆之气，使其再加力大、丰伟、伶俐，而复习以武艺，此为锦上添花，又求之不可得者也。①

戚继光列举了一些官员选人的标准，或体格健壮，或武艺高强，或力大无比，或聪明伶俐，但他认为这些素质都需要依靠胆气才能发挥出来。没有胆气，丰伟体格反成累赘，高超武艺反不可靠，聪明伶俐反求自全，如牛巨力反无用处，胆气成了戚继光选兵的首要标准，他在训练中也十分注重磨砺官兵的胆气。

另外一个共通之处就是戚继光和王阳明都注重恩威并重。王阳明在战场上执行纪律铁面无私，他曾果断行法：

时风势不便，我兵少却，死者数十人。臣急令人斩取先却者头。②

因风势不利，明军退却，造成几十人的伤亡，王阳明立即将退却的官兵斩首。

王阳明在平时又十分关注将士疾苦，给予足够的照顾。

戚继光也强调军令严明，军法无情，民间流传着"戚继光斩子"的故事。他在《纪效新书》中写道：

凡赏罚，军中要柄。若该赏处，就是平时要害我的冤家，有功也是赏，有患难也是扶持看顾。若犯军令，就是我的亲子侄，也要依法施行。决不干预恩仇。③

军纪如铁，不管是谁，无论亲疏，只要犯规，依法施行。

但戚继光也有着温情的一面，主张以恩佐威，他在《纪效新书》中总结：

但威严不能自行永守，保无阻坏，而所以使威严之永行无阻坏者，

①　戚继光：《纪效新书》（十八卷本），中华书局，2001年，第41~42页。
②　王守仁：《王阳明全集》（二），线装书局，2014年，第95页。
③　戚继光：《纪效新书》（十八卷本），中华书局，2001年，第80页。

恩与信也。……是以必须恩以佐使其威严，庶威严为之畏，为有济。不然，则威之反为怨，严之反为敌矣。如载人者舟之功，而所以使之载者，则舵也。威严，其舟乎？恩信，其舵乎？此予数年之独秘，虽后日名将之出，必不易予言也。[①]

戚继光以船与舵的关系解读恩威互用的必要性，他将威比作船，恩信则是控制航行方向的船舵。

另外，王阳明和戚继光都十分注重将士德行的培养，王阳明注重"良知"指引下的忠君之德，戚继光注重教育官兵"正心术"，其根源都在于儒家"忠"的思想。

太多的相似，再现了戚继光与王阳明被时间湮没的关系，在历史的投影下，戚继光的影子显现着王阳明的轮廓。

---

① 戚继光：《纪效新书》（十八卷本），中华书局，2001年，第43~44页。

曾国藩——同为圣人共风流

《左传》有记：

> "大上有立德，其次有立功，其次有立言。"虽久不废，此之谓不朽。[1]

树立德行，建立功业，创立学说，即使千百年后仍然名垂不朽，立德、立功、立言也成为评判圣人的标尺。

五千年文明源远流长，而在民间一直流传着古代"两个半"圣人的说法，他们分别是孔子、王阳明和曾国藩（半个）。

曾国藩（1811—1872），初名子城，字伯涵，号涤生，宗圣曾子七十世孙，中国近代政治家、战略家、理学家、文学家，湘军的创立者和统帅，与李鸿章、左宗棠、张之洞并称为"晚清中兴四大名臣"。与王阳明同属圣人序列，他们都有着各自的传奇，又有着某种内在的联系。

这种联系是对王阳明学术的认同，曾国藩在《覆夏弢甫书》中说：

> 当湖[2]学派极正，象山姚江亦江河不废之流。[3]

曾国藩既肯定理学的正宗地位，又不乏对陆王心学的重视。

对于王学，学之而用之，曾国藩不仅将其融入修身立德和发展学术中，还将其运用于组建湘军、平定太平天国的军事实践中，进一步丰富发展了"儒兵合一"。

对于战争，王阳明主张"慎战"。他更多的是关注百姓的利益，彰显儒家之"仁"。曾国藩反对单纯军事观点，认为战争的支撑点要落在"爱民"上，他也从"仁"的角度阐述了自己的态度。在《曾国藩兵法》中，他指出：

> 爱民为治兵第一要义。[4]

建设军队的第一要义在于爱护人民。他在《复高云浦观察》中说：

---

① 左丘明：《左传》，中华书局，2012年，第1328页。
② 当湖，指清朝理学家陆陇其，学术上专宗朱熹，排斥陆五。
③ 蒋维乔：《中国近三百年哲学史》，新世界出版社，2015年，第59页。
④ 曾国藩：《曾国藩兵法》，湖南人民出版社，2014年，第304页。

　　凡天之立君，国之设官，皆以为民也……仆尝谓统兵而不知爱民，即百战百胜，也是罪孽；居官而不知爱民，即有位有名，也是罪孽。[①]

　　统兵不爱民，那么即使百战百胜也是一种罪孽，曾国藩将保护人民利益作为军队宗旨。言化于行，曾国藩还将爱民的思想融入官兵的日常教育中。据传，1858年在江西建昌营中，曾国藩亲自编写了一首《爱民歌》，要求官兵学习传唱。

爱 民 歌[②]

三军个个仔细听，行军先要爱百姓。

贼匪害了百姓们，全靠官兵来救人。

百姓被贼吃了苦，全靠官兵来作主。

第一扎营不要懒，莫走人家取门板。

莫拆民房搬砖石，莫踹禾苗坏田产，

莫打民间鸭和鸡，莫借民间锅和碗。

……

上司不肯发粮饷，百姓不肯卖米盐。

爱民之军处处喜，扰民之军处处嫌。

我的军士跟我早，多年在外名声好。

如今百姓更穷困，愿我军士听教训。

军士与民如一家，千记不可欺负他。

日日熟唱爱民歌，天和地和又人和。

　　这首歌不仅是教育提纲，更是关爱百姓的宣言，对后世都有很大的启发意义。登上时代的顶峰回望历史，从井冈山上发展起来的"三大纪律""八项注意"和这里的精神又是何其相似。

---

① 曾国藩：《曾文正公全集》（十三），线装书局，2014年，第335页。

② 同上书，第305~306页。

在选兵上，曾国藩和王阳明一样十分严格，他认为士兵的习气特性决定了战场上的表现。他曾在拟订的《营规》中明确：

> 募格须择技艺娴熟，年轻力壮，朴实而有农夫士气者为上，其油头滑面，有市井气者，有衙门气者，概不收用。[①]

曾国藩选兵经历了长沙和衡阳两个阶段，不管哪个阶段，他都兢兢业业，每天坐在招募处，观察前来投军的兵员，对于所谓的"黑脚杆"尤其钟爱，而这些人大多为朴实的农民，是练兵的好材料。

正是曾国藩严格标准，严格把关，一批忠勇任事、吃苦耐劳的湖南人组成了湘军班底，为日后决胜战场奠定了基础。

因势制敌是王阳明用兵的突出特点，而曾国藩以稳著称，甚至被评价只会"结硬寨、打呆仗"，作战中将敌人围困起来，不断地挖沟，逐步推进，直到城破擒敌，实际上曾国藩的用兵也讲究灵活。

九弟曾国荃善于打死仗、长久围困，因此获得了"曾铁桶"的称号。曾国藩却在同治元年（1862年）十月十三日写信告诫他：

> 古人用兵，最重变化不测四字。弟行军太少变化。[②]

曾国藩直接指出曾国荃用兵行军变化太少，他在同年十月二十日的信中又对"活兵"和"呆兵"进行了阐述：

> 进退开合，变化不测，活兵也；屯宿一处，师老人顽，呆兵也。[③]

结合曾国藩的军事实践，所谓"呆兵"是攻城中的围城之师，防守时的坚守之师，"活兵"为攻城时的打援之师，防守时的策应之师，充分体现了用兵的"主、客、奇、正"变化。

曾国藩还重视将领的武德培养。王阳明注重以"忠"为核心的道德体系，曾国藩也对武德修养推崇备至，尤其强调"忠"的重要性。在蔡锷辑录的《曾胡治兵语录》中记录了曾国藩的带兵之法：

---

① 曾国藩、胡林翼著，蔡锷编：《曾胡治兵语录》，中国民族摄影艺术出版社，2002年，第31页。

② 曾国藩：《曾国藩全集·家书（二）》，岳麓书社，1985年，第887页。

③ 同上书，第893页。

带兵之人，第一要才堪治兵；第二要不怕死；第三要不急急名利；第四要耐受辛苦。……大抵有忠义血性，则四者相从以俱至；无忠义血性，则貌似四者，终不可恃。①

带兵之人，要有才能，不怕死，不急于求利，还要吃苦耐劳，但最基础的还是要有忠义血性，没了忠义血性这些素质都将失去意义和依附。

身体力行，作为儒家弟子，曾国藩自身对"忠"的践行也为世人称道，甚至被一些后人看作"愚忠"。

1864年7月19日，湘军攻入太平天国都城天京，摆在清王朝面前最大的威胁宣告解除，曾国藩成为国家的第一功臣，走向了人臣的顶峰。此时，历史的目光都聚焦在曾国藩身上，他手中掌握了全国最强大的军事力量，他带领着一群以湖南人为主的将士集体，他是这支军队的核心和灵魂，他能够一呼百应。当时劝他割据自立的人不在少数，有人曾说"鼎之轻重，似可问焉"，似乎"黄袍加身"的故事将上演，但他并没有，而是写下一副集联表明心迹：

倚天照海花无数，流水高山心自知。

上句出自苏轼《和蔡景繁海州石室芙蓉仙人旧游》诗："芙蓉仙人旧游处，苍藤翠壁初无路。戏将桃核裹黄泥，石间散掷如风雨。坐令空山出锦绣，倚天照海花无数。花间石室可容车，流苏宝盖窥灵宇。"下句出自王安石《伯牙》诗："千载朱弦无此悲，欲弹孤绝鬼神疑。故人舍我闭黄壤，流水高山心自知。"

曾国藩婉拒：天下能人无数，不要自不量力，且我心如此，不必再劝。

此联意境深远，体现了曾国藩的儒学修养，越是功高劳苦，越要克己修身。或许曾国藩有着更多的考量与顾虑，但他始终不忘的是为人之忠，是为臣之忠，一切留于后人说。

---

① 曾国藩、胡林翼著，蔡锷编：《曾胡治兵语录》，中国民族摄影艺术出版社，2002年，第3页。

参考书目

[1] 夏燮. 明通鉴［M］. 沈仲九，标点. 北京：中华书局，1959.

[2] 冯友兰. 中国哲学史［M］. 重庆：重庆出版社，2009.

[3] 谷应泰. 明史纪事本末［M］. 北京：中华书局，1977.

[4] 黄宗羲. 明儒学案［M］. 沈芝盈，点校. 北京：中华书局，1985.

[5] 戚继光. 纪效新书［M］. 范中义，校释. 北京：中华书局，2001.

[6] 王厚卿. 中国军事思想论纲［M］. 北京：国防大学出版社，2000.

[7] 章培恒，喻遂生. 明史［M］. 上海：汉语大词典出版社，2004.

[8] 孟森. 明史讲义［M］. 商传，导读. 北京：中华书局，2006.

[9] 张祥浩. 王守仁评传［M］. 南京：南京大学出版社，1997.

[10] 司雁人. 阳明境界［M］. 北京：中国社会科学出版社，2007.

[11] 孙德高. 王阳明事功与心学研究［M］. 成都：西南交通大学出版社，2008.

[12] 陈来. 有无之境：王阳明哲学的精神［M］. 北京：生活·读书·新知三联书店，2009.

[13] 刘宗贤，蔡德贵. 阳明学与当代新儒学［M］. 北京：中国人民大学出版社，2009.

[14] 崔在穆. 东亚阳明学［M］. 朴姬福，靳煜，译. 张宏敏，校. 北京：中国人民大学出版社，2009.

[15] 袁仁琼. 解读王阳明［M］. 成都：巴蜀书社，2009.

[16] 钱明. 王阳明及其学派论考［M］. 北京：人民出版社，2009.

[17] 钱穆. 阳明学述要［M］. 北京：九州出版社，2010.

[18] 俞樟华. 王学编年［M］. 长春：吉林大学出版社，2010.

[19] 方志远. 王阳明评传［M］. 北京：中国社会出版社，2010.

[20] 孙武. 孙子兵法［M］. 刘智，译注. 长春：吉林美术出版社，2015.

[21] 刘向东，袁德金. 中国古代作战思想［M］. 沈阳：白山出版社，2012.

[22] 李际均. 新版军事战略思维［M］. 北京：长征出版社，2012.

[23] 王守仁. 王阳明全集［M］. 北京：线装书局，2014.

[24] 南炳文，汤纲. 明史［M］. 上海：上海人民出版社，2014.

[25] 肖天亮. 战略学［M］. 北京：国防大学出版社，2015.

[26] 左东岭. 王学与中晚明士人心态［M］. 北京：商务印书馆，2014.

[27] 梁启超. 梁启超讲阳明心学［M］. 许葆云，评注. 西安：陕西人民出版社，2014.

[28] 杨国荣. 心学之思：王阳明哲学的阐释［M］. 北京：生活·读书·新知三联书店，2015.

[29] 王阳明. 传习录集评［M］. 梁启超，点校. 北京：九州出版社，2014.

[30] 冈田武彦. 王阳明大传：知行合一的心学智慧［M］. 杨田，冯莹莹，袁斌，等，译. 重庆：重庆出版社，2015.

[31] 吕思勉. 中国通史：精装插图本［M］. 北京：中国画报出版社，2012.

[32] 冯达文，郭齐勇. 新编中国哲学史［M］. 北京：人民出版社，2004.

后 记

本书，寄托的是一名军人对军队钻研打仗职责的热爱，是一名后学对中国哲学的探索，是一名凡人对中国智慧的推崇，是一名俗人对修心修身的渴求。字里行间亦是本人追求内心宁静的心路历程！

在王学热不断升温的时代，对王阳明的敬，就是尽量还原他的真。

本书基于史实资料、原著原文，尽我所能分析王阳明儒之所在、兵之所在；结合多年从军经历，尽我所能挖掘王阳明"儒兵合一"的生动体现、真理魅力，尽我所能阐述王阳明"儒兵合一"的不凡意义。书中言辞不敢造次，若有主观臆断之言，纯属个人学之肤浅、情之殷切。

不当之处，敬请批评指正！

2018年12月21日于广州花都